Sport & Action Fotografie

ADDISON-WESLEY

Die Bibliografische Information der Deutschen Nationalbibliothek:
Die Deutsche Nationalbibliothek verzeichnet diese Publikation in der Deutschen Nationalbibliografie; detaillierte bibliografische Daten sind im Internet über http://dnb.d-nb.de abrufbar.

Umwelthinweis:
Das Buch wurde auf chlorfrei gebleichtem Papier gedruckt. Um Rohstoffe zu sparen, wurde auf Folienverpackung verzichtet.

10 9 8 7 6 5 4 3 2 1
11 10 09

ISBN: 978-3-8273-2819-9

Einbandgestaltung: webwo GmbH, Marco Lindenbeck, mlindenbeck@webwo.de
Titelbild: Seb Rogers
Übersetzung und Satz: Frank Baeseler, Güby
Lektorat: Kristine Kamm, kkamm@pearson.de
Herstellung: Philipp Burkart, pburkart@pearson.de
Druck: Star Standard (Pte) Ltd.
Printed in China

Sport & Action Fotografie

Mit Top-Fotografen im Gespräch

Andy Steel

Inhalt

Einführung

Was macht ein großes Actionfoto aus? Eine einfache Frage, aber eine schwierige Antwort – man könnte sagen: Objekt, Anordnung und Timing sind die drei Hauptelemente, die in einem einzigen atemberaubenden Moment zusammentreffen. Doch letztendlich bestimmt das Geschick des Fotografen das Einfangen des perfekten Augenblicks, gepaart mit der Vorstellungskraft des Betrachters.

Nahezu jeder kann heute eine moderne Kamera in die Hand nehmen und den Auslöser drücken. Wenn Sie aber in diesem Buch blättern , stellen Sie Seite für Seite fest, dass nur ein Profi diese einzigartigen Bilder aufnehmen kann.

Sport- und Actionfotografen sind voller Inspiration und Kreativität. Sie arbeiten in einem permanenten Wettbewerb und liefern den Auftraggebern atemberaubende Bilder, wie sie die Welt noch nicht gesehen hat.

Sport & Action Fotografie stellt 10 Fotografen mit ihren Bildern und ihrer Philosophie vor. Sie bekommen Einblicke in Sicht- und Arbeitsweisen dieser Top-Fotografen. Dazu gehören Gewinner des Nikon Press Award und Namen wie Tom Jenkins, Bob Martin und John Gichigi.

Die Fotografen verdeutlichen der Leserschaft die Basistechniken und -methoden der Sport- und Actionfotografie, von Fotoausrüstung und Belichtungstechniken bis hin zu Kreativität und Methoden, die Grundvoraussetzung für herausragende Bilder sind.

Was letztlich zählt, sind die Bilder – 105 insgesamt und viele von den größten Actionfotografen. Jedes Bild erzählt eine Geschichte, umwerfend und Seite für Seite.

Andy Steel

Links:
Fahrrad von vorn
Seb Rogers

Unten:
Damen-Endspiel, Wimbledon
Bob Martin

Rechts:
Schwimmweltmeisterschaft, Crystal Palace
Tom Jenkins

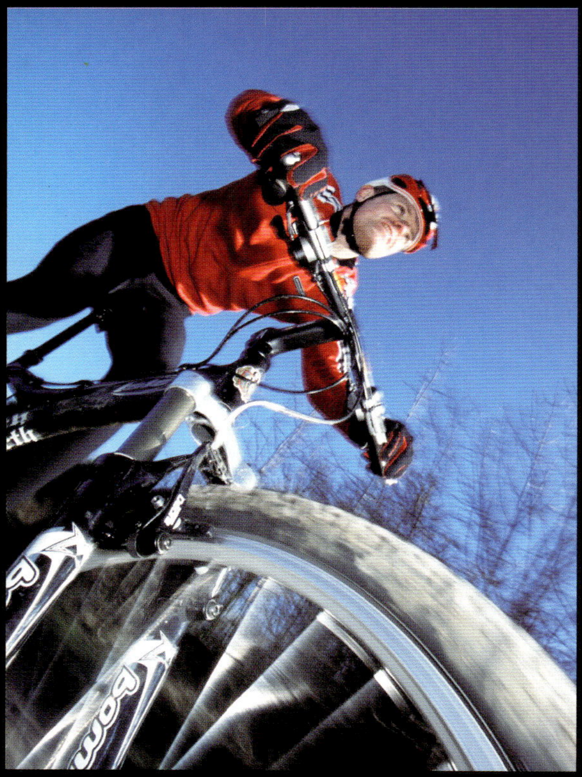

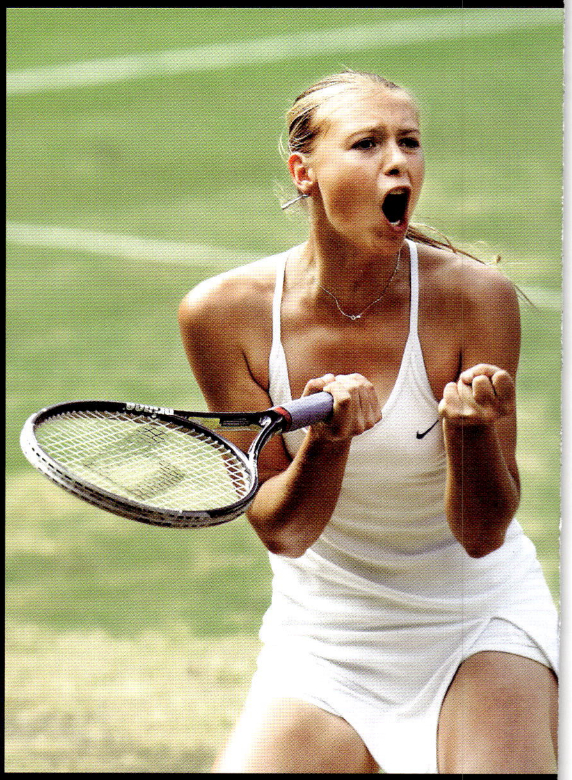

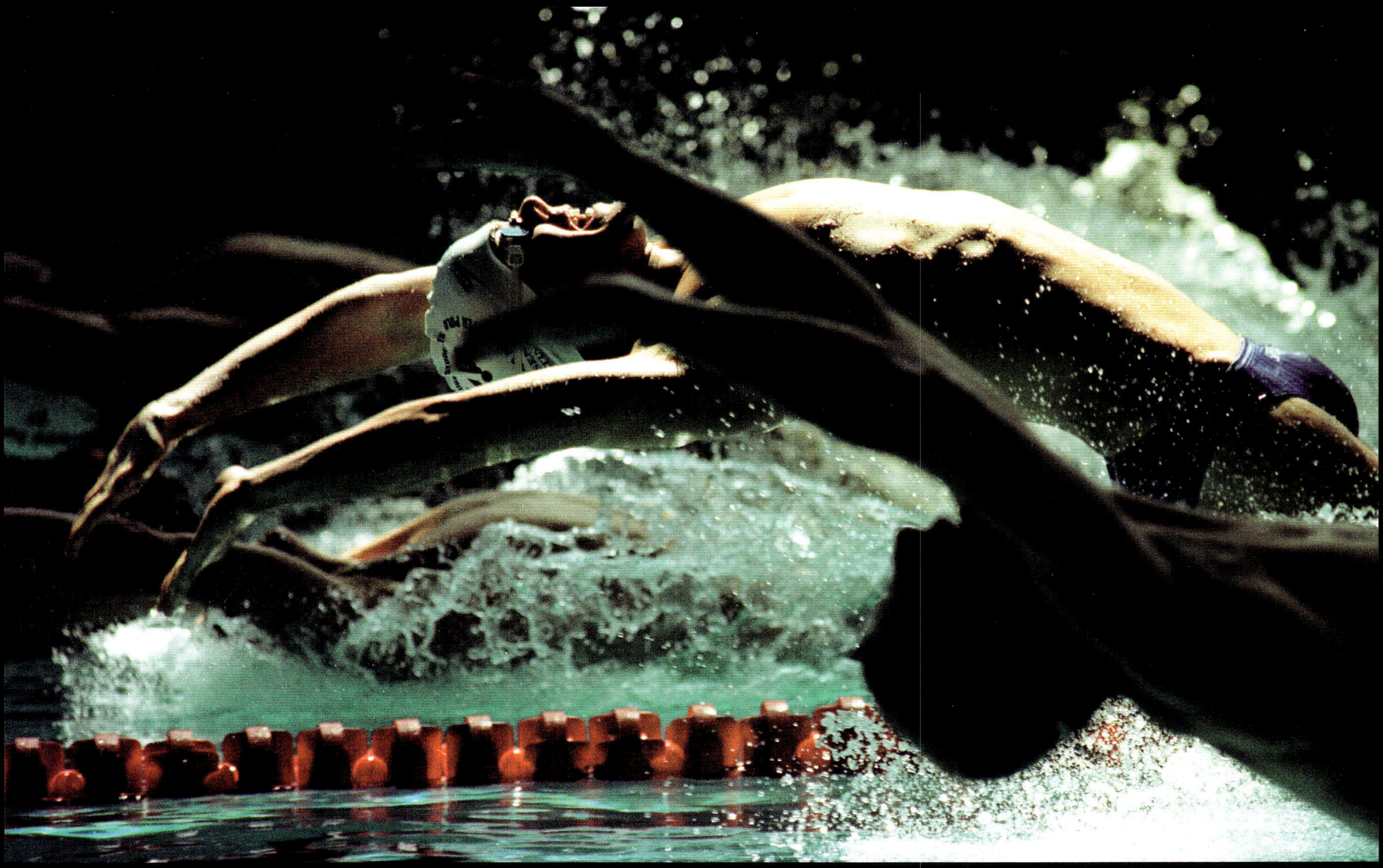

Charles Coates

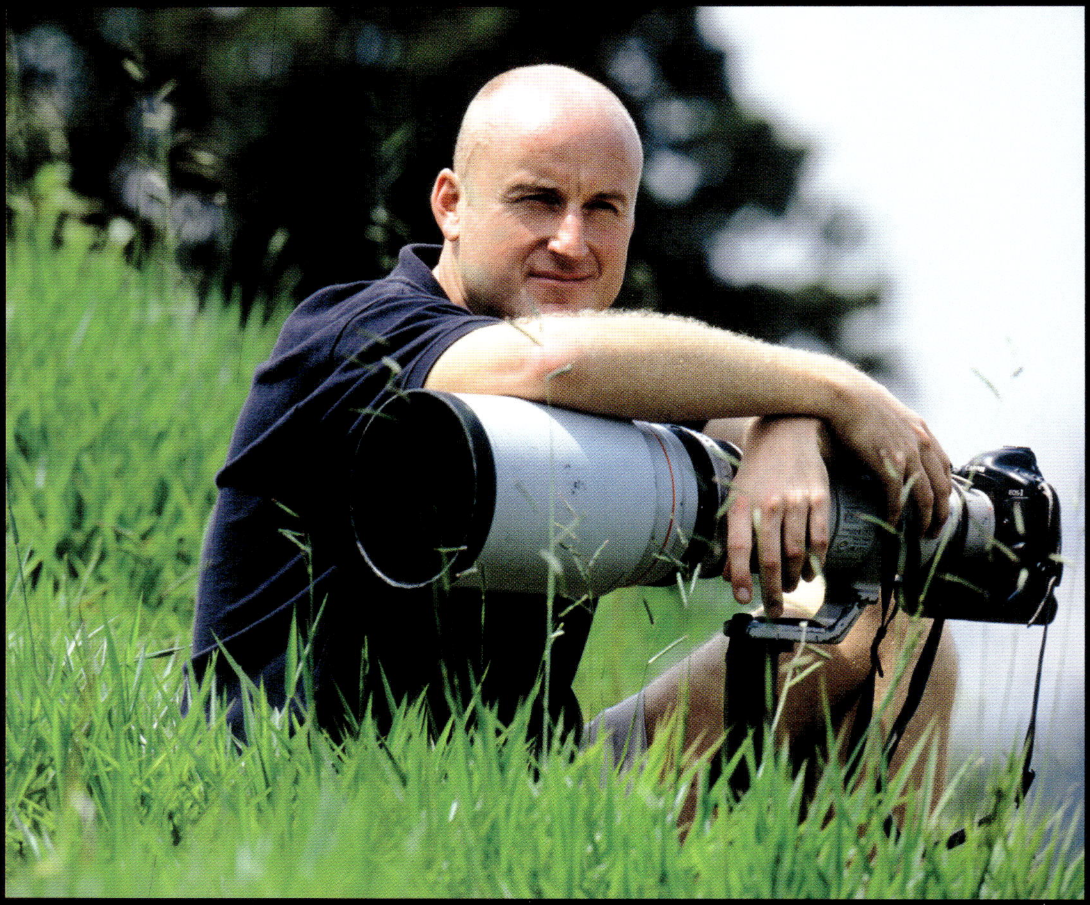

Formel 1

Charles Coates ist ein begeisterter Fan der Formel 1 und hat einige der bekanntesten Gesichter und Fahrzeuge dieses Sports aufgenommen – von Alain Prost und Ayrton Senna bis zu Michael Schumacher und Fernando Alonso. Seine Leidenschaft für diese glamoröse Sportart hält auch nach fast 13 Jahren ungebrochen an. Charles Coates wollte schon als Jugendlicher Rennfahrer werden, doch diese Hoffnung musste er aufgrund seines Wachstums aufgeben – für einen professionellen Rennfahrer war er einfach zu groß. Seine Karriere begann mit einem Dunkelkammer-Job bei LAT Photographic, der führenden Bildagentur für Motor- und Motorsportbilder. Coates nahm seine Chance wahr, arbeitete sich hoch und gehörte bereits 1994 zur Spitzengruppe der Formel 1-Fotografen. Coates arbeitet heute als freier Mitarbeiter, doch seine Bilder werden noch immer von LAT Photographic (jetzt Teil von Haymarket Publishing) angeboten und sind regelmäßig in den führenden Auto- und Motorsport-Zeitschriften zu sehen. Coates arbeitete außerdem über mehrere Rennsaisons hinweg als Fotograf für das Formel 1-Team von Renault.

AS: Was war Ihre erste Kamera überhaupt?

CC: Die erste Kamera, mit der ich tatsächlich auch fotografierte, war eine klassische deutsche Voigtländer meines Vaters – mit einer Bereitschaftstasche aus Leder und einem 50 mm-Objektiv. Später kaufte ich mir dann meine erste Spiegelreflexkamera, eine Olympus OM-10, und Objektive mit den Brennweiten 24 mm, 50 mm und 80–200 mm. Als engagierter Freizeitfotograf fotografierte ich an den Wochenenden Autorennen. Da ich mir nur einen Film pro Ereignis leisten konnte, musste ich mich auf diese Kamera verlassen können – für Fehler hatte ich einfach kein Geld.

AS: Was sind Ihre größten fotografischen Erfolge?

CC: Die Arbeit als Formel 1-Fotograf, weil es die Erfüllung meines Jugendtraums ist. Ich bin aber auch stolz auf meine Fotos des großen verstorbenen Ayrton Senna – mein erster und einziger Job mit ihm während seines Rennens im Williams F1 HQ in Didcot und nur wenige Wochen vor seinem tödlichen Unfall beim Grand Prix von San Marino 1994. Senna signierte ein Foto für mich mit den Worten „Lieber zu Langer".

AS: Kann man also wie bei vielen erfolgreichen Fotografen sagen, dass es zu einem bestimmten Zeitpunkt einen „glücklichen Umstand" gab?

CC: Wegen meiner Größe war natürlich meine Liebe zur Fotografie die beste Chance für meine Arbeit im Motorsport. Ich weiß nicht, wie viele Briefe ich an etablierte Agenturen schrieb und wie oft ich mit ihnen telefonierte, bis ich einen Job als „Dunkelkammerschwein" bei der Agentur LAT Photographic bekam.

AS: Warum haben Sie sich nicht mit anderen Fotothemen beschäftigt, wie beispielsweise Mode oder Studio?

CC: Die Formel 1 ist die Spitze im Autorennsport und die damit einhergehende Actionfotografie kann mit nichts verglichen werden. Die weltweit besten Fahrer fahren Rennen in den technisch am weitesten entwickelten Rennwagen auf den faszinierendsten Strecken der Welt – warum sollte ich etwas anderes fotografieren?

Mark Webber, Großer Preis von San Marino
"Der Große Preis von San Marino in Imola signalisiert stets den Frühlingsanfang. Nach den Straßen in Melbourne und der großen Hitze in Malaysia oder Bahrain ist Imola ein herrlicher Auftakt der europäischen Rennsaison. Die angenehmen Temperaturen, eine fanatische Menge, Blumen in voller Blüte und grüne Bäume sorgen für eine ganz spezielle Atmosphäre. Ich denke, das Foto von Mark Webber im Williams in der Schikane „Aqua Minerale" zeigt diese Stimmung. Die Aufnahme war aus technischer Sicht schwierig, da das Fahrzeug in dieser Schikane ganz plötzlich auftaucht und man deshalb die Spur vorhersehen muss. Wegen der sehr langen Brennweite war noch genügend Bewegung im Bildausschnitt vorhanden, um effektiv mit einer sehr langen Verschlusszeit aufzunehmen.

KAMERA: Canon EOS 1S MKII
OBJEKTIV: 600 mm mit 1.4 x Telekonverter
ISO: 100
BLENDE: f/4.5
VERSCHLUSSZEIT: 1/20 s
LICHT: Strahlendes Sonnenlicht
WETTER: Trocken

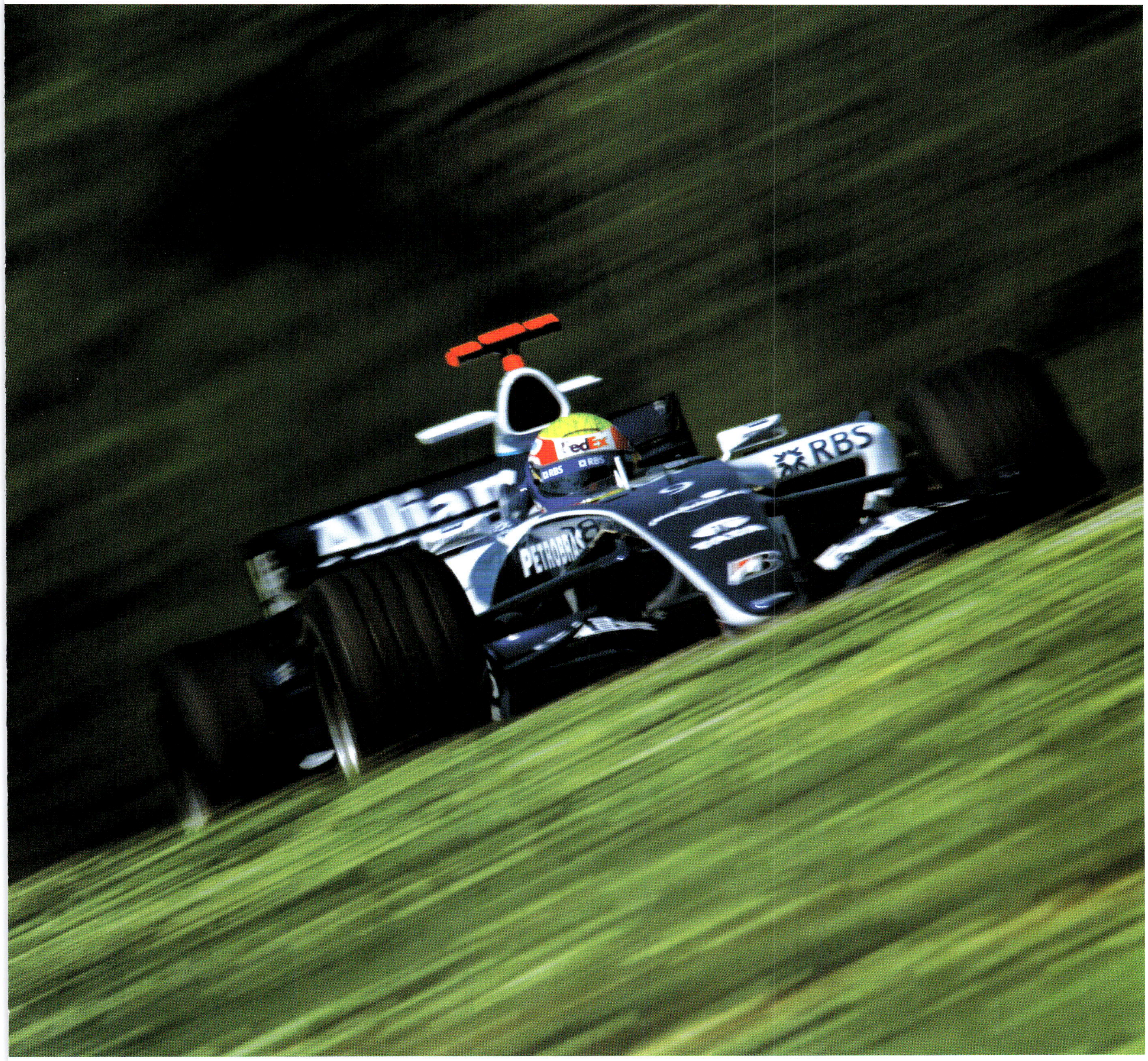
FedEx
RBS

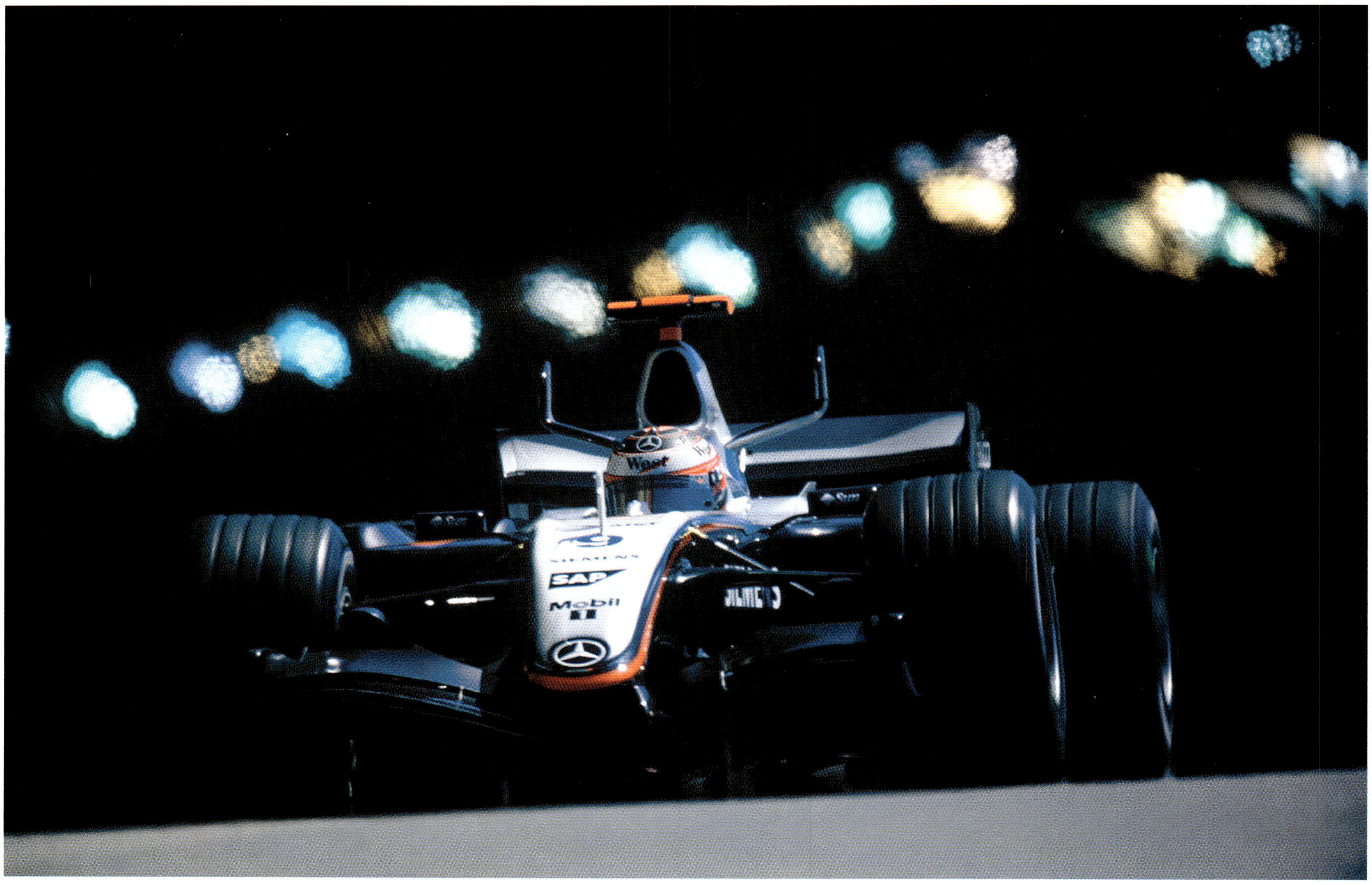

Kimi Räikkönen,
Großer Preis von Monaco
„Es gibt kaum eine bessere Stelle als den Tunnelausgang in Monaco, um die Formel 1 zu beobachten und ihr zuzuhören. Hier kommt Räikkönen im McLaren mit etwa 270 km/h aus der Dunkelheit ins helle Sonnenlicht – ein unglaublicher Anblick. Die Lichter im Tunnel sorgen für interessante Effekte. Die Aufnahme durch eine kleine Lücke im Sicherheitszaun aus einer ungünstigen Höhe und mit schlechtem Winkel war schwierig. Deshalb fotografierte ich mit einer etwas kürzeren Verschlusszeit als sonst üblich.“

KAMERA: Canon EOS 1V
OBJEKTIV: 600 mm
ISO: 100
BLENDE: f/6.3
VERSCHLUSSZEIT: 1/800 s
LICHT: Strahlendes Sonnenlicht
WETTER: Trocken

AS: Fotografieren Sie das, was Sie möchten, oder reden Dritte bei Ihren Fotos mit?

CC: Etwas von beidem. Ich weiß aus Erfahrung, ob ein Kunde „normale" und den Sponsor zufriedenstellende Bilder haben möchte, oder ob ich außerhalb der Norm fotografieren darf. Obwohl ich beide Richtungen abdecke, bevorzuge ich außergewöhnliche Fotos.

AS: Wo sind Sie zuhause? Wo arbeiten Sie am liebsten?

CC: Von den USA bis Bahrain und Japan – und alles dazwischen! Wenn die Formel 1-Saison voll im Gange ist, variieren meine Reisen zwischen einer Woche für Rennen in Australien oder Brasilien und um die vier Tage für die meisten Rennen in Europa.

AS: Was mögen Sie am liebsten an Ihrem Job?

CC: Man muss den Sport lieben. Die sensationelle Aufholjagd von Mika Hakkinen vor einigen Jahren in Spa in Belgien hautnah zu erleben, macht meine Arbeit sehr speziell. Die Zusammenarbeit mit Spitzenfahrern ist eine Erfahrung, die nur wenige machen können. Ich mag die Zeiten an der Rennstrecke – so etwas wie Monaco erzeugt ganz besondere Empfindungen. Ich bin nur wenige Zentimeter von den Fahrzeugen und den Fahrern entfernt und da ich schon vor der Fotografie rennsportbegeistert war, hat das Ganze für mich noch immer einen hohen Stellenwert.

AS: Was ist aus technischer Sicht bei Ihrer Art von Fotografie am schwierigsten?

CC: Die schlimmsten Bedingungen sind Regen und Dunkelheit – ich bin ständig dabei, alles trocken zu halten. Das war besonders arg, als ich noch analog fotografierte – der Filmwechsel im Regen war immer ein Albtraum. Das ist im digitalen Zeitalter endlich vorbei. Aber da ist noch diese permanente Ungewissheit – erst wenn die Bilder bearbeitet sind, weiß ich, ob ein Spitzenfoto dabei ist. Spektakuläre Fotos gibt es erst dann, wenn alle Bedingungen perfekt zusammenkommen. Diese Bedingungen zu finden, ist besonders schwierig, besonders dann, wenn man auf einen außergewöhnlichen Blickwinkel aus ist, den andere Fotografen nicht erkennen.

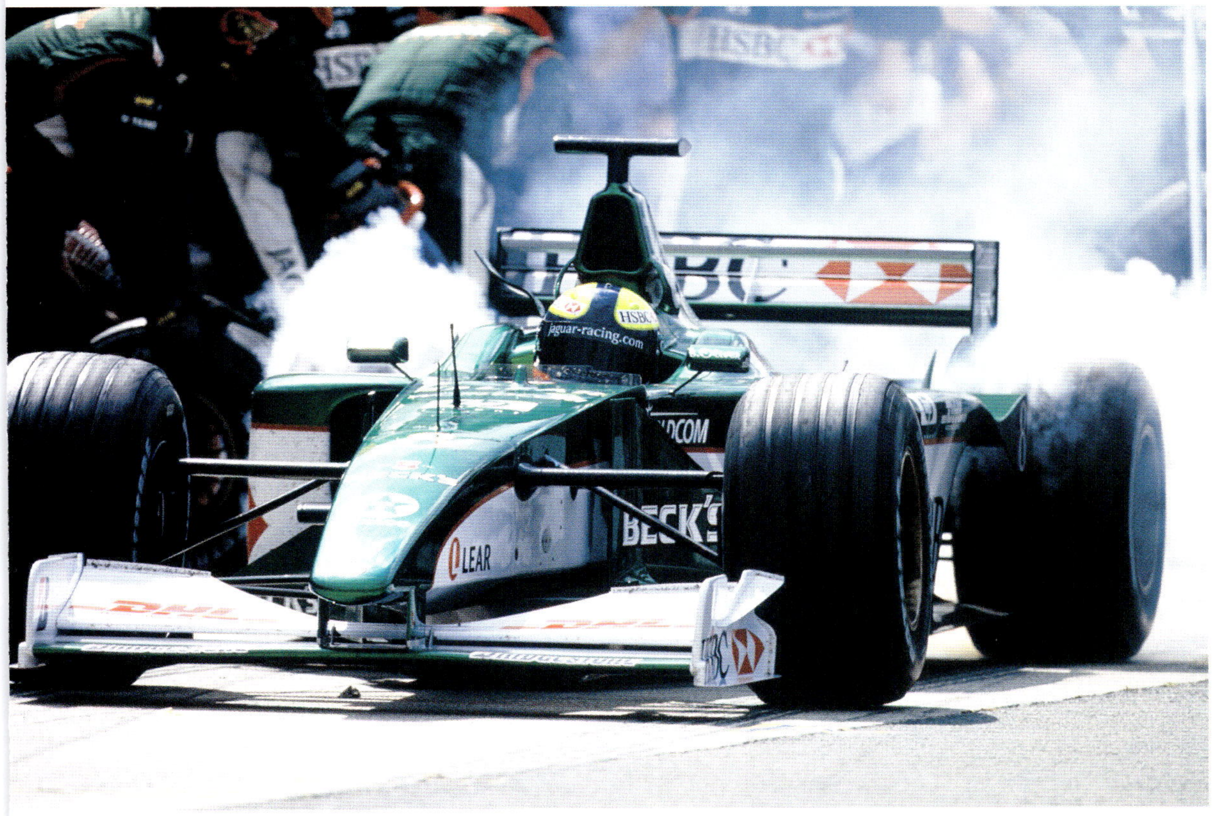

Boxenstop von Luciano Burti in Silverstone
Das Jaguar-Team übt den Boxenstop als Vorbereitung für den Grand Prix in Silverstone. „Nach einem Stop von sechs oder sieben Sekunden heizte Luciano Burti die Hinterräder an und schoß wie eine Rakete aus der Boxengasse. Die Eile in dieser Situation mit durchdrehenden Reifen und Rauchwolken konnte ich sicher und optimal vom Rand der Boxengasse aus mit dem 600 mm-Objektiv einfangen. Obwohl ich mit einer kurzen Verschlusszeit fotografierte, zeigt das Bild die Dynamik beim Reifenwechsel und Auftanken in der Boxengasse."

KAMERA: Canon EOS 1N
OBJEKTIV: 600 mm
ISO: 100
BLENDE: f/10
VERSCHLUSSZEIT: 1/250 s
LICHT: Strahlendes Sonnenlicht
WETTER: Trocken

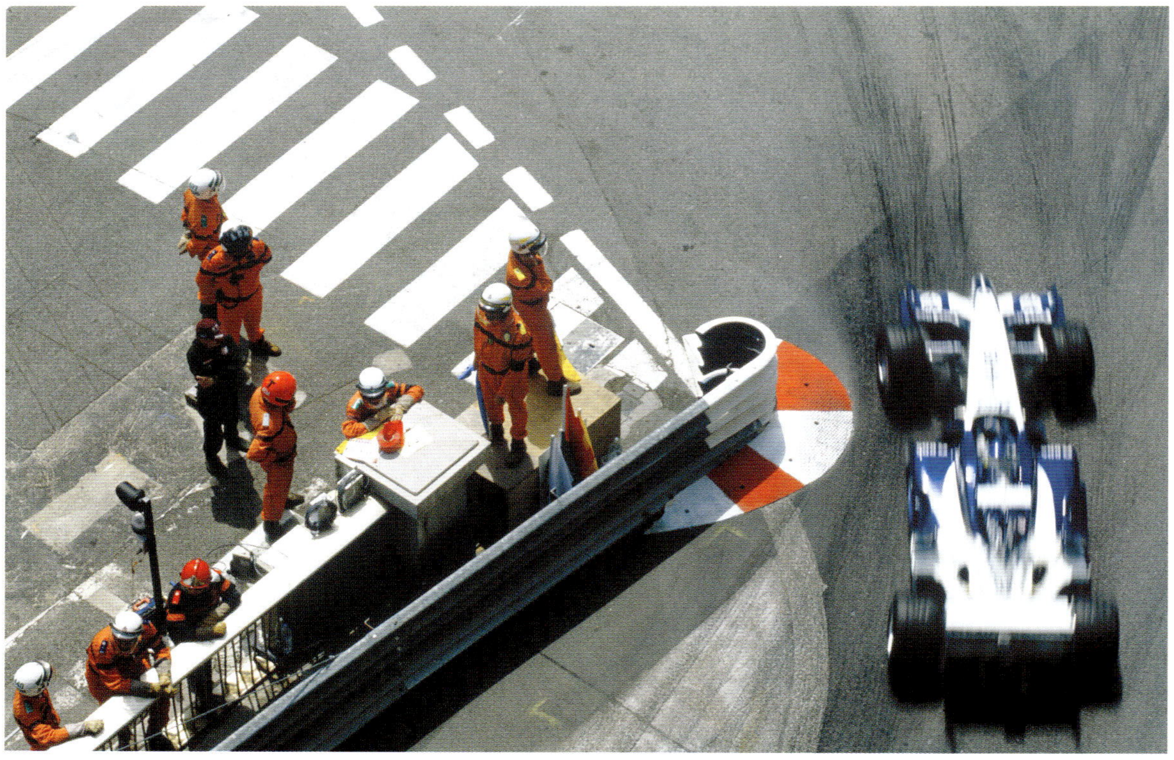

Ein Williams beim Großen Preis von Monaco
„Monaco bietet einmalige Aufnahmemöglichkeiten und ist immer ein ganz spezielles Ereignis. Dieses Bild wurde von einer Straße oberhalb der Schikane am Hafen aus aufgenommen. Die Ordner scheinen den Williams, der nur wenige Zentimeter an ihnen vorbeirast, nicht zu bemerken. Die Bewegung des Fahrzeugs konnte mit einer relativ langen Verschlusszeit und dem Fokus auf die Ordner deutlich eingefangen werden."

KAMERA: Canon EOS 1V
OBJEKTIV: 70–200 mm
ISO: 100
BLENDE: f/20
VERSCHLUSSZEIT: 1/60 s
LICHT: Mittags, direkt von oben
WETTER: Trocken

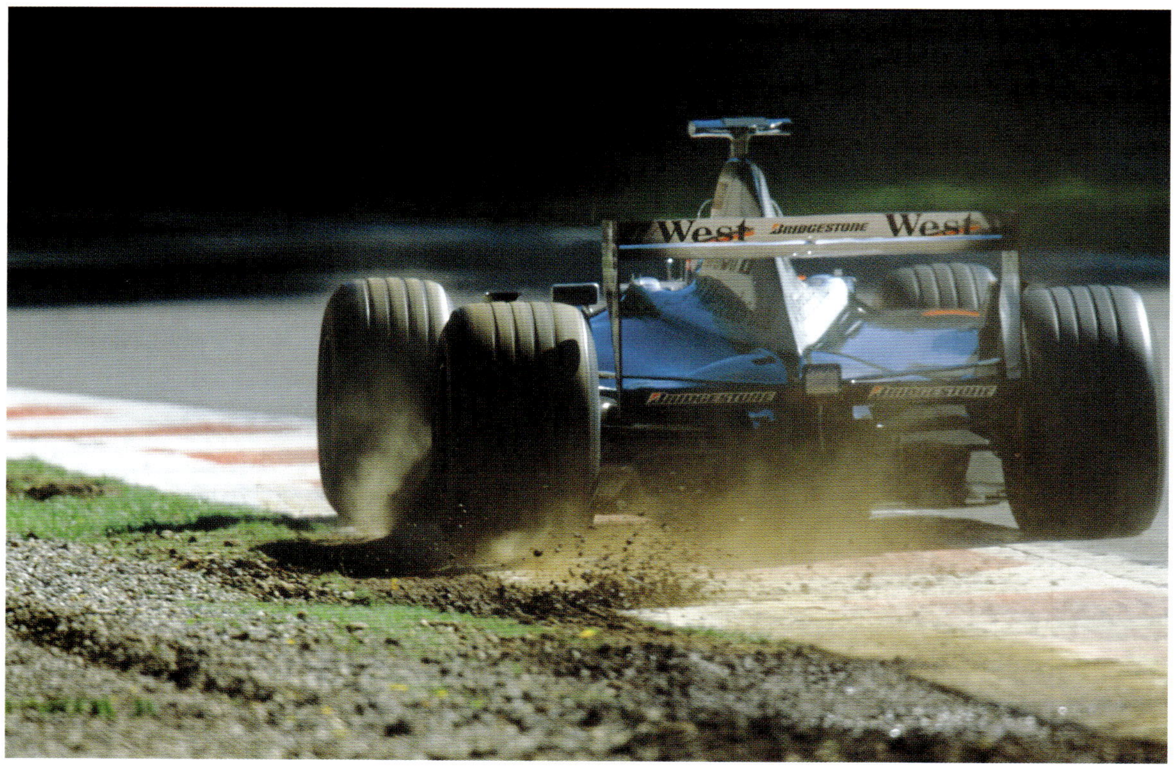

Ein McLaren wirbelt in Monza viel Staub auf
Eine Schikane in Monza während des morgendlichen Trainings. „Eine gute Stelle für Actionfotos – eine hohe Bordsteinkante macht die Rennwagen ziemlich instabil und machmal sind sogar alle vier Räder in der Luft. Am Ausgang der Kurve graben sich die hinteren Reifen tief ins Kiesbett und wirbeln Staub und Steine auf, was zur spektakulären Bildern führen kann. Als Fotograf sitzt man am Boden und hofft, nicht zuviel von dem herumfliegenden Zeug abzubekommen – doch ein perfekter Aufnahmewinkel ist anders kaum zu erreichen."

KAMERA: Canon EOS 1V
OBJEKTIV: 600 mm
ISO: 100
BLENDE: f/7.1
VERSCHLUSSZEIT: 1/500 s
LICHT: Strahlendes Sonnenlicht
WETTER: Trocken

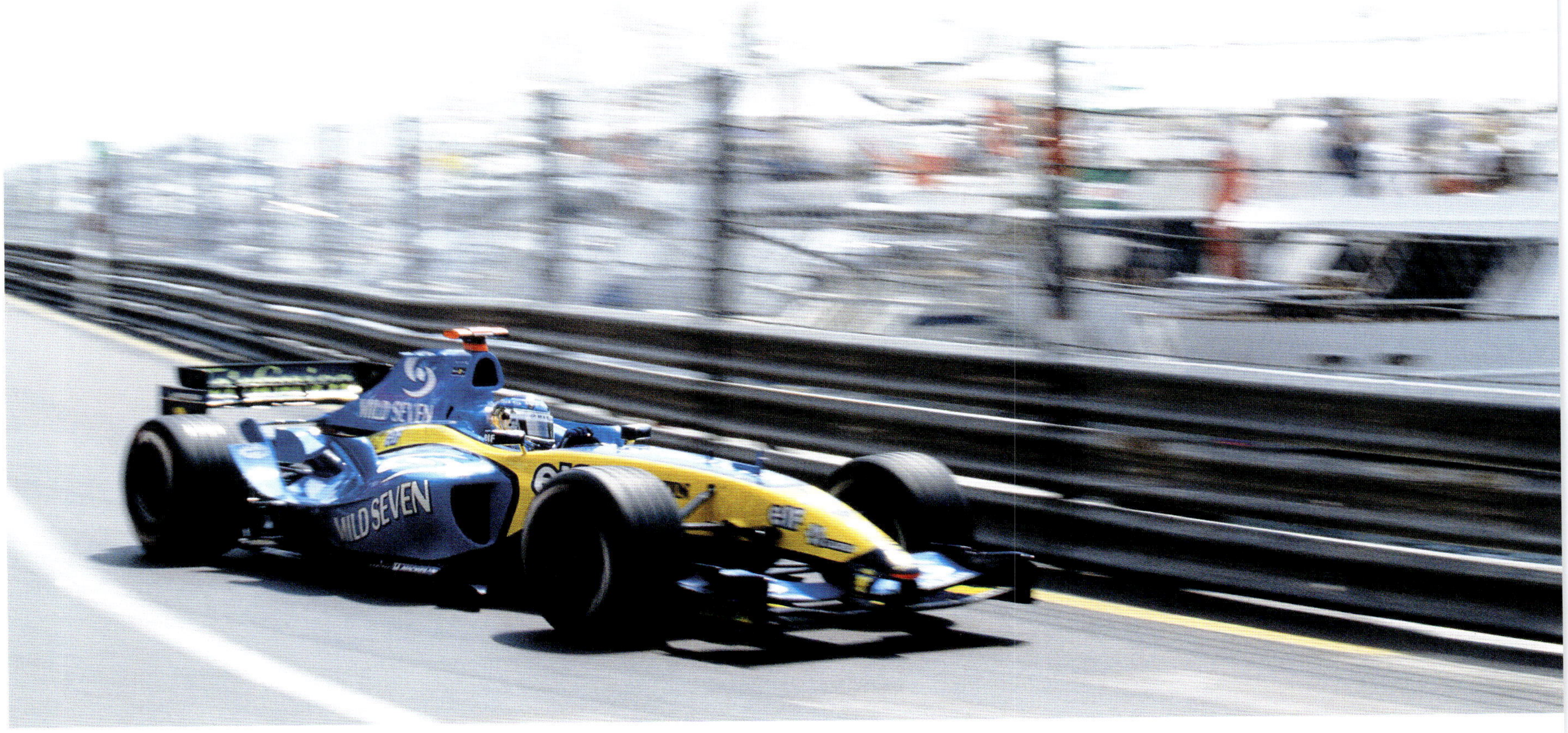

Jarno Trulli fliegt durch die Tabac-Kurve in Monaco
Jarno Trulli rast während einer Session frühmorgens an den Yachten vorbei in die Tabac-Kurve. „Das ist ein herrlicher Platz, um die Rennwagen zu beobachten. Die Fahrer haben viel zu tun, um auf dem engen und holprigen Kurs die Kontrolle über ihr Fahrzeug zu behalten. Hinter der Absperrung auf der anderen Seite des Kurses liegen die Yachten im Hafen – mit glücklichen Zuschauern, die sich das Rennspektakel von Deck aus ansehen. Nur wenige Zentimeter von den Fahrzeugen entfernt konnte ich mit einer relativ kurzen Brennweite und sorgfältig gewählter Verschlusszeit fotografieren. Eine zu kurze Zeit macht die Rennwagen statisch und eine zu lange Zeit führt zu einer zu großen Bewegungsunschärfe."

KAMERA: Canon EOS 1V
OBJEKTIV: 70–200 mm
ISO: 100
BLENDE: f/20
VERSCHLUSSZEIT: 1/80 s
LICHT: Strahlendes Sonnenlicht
WETTER: Trocken

Charles Coates

AS: An welcher Rennstrecke arbeiten Sie am liebsten?

CC: Monaco, da ich hier – verglichen mit den meisten anderen Rennkursen – die unterschiedlichsten Aufnahmepositionen finde, was wiederum die Chancen für einmalige Bilder erhöht. Ich kann es nur schwer erklären, aber die absolute Nähe zum Geschehen macht Monaco so einmalig – es ist einfach unglaublich, im Tunnel zu stehen und die brüllenden Motoren zu hören.

AS: Wie würden Sie Ihren persönlichen Fotostil bzw. Ihre Fototechnik beschreiben?

CC: Ich bevorzuge längere Verschlusszeiten, manchmal runter bis zu ⅛ s. Auf diese Weise vermittle ich eher ein Gefühl von Geschwindigkeit und Bewegung, besonders wenn die Fahrzeuge im Rennen sind. Die Effekte können dramatisch sein. Fliegende Funken führen zu atemberaubenden Bildern, obwohl das bei den heutigen Rennwagen eher selten vorkommt. Anders dagegen Ende der 1980er und zu Beginn der 90er Jahre, als die Wagen noch über Skid Plates bzw. einen Unterbodenschutz aus Titan verfügten. Mein Lieblingsbild ist eine Aufnahme von Senna während seiner ersten Testrunden für Williams in Silverstone im Winter 1994.

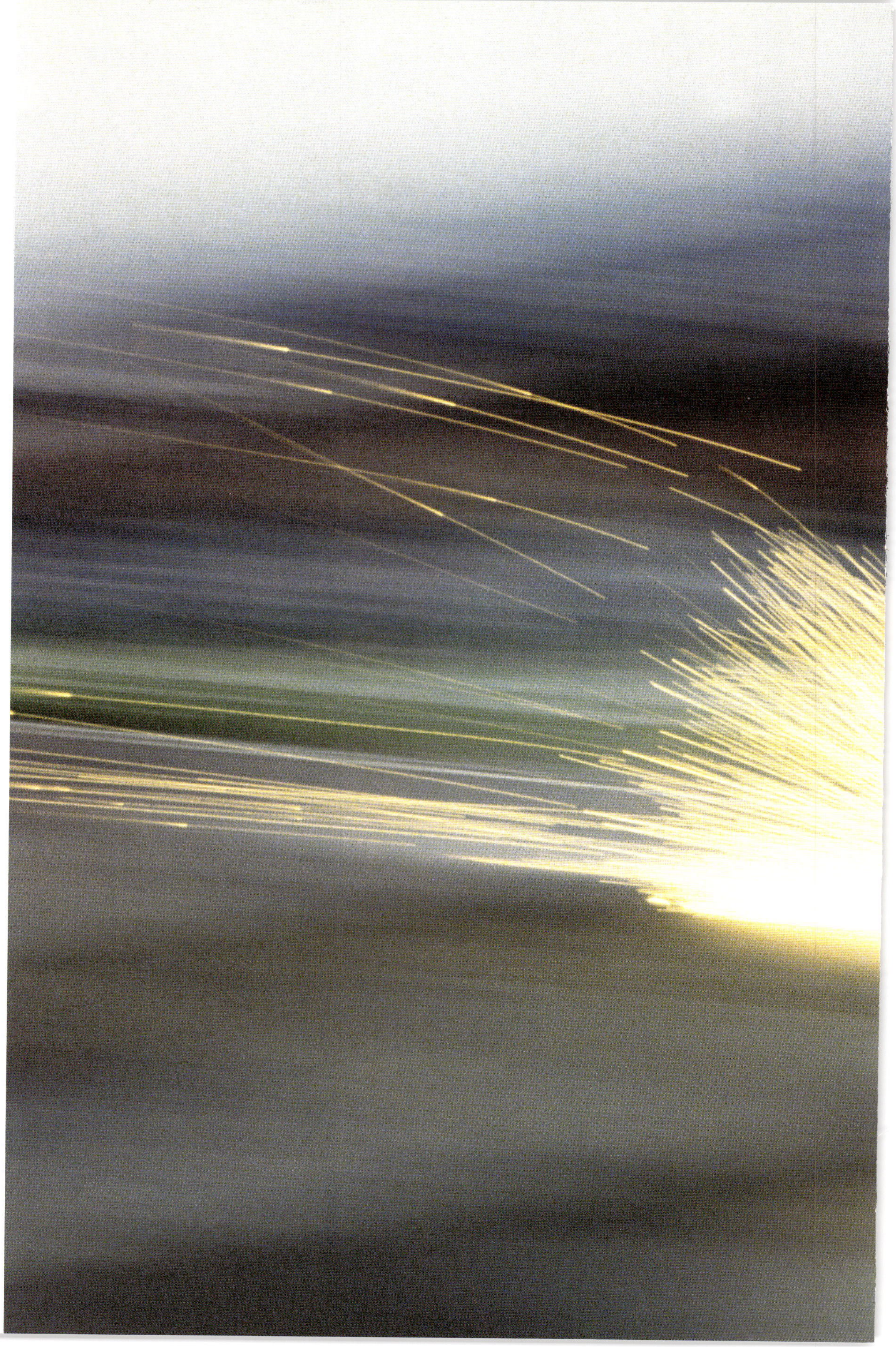

Ayrton Senna, Silverstone
Das Foto zeigt Ayrton Senna beim Testen des neuen 1994er Williams Renaults – am Ende eines langen, frostigen Tags. „Als Senna mit voller Power zwischen schneebedeckten Banketten zur Start-/Ziellinie kam, bemerkte ich, wie der Wagen nach einer Welle wieder auf den Boden aufschlug und Funken sprühte. Ich rannte zur Seitenmauer und hoffte auf das gleiche Spektakel in seiner nächsten Runde – und hatte Glück. Die lange Verschlusszeit von 1/15 s betonte dramatisch die Funkenexplosion, die hinten aus dem Rennwagen herauskam."

KAMERA: Canon T90
OBJEKTIV: 50 mm
ISO: 100
BLENDE: f/8
VERSCHLUSSZEIT: 1/15 s
LICHT: Abenddämmerung
WETTER: Trocken

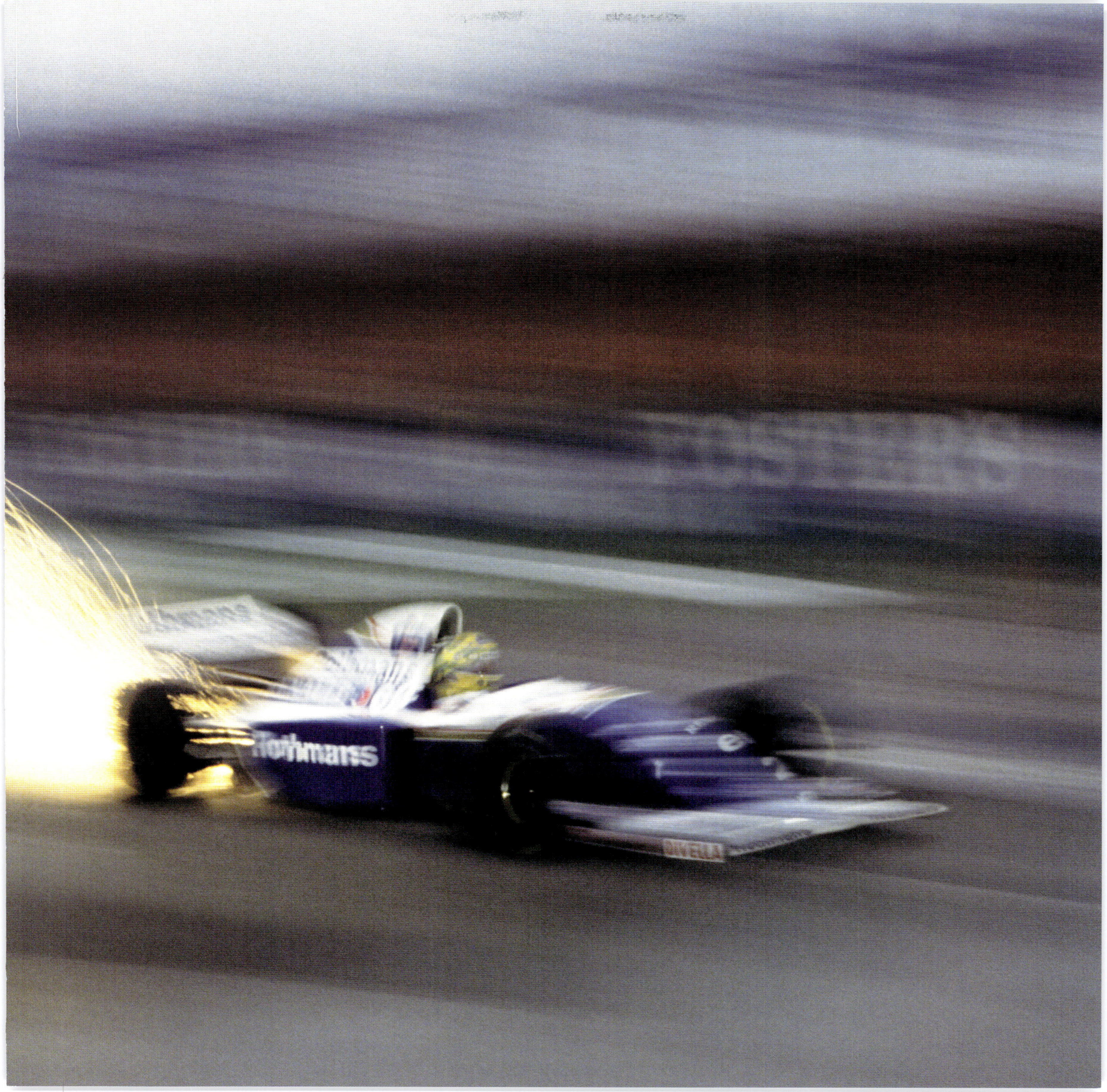

AS: Erzählen Sie etwas über Ihre Ausrüstung. Mit welchem Kamerasystem arbeiten Sie und warum?

CC: Ich fotografiere mit der Canon EOS 1Ds MKII. Ich besitze zwei Gehäuse, was den Wünschen der Bildagenturen entgegenkommt: Ich kann im RAW-Format fotografieren und außerdem hochauflösende JPEGs aufnehmen. LAT Photographic schickt zu allen Rennen stets einen Techniker, der meine Speicherkarten an sich nimmt, sich um die Bildbearbeitung kümmert und die Fotos übers Netz an die Agentur schickt. Während meiner ganzen Karriere habe ich mit einer Canon-Ausrüstung gearbeitet und bin dieser Marke bis heute treu geblieben. Canon stellt auf vielen Grand-Prix-Kursen einen Miet- und Reparaturservice zur Verfügung – äußerst sinnvoll, da meine Ausrüstung immer extrem beansprucht wird.

AS: Mit welchen Objektiven/Brennweiten arbeiten Sie besonders häufig?

CC: Ich nehme zu einem Rennen viele Objektive mit, um für jede Action gerüstet zu sein, und zwar unabhängig von den am jeweiligen Wochenende herrschenden Bedingungen. Für die Arbeit in der Boxengasse und am Rennkurs setze ich ein 135 mm-Objektiv mit der Lichtstärke f/2 ein, habe aber außerdem noch ein 50 mm f/1.4, 17–35 mm f/1.4 und ein 14 mm f/2.8. Für Actionfotos vertraue ich hauptsächlich auf ein 600 mm f/4, häufig zusammen mit einem 1.4 x Telekonverter, und auf das 300 mm f/3.8. Beim Einsatz des Telekonverters achte ich auf das Hitzeflimmern, da die Bilder an Knackigkeit verlieren, besonders, wenn die Fahrzeuge eine hohe Geschwindigkeit haben.

AS: Welche Bilder sind besonders schwierig aufzunehmen?

CC: Seit Beginn meiner F1-Zeit gibt es immer weniger Bewegungsfreiheit für die Fotografen, sowohl am Rennkurs als auch in der Boxengasse – was schwierig und gleichzeitig eine Herausforderung ist. Meine Erfahrung und mein Wissen vom Rennsport sind ein großer Vorteil. Ich weiß ganz intuitiv, wann und wo Zwischenfälle und Unfälle geschehen könnten – doch das Geschäft wird immer schwieriger.

Heidfeld und Sato kollidieren beim Grand Prix von Österreich
„Der Neustart eines Grand Prix nach einer Unterbrechung durch den Safety Car ist immer ein gefährlicher Augenblick. Die zweite Kurve des A1-Rings ist für Unfälle berüchtigt. Mit diesen beiden Fakten im Kopf beschloss ich, den Neustart des Grand Prix von Österreich 2002 mit einem 600 mm-Objektiv (und nicht mit dem risikoärmeren 300 mm oder 70–200 mm) aufzunehmen – ich hoffte auf einen dramatischen Zwischenfall. Und dieser trat tatsächlich ein, als der deutsche Fahrer Nick Heidfeld die Kontrolle über seinen Sauber verlor und in den Jordan des Japaners Takuma Sato fuhr. Der Aufprall dauerte nur den Bruchteil einer Sekunde und Fahrzeugteile flogen in alle Richtungen. Mein stärkeres Teleobjektiv fing die Wucht des Aufpralls perfekt ein."

KAMERA: Canon EOS 1N
OBJEKTIV: 600 mm
ISO: 100
BLENDE: f/6.3
VERSCHLUSSZEIT: 1/500 s
LICHT: Strahlendes Sonnenlicht
WETTER: Trocken

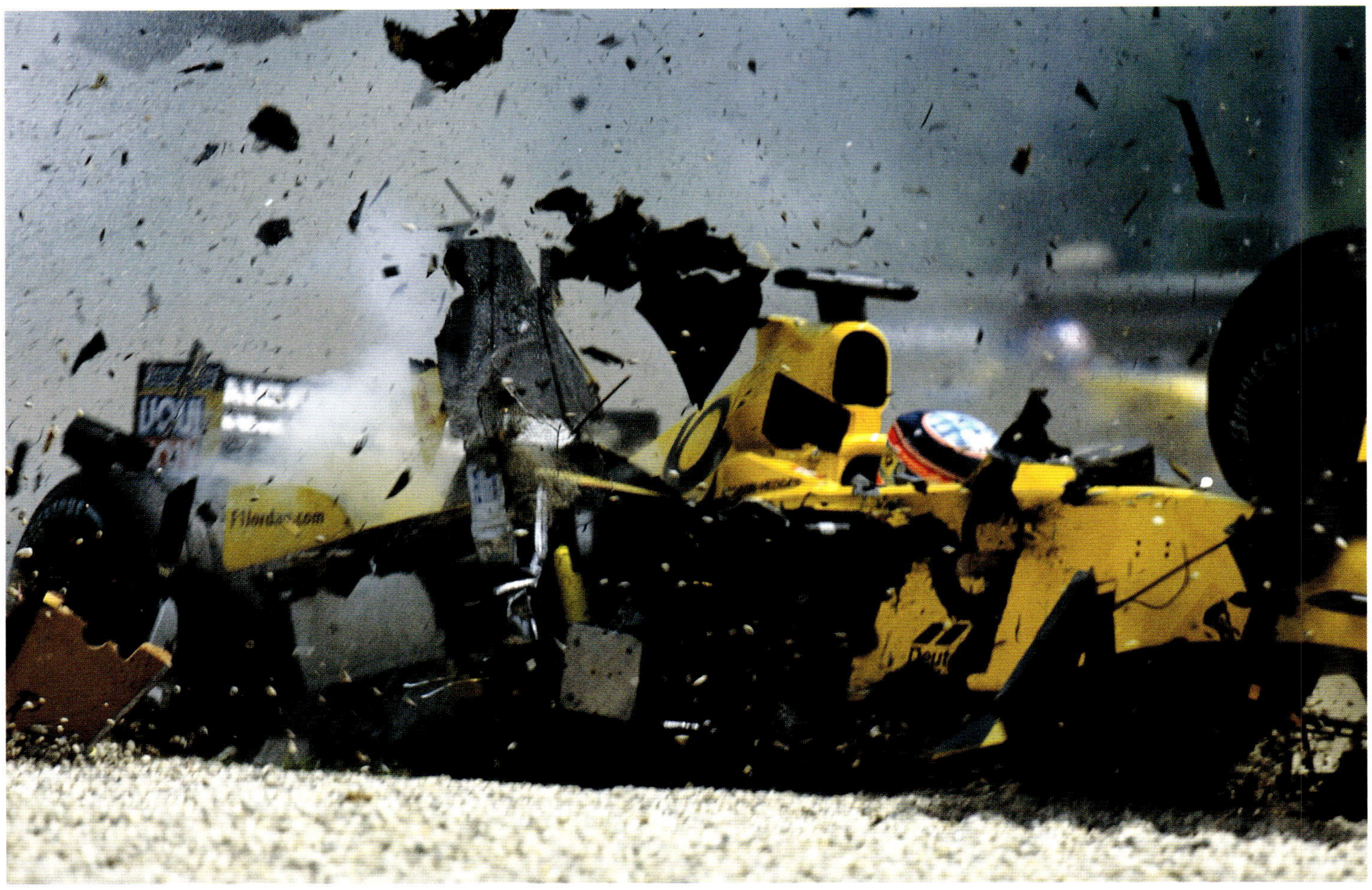

AS: Bevorzugen Sie Film oder Digital und warum?

CC: Die Entwicklung der Digitalkameras hat sich sehr stark auch in Richtung Geschwindigkeit und Bedienerfreundlichkeit entwickelt, ohne dass die Qualität darunter gelitten hat. Dennoch gibt es bei mir noch immer eine gewisse Liebe zum Film, selbst wenn das ziemlich altmodisch klingt. Diapositive auf einem Leuchtpult sehen noch immer überraschend scharf und farbgetreu aus. Digital kann auch zur Faulheit verführen!

AS: In welchem Umfang werden Ihre Arbeiten von der digitalen Bildbearbeitung beeinflusst?

CC: Nur mit dem Nötigsten, wie Gradationskurven, um das Bild zu verbessern statt es zu verändern. Ich setze Photoshop relativ behutsam ein und hasse zusammengefügte Bilder – das Foto sollte in erster Linie in der Kamera erzeugt werden.

AS: Wie entstehen die Ideen für Ihre Bilder?

CC: Man sollte stets das fertige Bild vor Augen haben. Natürlich ist es toll, Bilder von den richtigen Wagen und Fahrern zu haben, doch damit sind diese Fotos am nächsten Tag noch lange nicht auf den Titelseiten von Zeitungen und Magazinen. Das Foto muss eindeutig und der Hintergrund ruhig sein. Diese Faktoren sind eine wichtige Grundlage für meine Bilder. Es ist schwierig, alles im Voraus zu planen – häufig werde ich ganz einfach von den Arbeiten anderer Fotografen inspiriert.

AS: Was hält die Zukunft für Sie bereit?

CC: Ich möchte wie bisher weitermachen, aber liebe auch die Reisefotografie genau so sehr wie die Formel 1. Ich mag Stilkontraste. Einmal im Jahr nehme ich mir einen Monat Zeit für Reisen in Länder wie Marokko oder Indien. Das ist wichtig, um zwischendurch den ganzen Rennzirkus einfach zu vergessen: Frei zu sein, ohne Presseausweis und ohne schreiende Ordner, ist wichtig für mich.

Unfall beim Start, Großer Preis von Deutschland
Die erste Kurve in Hockenheim war in den vergangenen Jahren schon immer eine Stelle für zahllose Unfälle, an denen auch Michael Schumacher häufig beteiligt war. Der Große Preis 2001 war ein solcher Fall. Der Brasilianer Luciano Burti überschlug sich mehrmals mit seinem Prost und warf dabei auch den Ferrari von Michael Schumacher aus dem Rennen. „Unfälle sind die wenigen Male, in denen ich die AF-Taste meine Kamera drücke – die automatische Scharfeinstellung funktionierte auch bei diesem Bild perfekt. Ich konnte eine komplette Bilderserie des Unfalls aufnehmen bei dem es glücklicherweise keine ernsten Verletzungen gab.“

KAMERA: Canon EOS 1V
OBJEKTIV: 300 mm mit 1.4 x Telekonverter
ISO: 100
BLENDE: f/7.1
VERSCHLUSSZEIT: 1/500 s
LICHT: Strahlendes Sonnenlicht
WETTER: Trocken

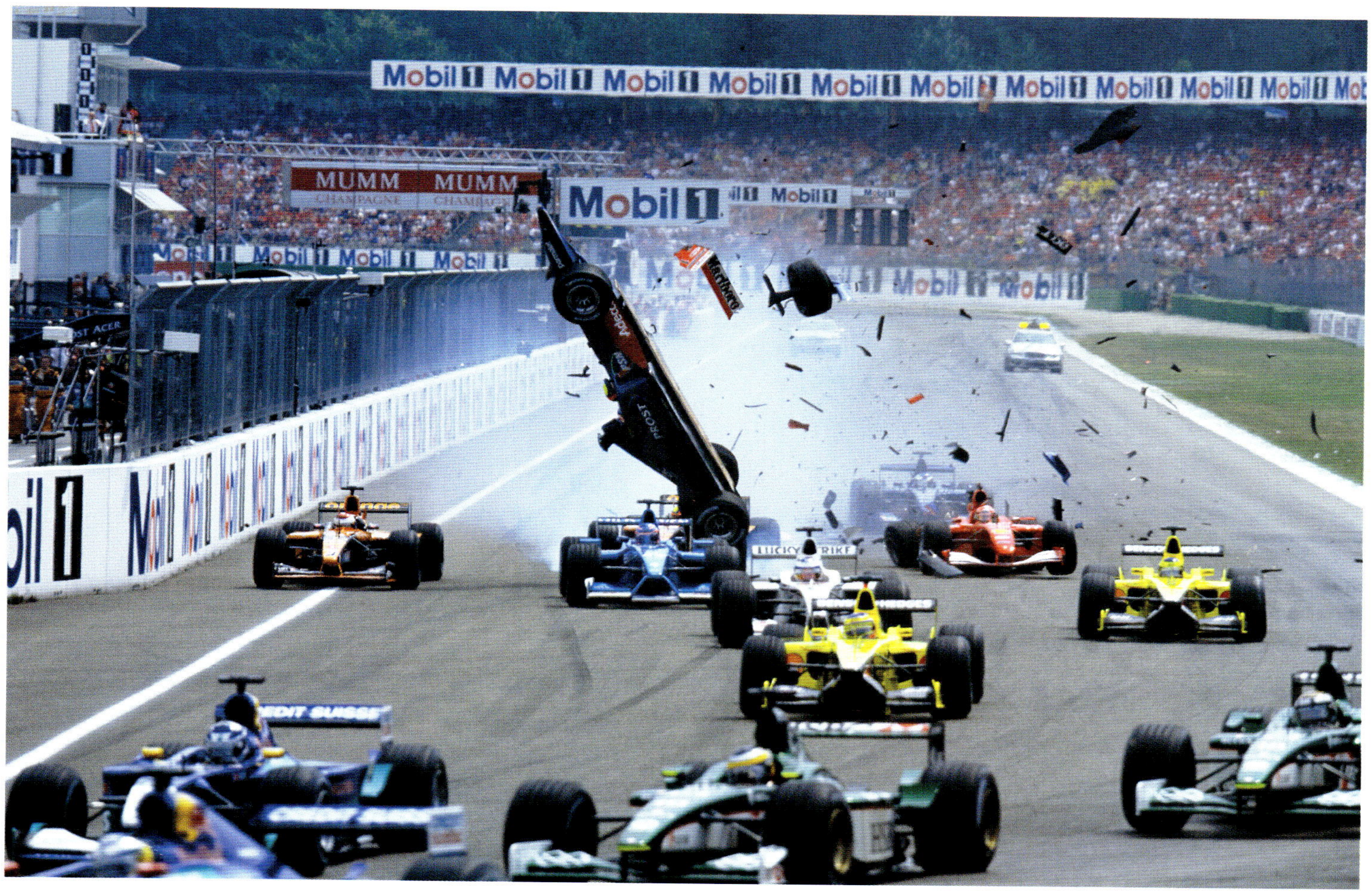

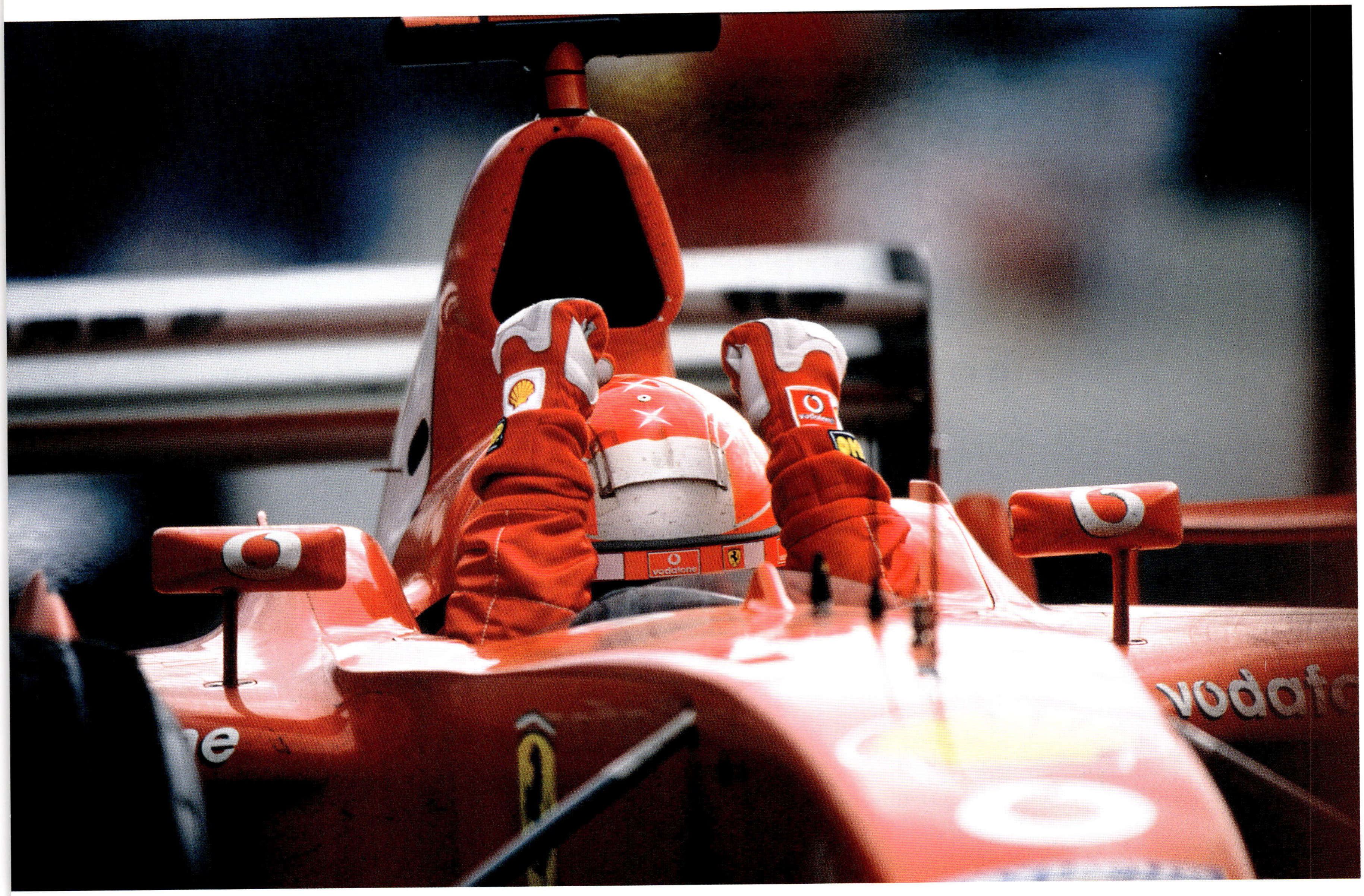

Michael Schumacher feiert den Sieg von Indianapolis
„Michael Schumacher hat sich mit den Jahren daran gewöhnt, zu gewinnen, und doch sind die Bilder seiner Siege noch immer der Traum eines jeden Fotografen. Während manch andere Fahrer mit nur einem Bruchteil seines Erfolgs auf dem Podium und während der Siegesrunden glanzlos erscheinen, feiert Schumacher jeden Sieg aufs Neue. Obwohl der Sturzhelm sein Gesicht verdeckt, konnte ich mit einem starken Teleobjektiv und einer relativ langsamen Geschwindigkeit des Fahrzeugs den ziemlich innigen Moment seines Siegs einfangen.“

KAMERA: Canon EOS 1V
OBJEKTIV: 600 mm
ISO: 100
BLENDE: f/6.3
VERSCHLUSSZEIT: 1/500 s
LICHT: Strahlendes Sonnenlicht
WETTER: Trocken

Erfolgstipps

1) Vorausahnung
Versuchen Sie vorauszuahnen, wo höchstwahrscheinlich die Action passiert. Profunde Kenntnisse über den Rennsport sind (wie bei allen anderen Sportarten auch) sehr wichtig. Jeder Kurs hat bestimmte Kurven, die für Action und Zwischenfälle bekannt bzw. berüchtigt sind (wie die erste Kurve in Hockenheim und die Respekt einflößenden Kurvenfolgen in Spa-Francorchamps, Belgien). Wenn Sie sich an solchen Stellen aufhalten, vergrößern sich Ihre Chancen für spektakuläre Bilder erheblich.

2) Konzentration
Bei Actionfotos von Sportarten wie der Formel 1 muss man sich voll konzentrieren und immer hellwach sein. Jeden Augenblick kann ein dramatischer Zwischenfall passieren, auch wenn in einer Kurve oder beim Rennen selbst lange Zeit nichts los ist. Ein Fahrzeug kann liegen bleiben, Feuer fangen oder in einem Sekundenbruchteil einen Crash haben. Es gibt kaum ein schlimmeres Gefühl, als zu wissen, dass man eine unwiederbringbare Aufnahme versäumt hat.

3) Mit langen Verschlusszeiten experimentieren
Probieren Sie lange Verschlusszeiten aus – die Ergebnisse können überraschend dramatisch sein. Bei Autorennen hilft eine lange Verschlusszeit bei der Darstellung von Geschwindigkeit. Arbeiten Sie mit unterschiedlichen Verschlusszeiten von 1/1000 s bis 1/10 s. Vermeiden Sie bei den längeren Belichtungszeiten das Kamerawackeln. Nützlich sind auch Objektive mit Bildstabilisator.

4) Kameratechnik
Nutzen Sie alle Möglichkeiten der modernen Kameratechnik, aber machen Sie sich auch nicht zu abhängig davon. Autofokus und Bildstabilisierung sind sicherlich die sinnvollsten Hilfen. Die automatische Scharfeinstellung lässt sich an der Kamera und/oder am Objektiv ein- oder ausschalten. Auf diese Weise kann ich bei der Mehrzahl meiner Aufnahmen mit manueller Scharfeinstellung arbeiten und bei einem Zwischenfall sofort auf Autofokus umschalten. Die Bildstabilisierung ist bei Aufnahmen mit längeren Verschlusszeiten kaum mehr wegzudenken.

5) Von anderen Fotografen lernen
Niemand ist so gut, dass er nicht von anderen Fotografen dazulernen könnte. Die Arbeiten anderer Fotografen – auch außerhalb des Motorsports – können durchaus anregend sein und neue Ideen produzieren.

6) Photoshop nur behutsam einsetzen
Ein guter Fotograf kommt immer zu einem annehmbaren Bild, doch auch ein schlechter Fotograf kann heute gute Bilder produzieren. Ich schätze die Möglichkeiten der Bildbearbeitung und wenn man die Programme beherrscht, lassen sich auch sehr gute Aufnahmen durchaus noch verbessern. Ich mag jedoch keine manipulierten Bilder, die real so nie vorhanden waren.

7) Unterschiedliche Objektive wählen
Die meisten Fotografen haben ein Lieblingsobjektiv – bei mir ist es das 600 mm, dass ich vielleicht schon zu häufig einsetze. An modernen Strecken benutze ich das 600 mm meist noch mit einem 1.4 x Telekonverter – wegen der großen Distanz für die meisten Actionfotos unverzichtbar. Ein 14 mm lässt dagegen Zuschauer auf der Tribüne, Bäume und Himmel so bildbestimmend wie den Rennwagen werden.

8) Gegenlichtaufnahmen
Eine alte Regel sagt, dass man immer mit dem Licht im Rücken fotografieren sollte. Das stimmt nicht immer, denn einige meiner aufregensten Bilder sind bei Gegenlicht entstanden. Fotografieren Sie am frühen Morgen oder spätnachmittags, wenn die Sonne tief steht. Die Testfahrten im Winter beginnen früh und enden erst bei Einbruch der Dunkelheit – ideal für gute Gegenlichtaufnahmen. Dabei überrascht es immer wieder, dass die Aufnahme häufig im Vergleich zur Kameraanzeige viel dunkler ist.

9) Besondere Aufnahmewinkel
Suchen Sie sich einen Aufnahmestandort möglichst entfernt von der Zuschauermenge. Die einfachste Lösung wäre, sich zu anderen Fotografen zu stellen, in der Annahme, dass man von dieser Position die besten Aufnahmen machen kann. Das ist jedoch nicht immer der Fall. Die besten Bilder sind häufig diejenigen, die kein anderer fotografiert hat. Probieren Sie neue Aufnahme- bzw. Blickwinkel aus – die gibt es überall.

10) Fotografieren mit Genuss
Vertrauen Sie auf Ihre Fähigkeiten, experimentieren Sie und genießen Sie es. Ein gutes Actionfoto kann eigentlich jeder machen. Schwierig dabei ist nur, permanent gute Aufnahmen abzuliefern. Die Bequemlichkeit der digitalen Fotografie und die relativ günstigen Kosten verglichen mit Film machen Experimente einfacher als je zuvor.

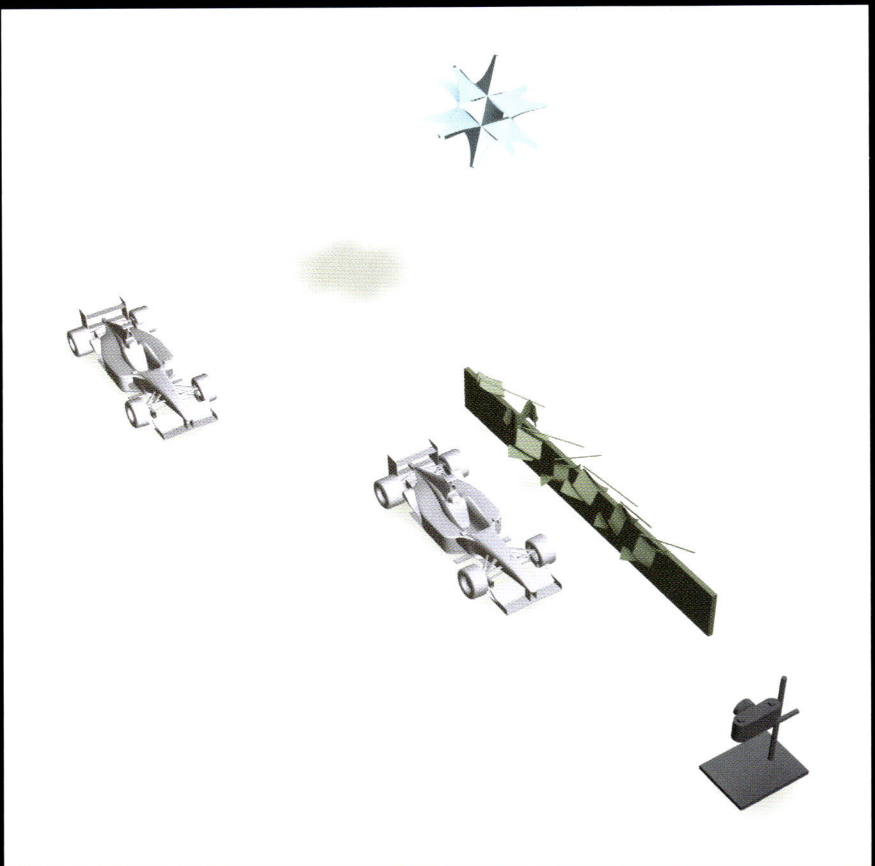

Michael Schumacher gewinnt den Großen Preis von Monaco

Die Ehrenrunde nach dem Sieg beim Grand Prix 1999 in Monte Carlo. Michael Schumacher gewinnt knapp vor seinem Teamkollegen Eddie Irvine. Als sie mit ausgestrecktem Arm als Zeichen des Siegs den Hügel vom Casinoarms Square herunterkamen, schwenkten die Ordner ihre Flaggen als Zeichen der Anerkennung für das gute Rennen. Das Gegenlicht hat die Farben noch zusätzlich betont.

Technische Daten

KAMERA: Canon EOS 1

OBJEKTIV: 600 mm

ISO: 100

BLENDE: f/9

VERSCHLUSSZEIT: 1/500 s

LICHT: Nachmitagssonne, Gegenlicht

WETTER: Trocken

Ausrüstung

- Zwei Canon EOS 1Ds MKII-Kameras
- 14 mm f/2.8 Objektiv
- 50 mm f/1.4 Objektiv
- 17–35 mm f/1.4 Zoom
- 135 mm f/2.8 Objektiv
- 300 mm f/3.8 Objektiv
- 600 mm f/4 Objektiv
- Gegenlichtblenden für alle Objektive
- Aquatech-Schutzhüllen
- Blitzgerät, eher selten
- Drei Reserveakkus
- CF-Speicherkarten
- Fensterleder
- Handy
- Regenumhang

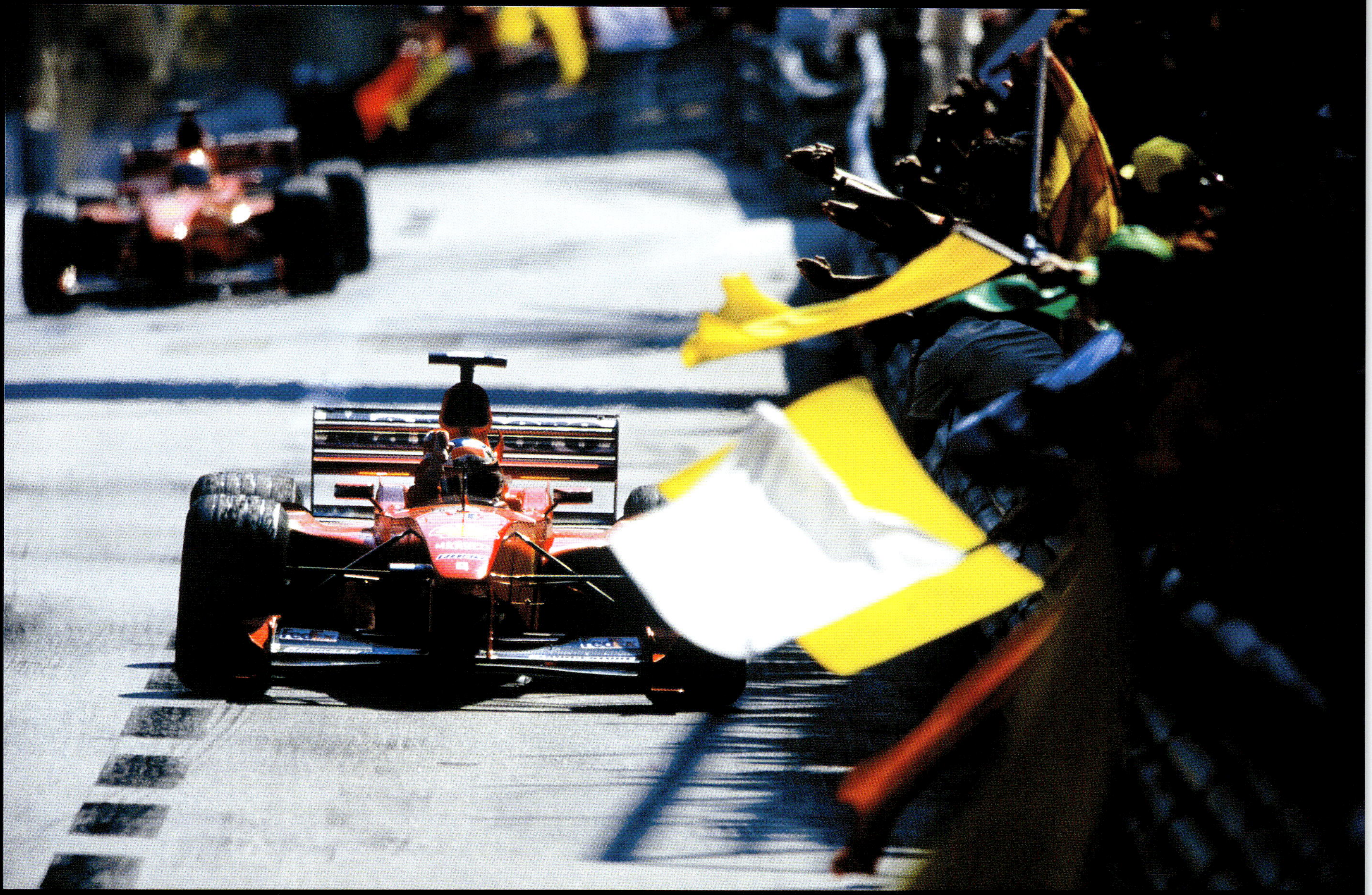

Charles Coates

John Gichigi

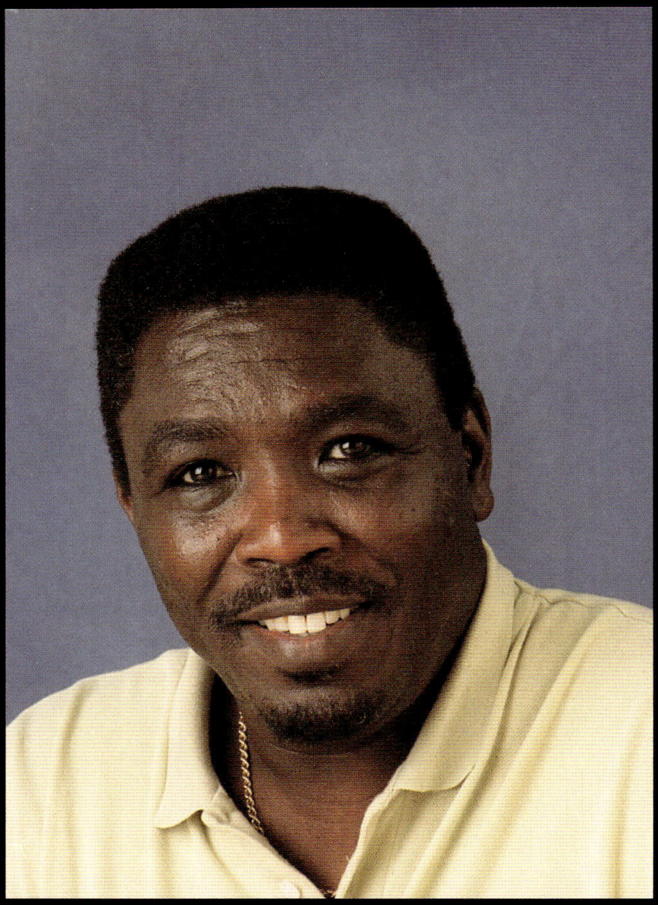

Boxen

John Gichigi, in Kenia geboren und in der Welt der Sportfotografen als „John G“ bekannt, kann sich mit den größten und besten Namen der Boxhierarchie schmücken und zählt zur Weltspitze der Actionfotografen. Doch dieser „schwergewichtige“ Status kam nicht von ungefähr. Gichigi studierte Architektur an der Universität von Westminster, wobei seine Kurse ziemlich stark auf Fotografie ausgerichtet waren. Zu dieser Zeit boxte John auch als Amateur. Sein Interesse für das Boxen ließ diesen Sport natürlich zu seinem Fotothema werden, während sein Insiderwissen ihn in die Lage versetzte, die Bewegungen der Boxkämpfer vorherzusehen.

Gichigi war Mitte der 1970er Jahre bei der Fotoagentur Allsport beschäftigt, nachdem er einen weiterführenden Fotokursus am Kingston College abgeschlossen hatte. Jetzt fotografiert er für Getty Images. Johns Begeisterung für den Sport ist weiterhin ungebrochen. Wenn man ihn auf bestimmte Kämpfe oder Kämpfer anspricht, lernt man eine ganze Menge und weiß gleichzeitig, dass es auch stimmt. Zusammengefasst: John Gichigi kam, sah und siegte.

AS: Was war Ihre erste Kamera überhaupt?

JG: Eine preiswerte Praktica LTL, mit der wir auch auf dem College arbeiteten – meine erste Kleinbildpiegelreflexkamera mit manueller Belichtungssteuerung und Wechselobjektiven.

AS: Was sind Ihre größten fotografischen Erfolge?

JG: Die Aufnahmen der Kämpfe von Lennox Lewis gegen Evander Holyfield. Der erste Wettbewerb fand eine unglaubliche Aufmerksamkeit, da kein Experte vorhersagen konnte, wer den Kampf gewinnt – die Spannung war unglaublich groß.

AS: Kann man also wie bei vielen erfolgreichen Fotografen sagen, dass es zu einem bestimmten Zeitpunkt einen „glücklichen Umstand" gab?

JG: Meine Anstellung bei Allsport. Die Agentur hatte Fotografen, die sich auf den Boxsport spezialisiert hatten und immer für Spitzenfotos gut waren. Zu Anfang war ich deshalb nur zweiter oder dritter in der Hackordnung, doch wenn ich konnte, half ich aus oder fotografierte Boxrunden in meiner Freizeit.

AS: Warum haben Sie sich nicht mit anderen Fotothemen beschäftigt, wie beispielsweise Mode oder Studio?

JG: Ich habe auf dem College alle Genres studiert, doch meine Liebe gehörte der Actionfotografie, was dann so auch geblieben ist. Doch da sind noch immer Porträtprojekte, die ich realisieren möchte – dieses Fotogenre ist meine heimliche Liebe.

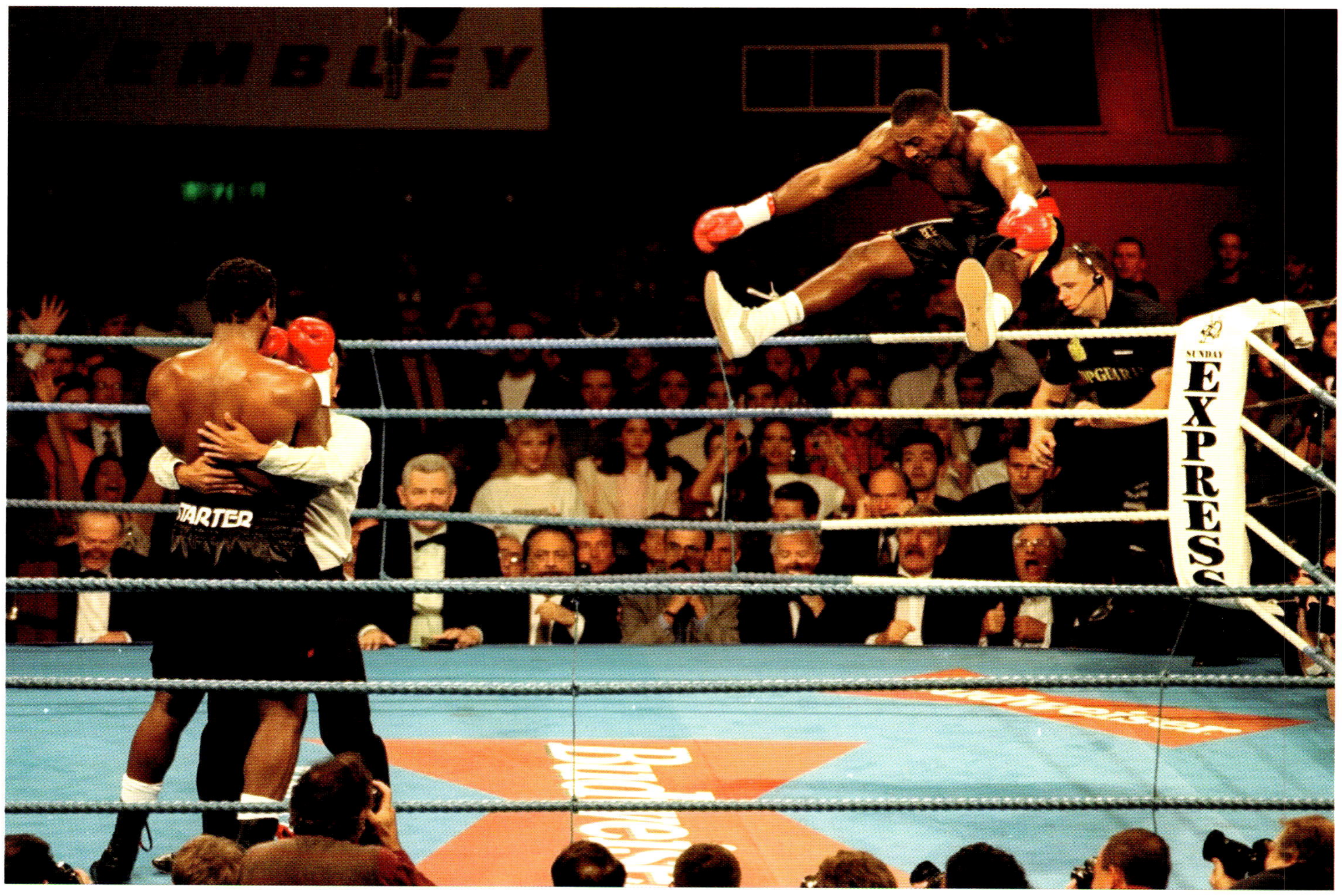

Rechts: **Lennox Lewis**
Porträt des früheren unangefochtenen Weltmeisters im Schwergewicht, Lennox Lewis. Das Foto entstand in der *Lennox Lewis Boxing Academy*. Gichigi musste für einen Termin mit Lewis etwa sechs Monate lang verhandeln. „Der Termin wurde viermal vereinbart und dann wieder abgesagt, bis ich ihn endlich fotografieren durfte, bei einem für mich exklusiven Fotoshooting. Es ist noch immer eines meiner Lieblingsbilder."

KAMERA: Nikon D1X
OBJEKTIV: 80–200 mm
ISO: 100
BLENDE: f/8
VERSCHLUSSZEIT: 1/250 s
LICHT: Elinchrom-Kompaktblitz mit Softbox

Links: **Oliver McCall gegen Lennox Lewis, Wembley-Arena**
Oliver McCall springt nach seinem technischen K.O. über den WBC Titelhalter im Schwergewicht Lennox Lewis vor Freude in die Luft. Gichigi war einer von zwei Fotografen, die genau diese Szene einfangen konnten, obwohl weitere 50 Profifotografen in der Boxarena waren. Er erzielte 1994 mit diesem Bild den zweiten Platz beim angesehenen Wettbewerb *Reebok European Image of the Year*. Nach dem Kampf erschien das Bild in fast jedem Pressebericht über dieses Ereignis. „Ich fotografiere selten von der Tribüne aus, doch in dieser Nacht war ich darüber glücklich. Ich hatte beide Kämpfer auf einem Bild – mit der Freude des Sieger und dem Schmerz des Verlierers."

KAMERA: Nikon F5
OBJEKTIV: 80–200 mm
FILM: Fuji 800
BLENDE: f/2.8
VERSCHLUSSZEIT: 1/500 s
LICHT: Kunstlicht

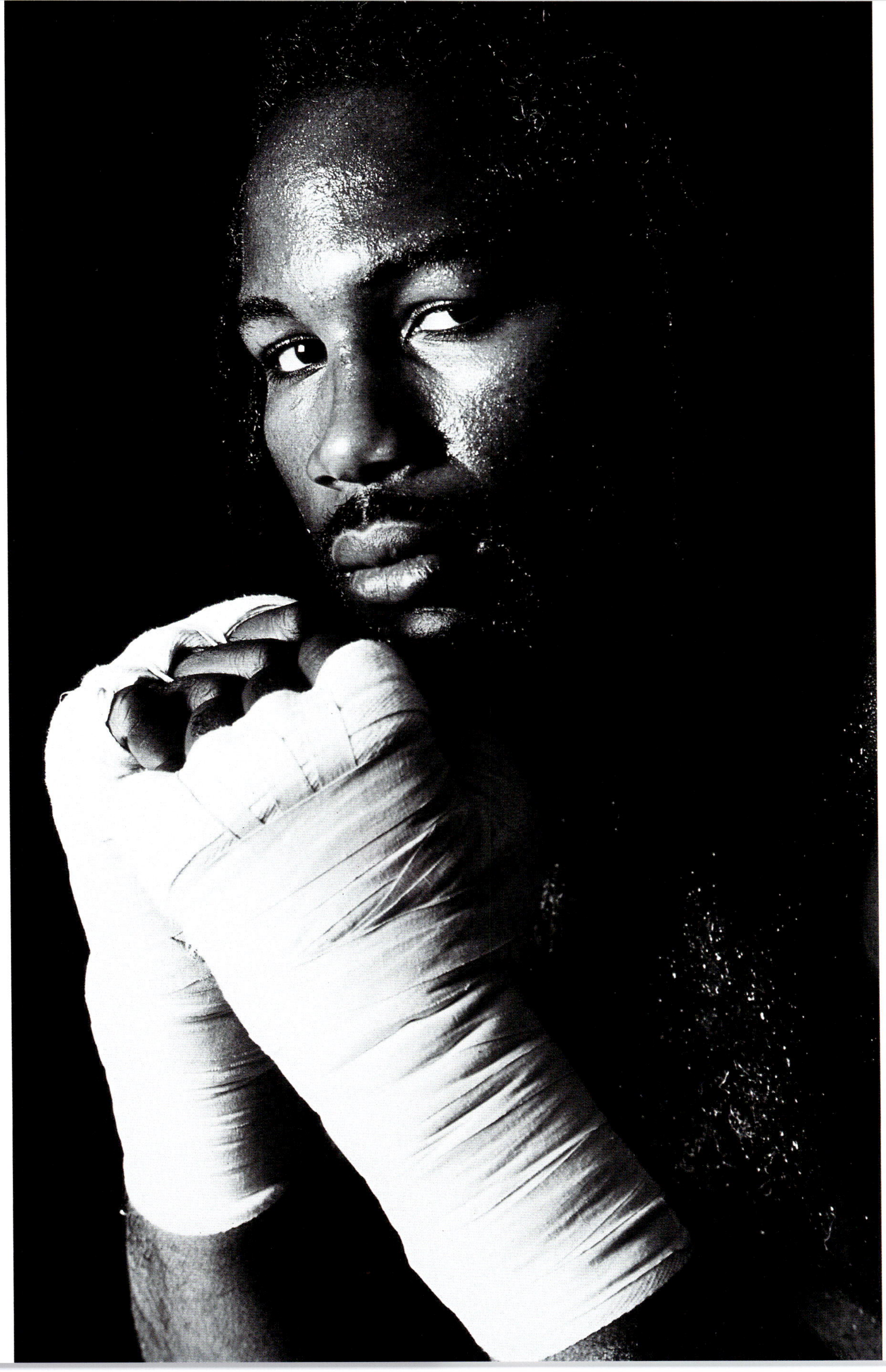

AS: Fotografieren Sie das, was Sie möchten, oder reden Dritte bei Ihren Fotos mit?

JG: Ich entscheide ganz allein über das, was ich fotografiere. Ich weiß zwar, was Getty von mir erwartet, aber letztlich bestimme ich. Ich erhalte ein Briefing – speziell für die eher kommerziellen Wünsche – doch am Ring entscheide dann ich.

AS: Wo sind Sie zuhause? Wo arbeiten Sie am liebsten?

JG: Ich habe fast alle großen Kämpfe in Großbritannien, Irland, Deutschland, Dänemark und natürlich auch in Las Vegas fotografiert. Selbst nach all diesen Jahren freue ich mich über jeden Kampf – ob in kleinen Sporthallen oder in großen Arenen wie dem Madison Square Garden in New York.

AS: Was mögen Sie am liebsten an Ihrem Job?

JG: Ich habe eine natürliche Begabung für Kameras und möchte eigentlich immer Bilder aufnehmen. Und ich liebe den Boxsport und die kontinuierliche Evolution der Fotografie, die damit einhergeht.

AS: Was ist aus technischer Sicht bei Ihrer Art von Fotografie am schwierigsten?

JG: Die Entscheidung, welche Technik bei dem jeweils vorhandenen Licht zu wählen ist. Am jeweiligen Austragungsort zählt es zu den wichtigsten Fähigkeiten eines Sportfotografen, das Beste aus dem vorhanden Licht zu machen. Einige Boxer und die Art, mit der sie sich bewegen, sind extrem schwierig vorhersehbar. Einige Kämpfer sind schnell, andere kämpfen mit den Händen in Taillenhöhe und bewegen sich auf eine unorthodoxe Art und Weise. Inzwischen weiß ich, in welche Richtung mein Kameraobjektiv zeigen muss, und ich ahne, wann ein guter Schlag kommt – doch diese Vorahnung ist noch immer eine Herausforderung nach all diesen vielen Jahren!

AS: An welchem Veranstaltungsort arbeiten Sie am liebsten?

JG: Die MEN Arena ist großartig wegen des Lichts und des Raums. Die Halle ist groß genug, so dass das Publikum weiter vom Ring entfernt ist. Die Bilder erhalten so einen schwarzen Hintergrund und das vorhandene Licht konzentriert sich dadurch auf die Kämpfer.

AS: Wie würden Sie Ihren persönlichen Fotostil bzw. Ihre Fototechnik beschreiben?

JG: Ich suche immer nach Bildern, in denen jemand einen Treffer ins Gesicht landet. Das ist nie einfach, da man in Sekundenbruchteilen reagieren muss. Viele Kämpfer ziehen die Deckung hoch, bevor sie einen großen Schlag landen, doch das kann ich mittlerweile auf Grund meiner guten Kenntnis über den jeweiligen Boxer vorhersehen.

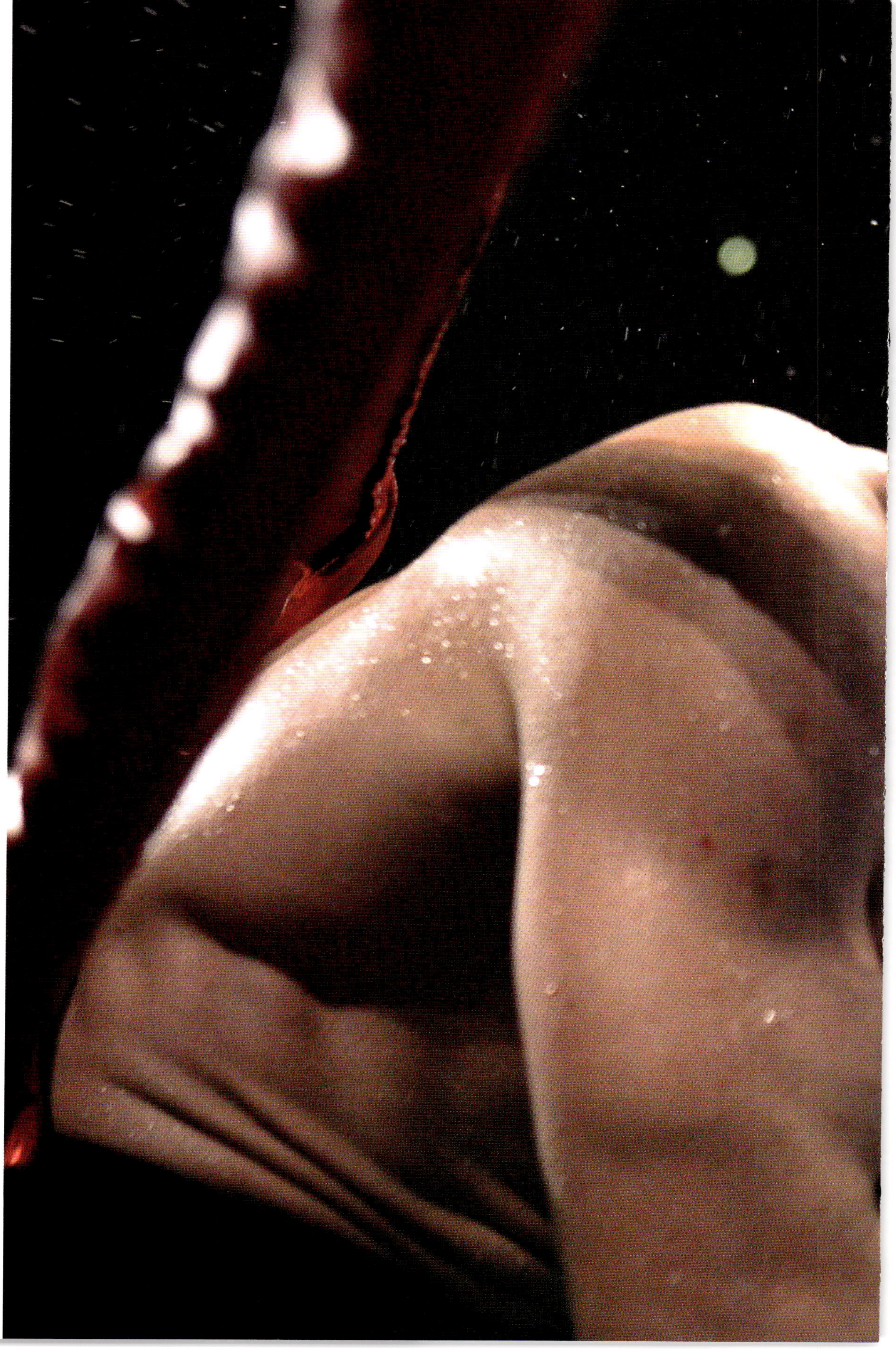

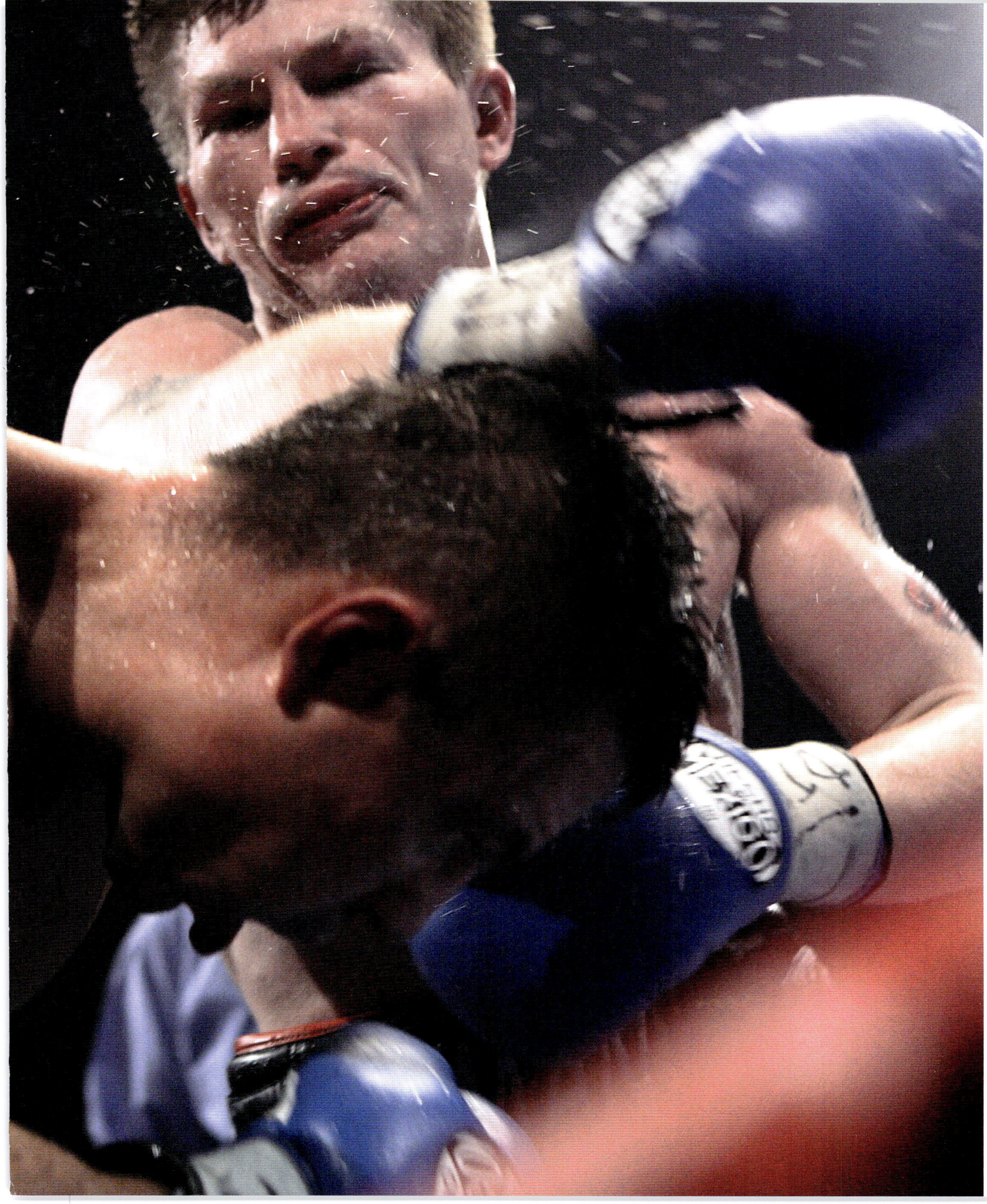

Ricky Hatton gegen Kostya Tszyu, MEN-Arena
Ricky Hatton im Nahkampf mit Kostya Tszyu während des IBF-Titelkampfes im Halbweltergewicht. Hatton greift mit einer rechten Crosshand an und wirbelt dabei Schweiß auf, was für eine zusätzliche Dramatik im Bild sorgt. „Die Nähe erlaubt mir, die Wildheit und Entschlossenheit der Kämpfer zu zeigen“, so Gichigi.

KAMERA: Canon EOS 1Ds MKII
OBJEKTIV: 24–70 mm
ISO: 800
BLENDE: f/2.8
VERSCHLUSSZEIT: 1/500 s
LICHT: Kunstlicht

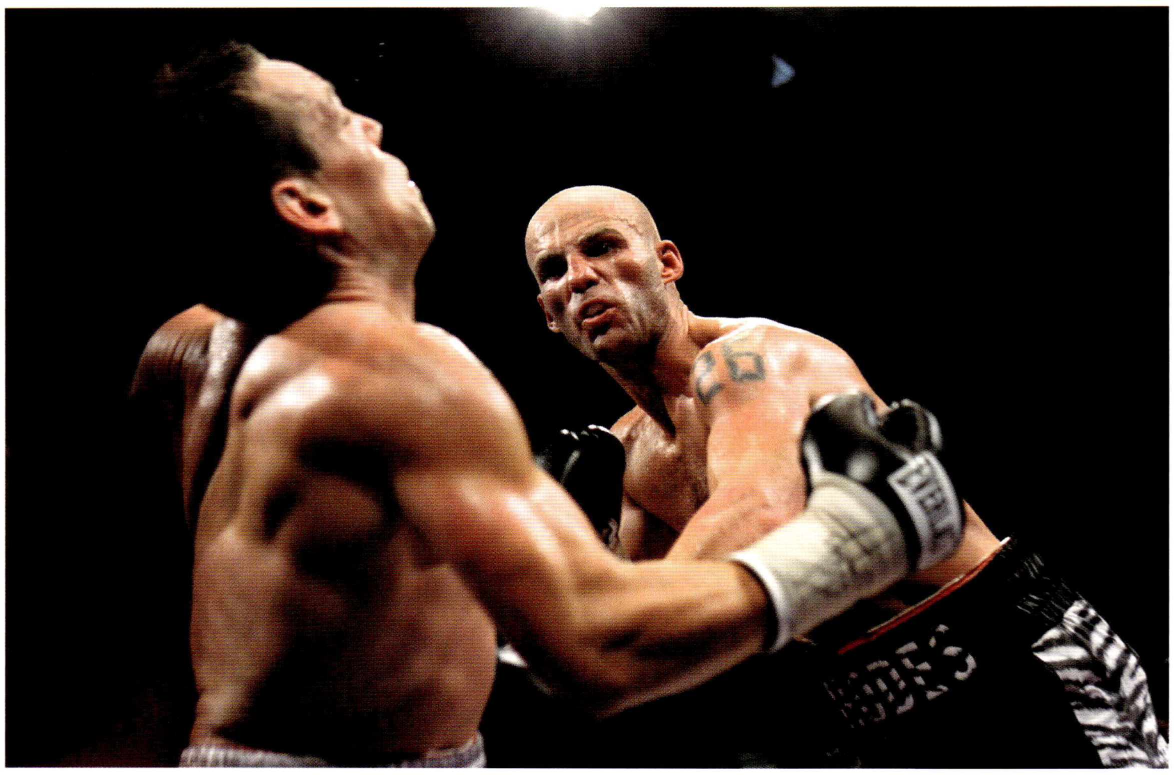

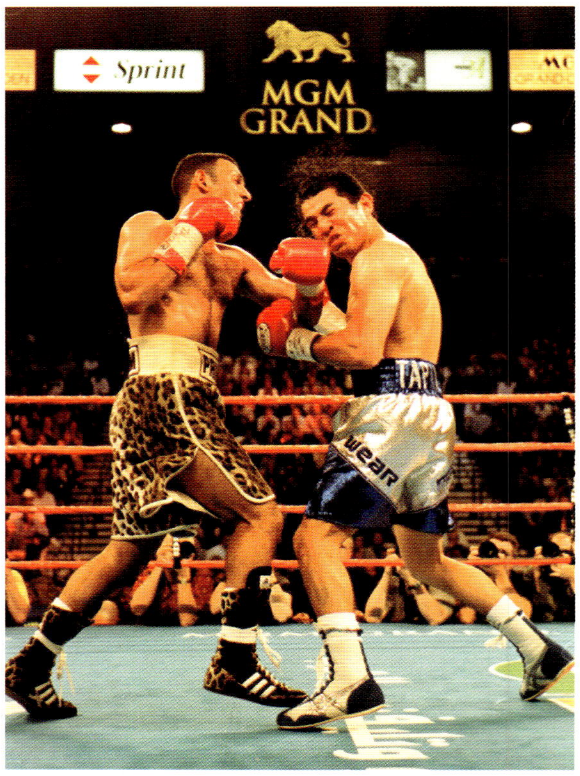

Oben:
Gary Lockett gegen Ryan Rhodes, Millennium Stadium
Gary Lockett (links) wird von einem linken Cross von Ryan Rhodes beim WBU-Titelkampf im Mittelgewicht getroffen. Die Kämpfer befanden sich in direkter Nähe von Gichigi, der durch die Seile hindurch fotografierte. „Ich musste schnell sein, um nicht von den Boxern getroffen zu werden", so sein von Lachen begleiteter Kommentar.

KAMERA: Canon EOS 1Ds MKII
OBJEKTIV: 24–70 mm
ISO: 800
BLENDE: f/3.2
VERSCHLUSSZEIT: 1/640 s
LICHT: Kunstlicht

Oben rechts:
Prince Naseem Hamed gegen Marco Antonio Barrera, MGM Grand Garden Arena
Prince Naseem Hamed (links) landet einen heftigen Aufwärtshaken gegen den legendären Marco Antonio Barrera in der MGM Grand Garden Arena in Las Vegas. Gichigi erinnert sich: „Die Beleuchtung war sehr gleichmäßig – normal in amerikanischen Arenen – und machte kurze Verschlusszeiten möglich. Ich glaube, dass sich Hamed nie wieder von diesem Kampf erholt hat."

KAMERA: Nikon D1H
OBJEKTIV: 28–70 mm
ISO: 800
BLENDE: f/4
VERSCHLUSSZEIT: 1/640 s
LICHT: Kunstlicht

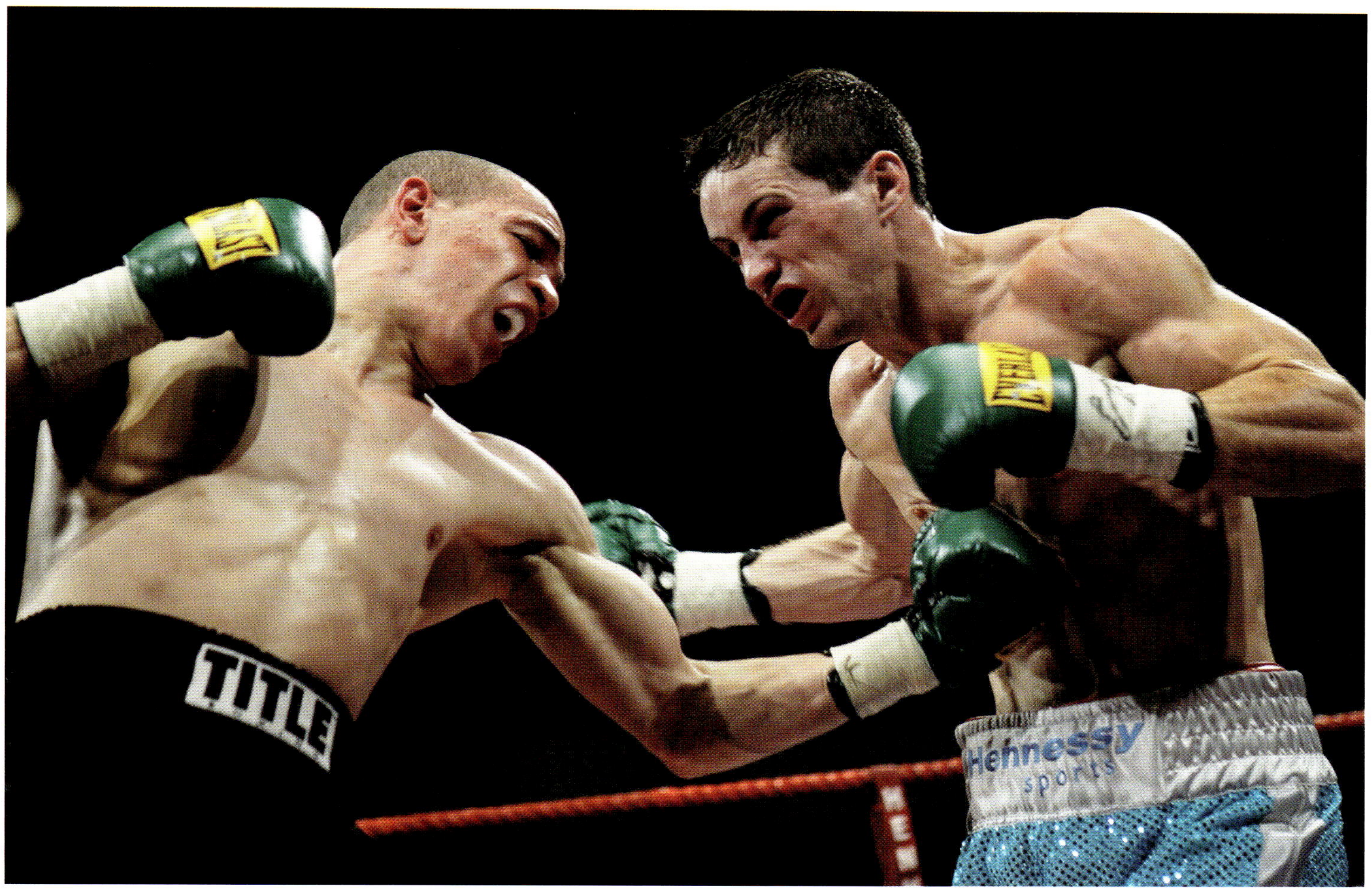

Billy Corcoran gegen Carl Johanneson, York Hall
Carl Johanneson (links) bei einem Körpertreffer gegen Billy Corcoran während des britischen Kampfes im Superfedergewicht in der Halle von York. Die Beleuchtung an diesem Veranstaltungsort war sehr gut, so dass Gichigi mit Blende f/3.2 und 1/800 s bei ISO 800 aufnehmen konnte.

KAMERA: Canon EOS 1Ds MKII
OBJEKTIV: 24–70 mm
ISO: 800
BLENDE: f/3.2
VERSCHLUSSZEIT: 1/800 s
LICHT: Kunstlicht

AS: Erzählen Sie etwas über Ihre Ausrüstung. Mit welchem Kamerasystem arbeiten Sie und warum?

JG: Ich brauche eine schnelle Kleinbildkamera für die Action. Obwohl ich über 20 Jahre lang auf Nikon geschworen habe, arbeite ich jetzt mit einer Canon EOS 1Ds MKII. Diese Kamera hat zwei Funktionen, die für erfolgreiche Sportfotos unverzichtbar sind: Schnelligkeit und Bildqualität.

AS: Mit welchen Objektiven/Brennweiten arbeiten Sie besonders häufig?

JG: Am Ring meistens mit dem 24–70 mm Zoom, das alles direkt vor mir und an der anderen Seite des Rings aufnimmt. Wenn ich ahne, dass jemand K.O. geht, wechsle ich zum 16–35 mm Zoom, das sowohl den Sieger als auch den Gegner am Boden im Bild erfasst.

AS: Welche Bilder sind besonders schwierig aufzunehmen?

JG: Erfahrung bedeutet, dass man etwas Schwieriges einfach aussehen lässt. Ich kann bereits im Gesicht eines Boxers erkennen, in welcher Verfassung er sich befindet und wie lange er noch durchhält, bevor der Kampf beendet wird. Wenn ich davon ausgehe, dass jemand K.O. geht, konzentriere ich mich auf die Körpersprache – und das ist manchmal eine Herausforderung.

AS: Bevorzugen Sie Film oder Digital und warum?

JG: Ich bin mit Film groß geworden, doch jetzt arbeite ich vollständig digital. Das digitale Fotografieren hat für mich den Riesenvorteil, dass ich während der Arbeit meine Bilder bereits ansehen und mein Timing korrigieren kann. Ich bin daher in der Lage, eine breitere Auswahl von Bildern anzubieten.

AS: In welchem Umfang werden Ihre Arbeiten von der digitalen Bildbearbeitung beeinflusst ?

JG: Mein Agenturvertrag beinhaltet, dass ich Bilder nicht manipulieren darf – auch als editorische Integrität bezeichnet. Ich darf jedoch einfache Dinge bearbeiten, wie Beschneiden und leichtes Aufhellen bzw. Abdunkeln.

AS: Wie entstehen die Ideen für Ihre Bilder?

JG: Vor einem Kampf mache ich mir Gedanken über die Art von Bildern, die ich aufnehmen möchte. Dabei schaue ich mir oft meine Fotos von zurückliegenden Kämpfen an. Actionfotografie bedeutet, dass man selten die Kontrolle über das Ergebnis hat. Doch man kann kontrollieren, was vor einem ist – über den Aufnahmewinkel oder das Objektiv. Nur so gelangt man zu Bildern, die sich von denen konkurrierender Fotografen unterscheiden.

AS: Was hält die Zukunft für Sie bereit?

JG: Ich will noch immer Boxen auf höchstem Niveau ablichten, doch ich möchte auch mehr über die Boxer selbst bringen – was auch meinem Wunsch nach mehr Porträts entgegenkommt.

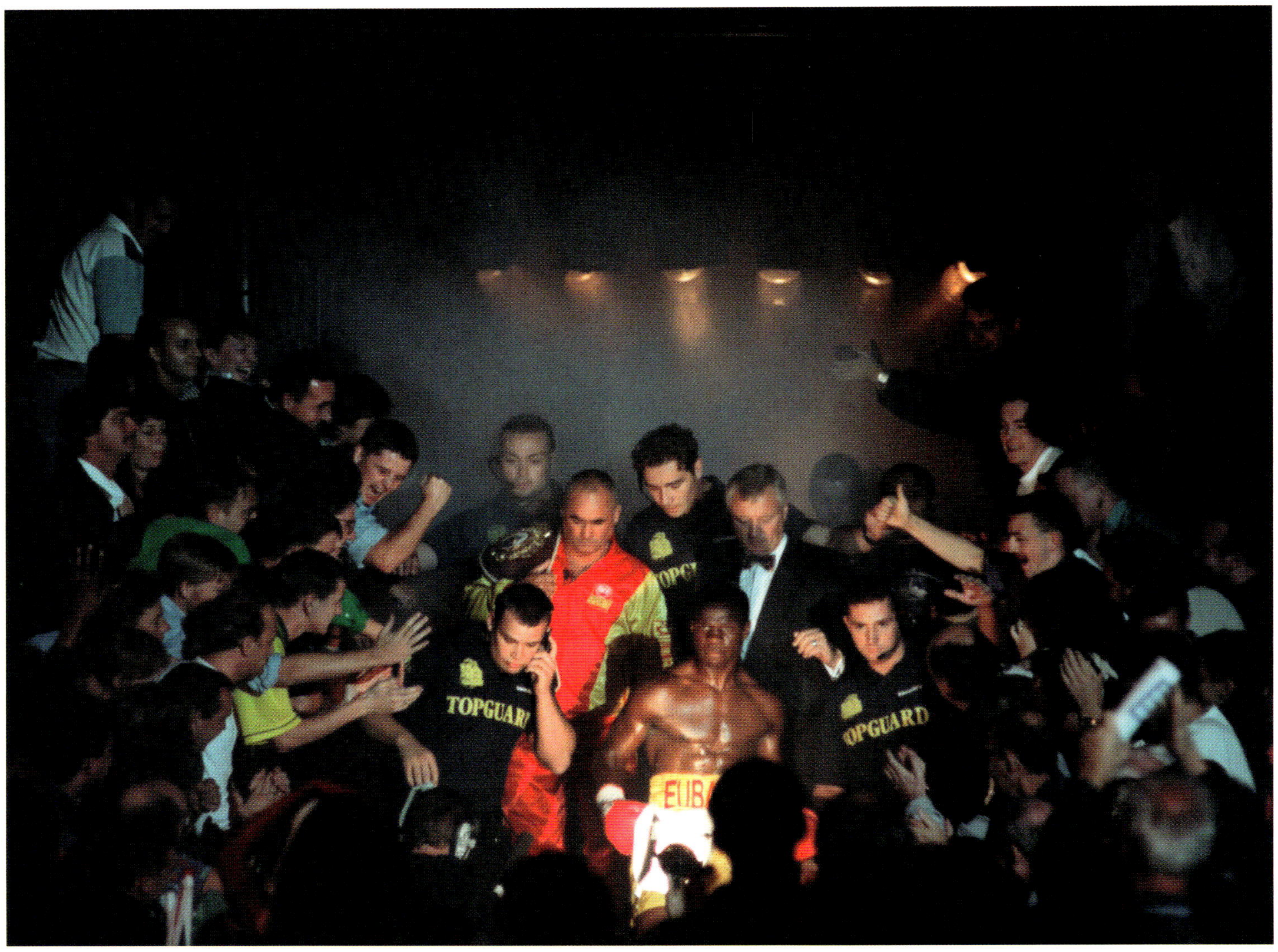

Chris Eubank kommt in die Arena
Eubank erreicht den Ring und wird von seinen Fans bejubelt; der Fighter hat immer einen extravaganten Auftritt und Gichigi hat diesen Augenblick perfekt eingefangen. Viele Elemente kamen in diesem Bild für ein einzigartiges Foto zusammen: das Kunstlicht von oben, die ReAction der Fans, die Sicherheitskräfte beim Fighter, das Team – und die Beleuchtung des Boxers durch die Fernsehkamera. „Als Eubank die Stufen herunterkam, um seinen Titel gegen Sam Storey zu verteidigen, konnte ich durch schnelles Reagieren seinen Auftriff einfangen, bevor er weiter unten in die Menge eintauchte ... Ich hatte auf meinem Rollfilm gerade noch 2 Aufnahmen frei, um damit diese perfekte Aufnahme zu machen."

KAMERA: Nikon F5
OBJEKTIV: 80–200 mm
FILM: Fuji 800
BLENDE: f/2.8
VERSCHLUSSZEIT: 1/250 s
LICHT: Kunstlicht

Acelino Freitas gegen Barry Jones, Doncaster Dome
Der erschöpfte Barry Jones wird beim Kampf im Superfedergewicht gegen Acelino Freitas ausgezählt. Der Kampfrichter spielt immer eine wichtige Rolle bei jedem Boxkampf – hier beim Auszählen von Jones. Der Schiedsrichter ist schon bei Sieben, doch der Boxer hat noch immer seinen Kopf unten und als Zeichen der Aufgabe seinen Mundschutz draußen.

KAMERA: Nikon F5
OBJEKTIV: 28–70 mm
FILM: Fuji 800
BLENDE: f/2.8
VERSCHLUSSZEIT: 1/500 s
LICHT: Kunstlicht

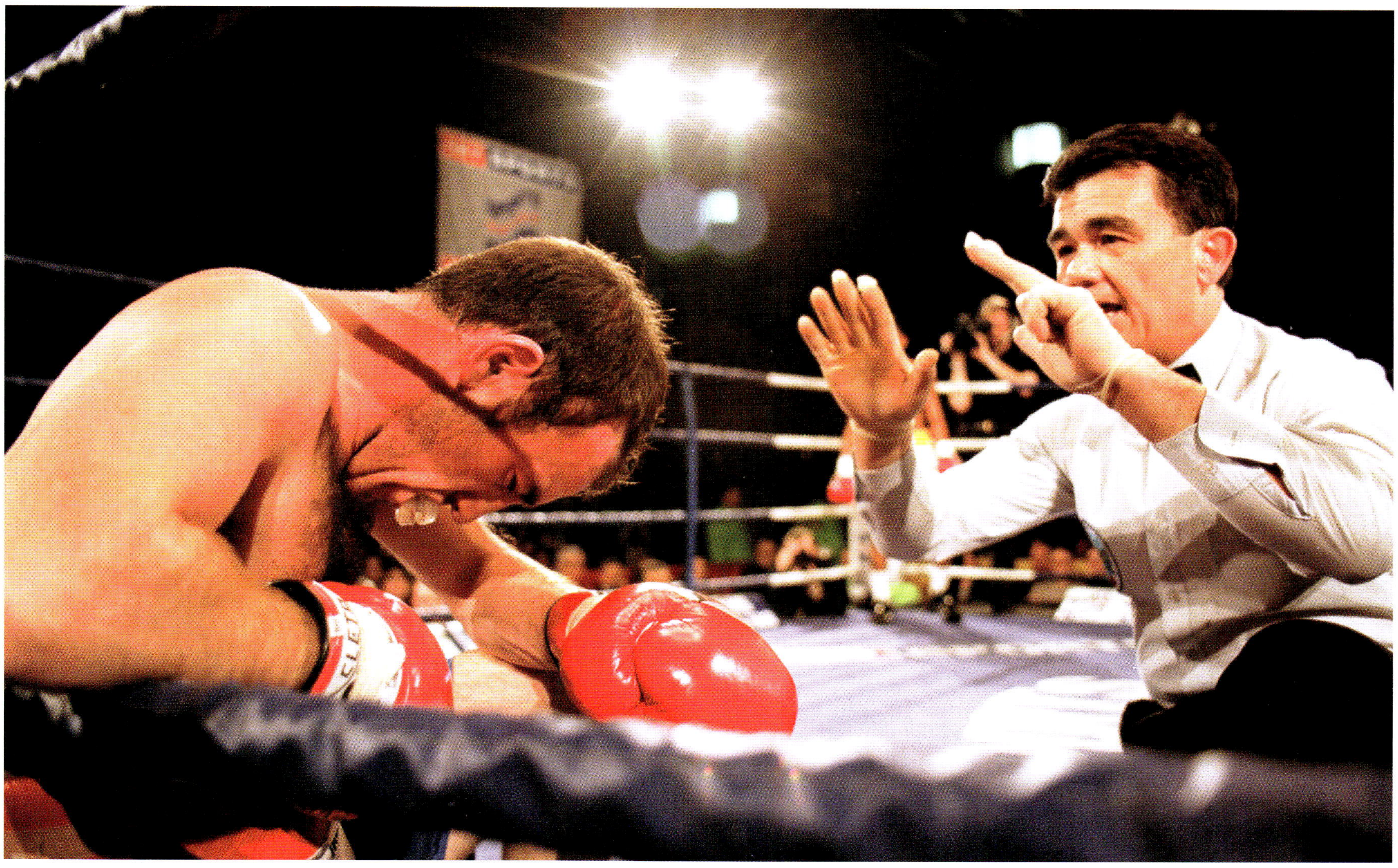

John Gichigi

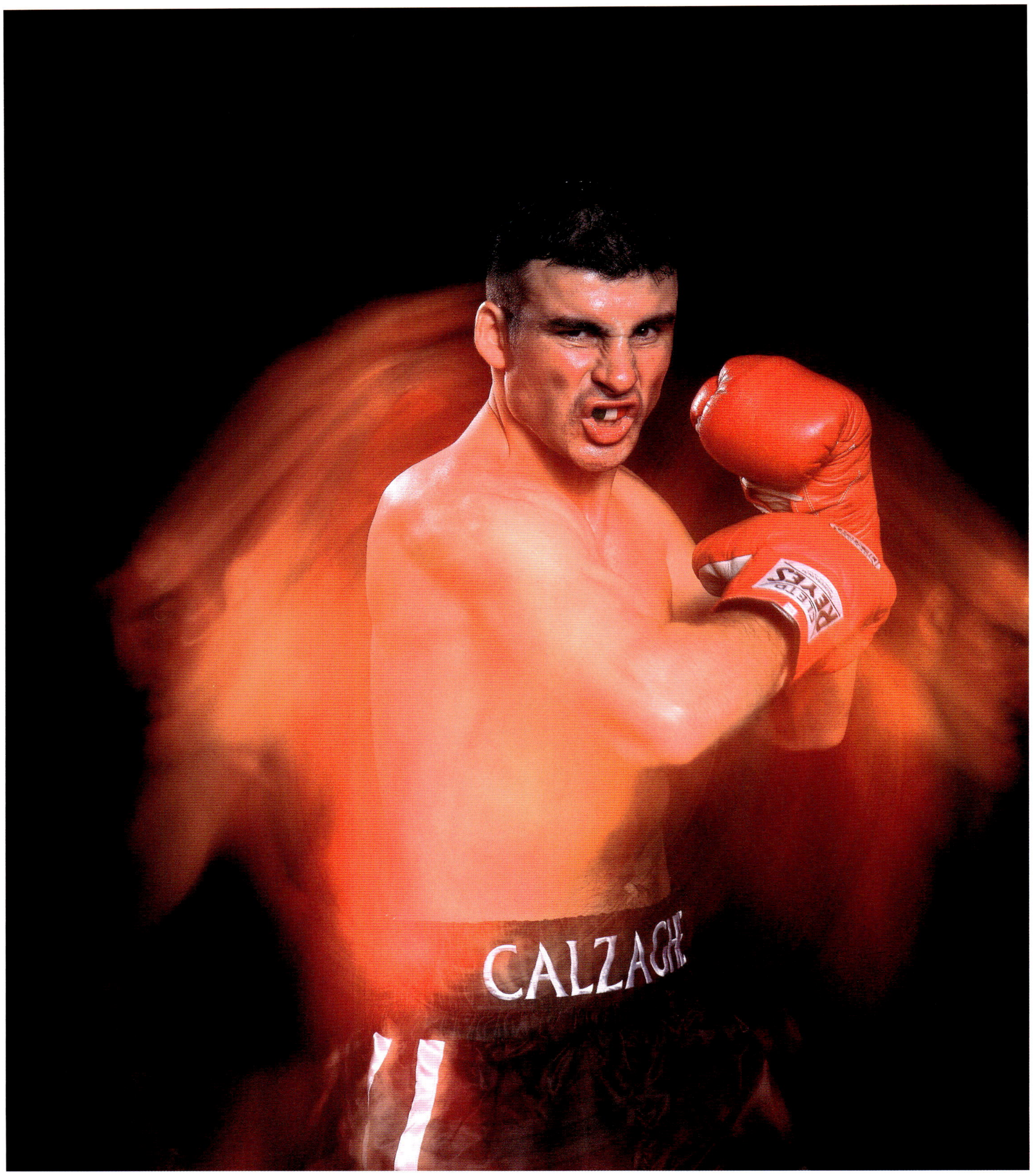

Joe Calzaghe
Der WBO-Weltmeister im Supermittelgewicht wurde während eines Presse-Shootings aufgenommen. „Wir mieteten ein Studio, verwendeten einen schwarzen Hintergrund und arbeiteten mit Kunstlicht für dieses Foto mit Bewegungsunschärfe. Wenn Sie genau hinsehen, können Sie das Gesicht von Calzaghe links und rechts von seinem Körper erkennen. Die Aufnahme entstand im Mittelformat mit einer Bronica. Ich fotografierte zuerst Calzaghe, löste dann den Blitz aus, und hielt danach die Kamera in das blendende Kunstlicht und bewegte sie während der vier Sekunden langen Belichtung von links nach rechts."

KAMERA: Bronica GS1
OBJEKTIV: 150 mm
FILM: Fuji 100, Diafilm
BLENDE: f/8
VERSCHLUSSZEIT: 4 s
LICHT: Ein Elinchrom-Kompaktblitz und zwei Fotolampen

Erfolgstipps

1) Kaufen Sie die Kamera, die Ihnen liegt
Achten Sie beim Kauf einer digitalen Spiegelreflexkamera darauf, dass sie über die aktuelle Technik verfügt und so robust gebaut ist, dass sie Stöße, schlechtes Wetter und viele Bildauslösungen übersteht. Achten Sie auf CompactFlash-Speicherkarten (CF) – Standard bei professionellen Sportfotografen. Speicherkapazität ist ebenfalls wichtig – ich benutze alles zwischen 1 und 4 GB. Aber „setzen" Sie nicht alles auf eine Karte – Ich fotografiere lieber mit zwei 2 GB-Karten als mit einer 4 GB-Karte. Denn geht eine Karte verloren oder kaputt, habe ich noch die andere.

2) Kümmern Sie sich um das passende Zubehör
Die richtige Digitalkamera ist nur die Spitze des Eisbergs – wichtig ist auch das passende Zubehör:
* Eine gute Gegenlichtblende, da die Beleuchtung von oben sehr stark ist und häufig ins Objektiv strahlt.
* Ein Ledertuch zur Objektivreinigung, da Schweißtropfen und Blut aufs Objektiv treffen können und die Bildqualität verschlechtern.
* Leistungsstarke Akkus für die extrem schnellen Aufnahmefolgen.
* Die wichtigsten Objektive sollten Sie immer griffbereit haben, um sie während des Kampfgeschehens schnell wechseln zu können. Einige Boxer sind weiter entfernt, andere wieder ganz nah. Sie sollten deshalb mindestens zwei Brennweitenbereiche dabei haben – Zooms mit 16–35 mm und 24–70 mm Brennweite.

3) Suchen Sie sich den besten Sitzplatz
Beim Boxen ist der richtige Platz die Voraussetzung für gute Fotos. Begeben Sie sich frühzeitig in die Boxarena und suchen Sie nach der bestmöglichen Aufnahmeposition – also lange, bevor der Kampf beginnt. Bei wichtigen Kämpfen werde die Plätze übrigens zugeteilt. Ihre Aufnahmeposition legt fest, welche Bilder Sie letztendlich aufnehmen können.

4) Achten Sie auf die Leute am Ring
Achten Sie auf Sportpersönlichkeiten und Prominente am Ring. Ich habe bekannte Gesichter gesehen, die während der Kämpfe vor Begeisterung absolut verrückt wurden – was zu herrlichen Bildern führte.

5) Verlieren Sie die Boxer nie aus den Augen
Sie können sicher sein, dass genau dann, wenn Sie wegsehen, ein Fighter den kampfentscheidenden Schlag macht und diese Action an Ihnen vorbeigeht. Auch in einem glanzlosen Fight müssen Sie jeden Moment einfangen können, um wenigstens einige gute Fotos nach Hause zu bringen. Obwohl die Hälfte der Zeit der Schiedsrichter im Weg ist und die Boxer oft in die falsche Richtung schauen, gibt es trotzdem keine Auszeit. Ich möchte dem Schiedsrichter eigentlich immer zurufen „Aus dem Bild bitte!" Aber natürlich sehe ich auch ein, dass er seinen Job machen muss.

6) Achten Sie auf die richtige Beleuchtung
Bei einer Boxveranstaltung sind die Runden vor dem Hauptkampf nicht so wichtig – gut für Testaufnahmen zur Feinabstimmung des Weißabgleichs und zum Herausfinden der idealen Kombination aus Blende und Verschlusszeit. Ich arbeite meist im manuellen Modus, da die Belichtungsautomatik die Messung häufig verfälscht – denken Sie nur an das weiße Hemd des Schiedsrichters vor der dunklen Zuschauermenge. Den Weißabgleich stelle ich immer auf Kunstlicht ein, damit die Ergebnisse während eines Fights konstant bleiben. Außerdem vermeide ich zu kalte oder zu warme Farben. Einen Blitz sollten Sie immer dabei haben, falls die Ringbeleuchtung ausfällt oder die Beleuchtung (oft in kleineren Hallen) insgesamt zu schwach ist.

7) Fotografieren Sie im JPEG-Format
Ich fotografiere immer in bester JPEG-Qualität (die größtmögliche JPEG-Datei), da RAW generell zu langsam für schnelle Actionfotografie ist – die Kamera braucht länger, um das Bild auf der Karte zu speichern. JPEG eignet sich für 90 % meiner Jobs und RAW nur dann, wenn ein Kunde Fotos für Poster in höchster Druckqualität benötigt.

8) Wählen Sie das beste Verhältnis aus ISO und Verschlusszeit
Stimmen Sie die ISO-Empfindlichkeit auf die erforderliche kürzeste Verschlusszeit zum Einfrieren von Aktionen ab. Ich versuche, mit einem möglichst kleinen ISO-Wert hinzukommen – meine kürzeste Verschlusszeit liegt dann bei 1/500 s. Höhere ISO-Empfindlichkeiten (meist ab ISO 800) bringen Bildrauschen mit sich, was wiederum die Bildqualität verringert.

9) Studieren Sie die Bewegungen der Kämpfer
Studieren Sie in den ersten Runden die Bewegungen der Boxer. Diese Zeit verhilft Ihnen zu besseren Fotos in den folgenden Runden, da Sie die Aktionen besser vorausahnen.

10) Seien Sie bereit für Überraschungen
Im Gegensatz zu den meisten anderen Sportarten kann ein Boxer, der schon geschlagen zu sein scheint, aus dem Nichts heraus noch einen K.O.-Schlag landen. Schreiben Sie deshalb einen Kämpfer nie ab. Anders beim Fußball – eine Mannschaft, die mit 4:0 hinten liegt, wird ein Spiel kaum noch gewinnen. Ich habe Boxer mit ausgerenkten Armen erlebt, die plötzlich alle Kräfte zusammennahmen und den Gegner K.O. zu Boden schickten.

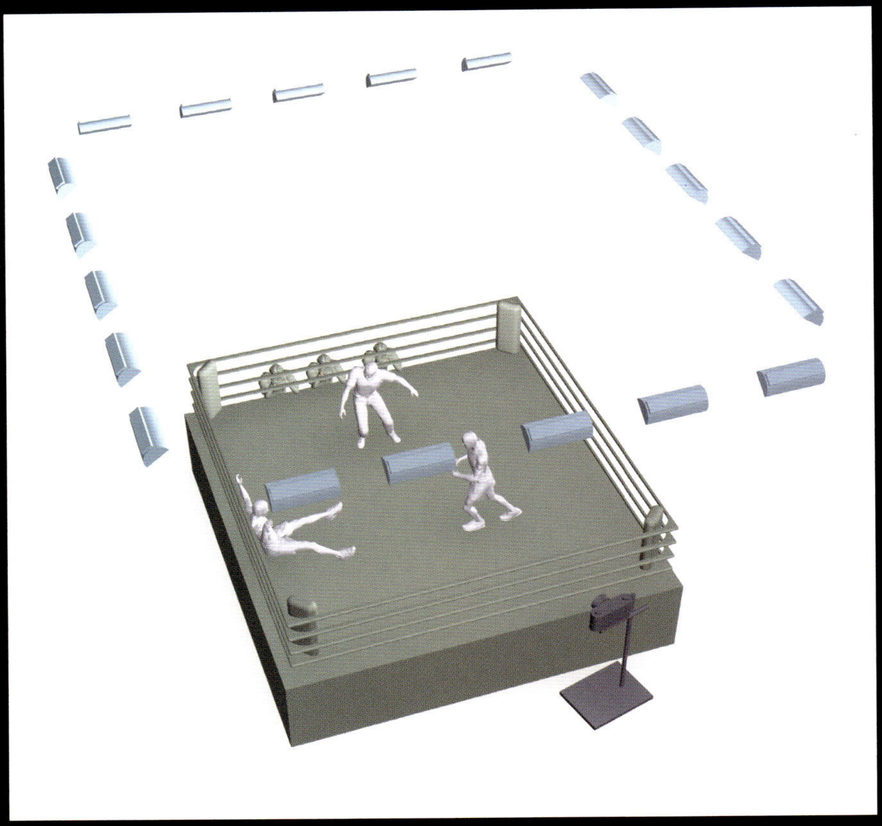

Mike Tyson gegen Brian Nielsen, Parken Stadium

Mike Tyson schlägt seinen Gegner Brian Nielsen während des Kampfs um den Weltmeister im Schwergewicht. Tyson gewann die Runden spektakulär, als der Schiedsrichter in der siebten Runde den Kampf beendete, nachdem Tyson den 114,3 kg schweren Nielsen mit diesem Schlag zu Fall brachte. Das Bild ist ein gutes Beispiel dafür, zur richtigen Zeit am richtigen Platz zu sein – und mit der richtigen Ausrüstung. Gichigi konnte als einziger Fotograf ein Foto von Nielsen in dem Augenblick machen, als dieser durch die Luft flog und K.O. zu Boden ging – denn er hatte den idealen Sitzplatz. „Ich wollte zum Ende der Runde hin den Film wechseln, deshalb fotografierte ich nur sporadisch. Doch dann sah ich, dass Tyson seinen Gegner zermürbt hatte und dabei war, ihn K.O. zu schlagen. Auf diesen Augenblick habe ich dann gewartet."

Technische Daten

KAMERA: Nikon F5

OBJEKTIV: 17–35 mm

FILM: Fuji 800

BLENDE: f/2.8

VERSCHLUSSZEIT: 1/500 s

LICHT: Kunstlicht

Ausrüstung

- Zwei Canon EOS 1Ds MKII-Kameras
- 16–35 mm f/2.8 Objektiv
- 24–70 mm f/2.8 Objektiv
- 70–200 mm f/2.8 Objektiv
- Gegenlichtblenden für alle Objektive
- Blitzgerät
- Zwei Reserveakkus
- CF-Speicherkarten
- Fensterleder
- Laptop
- Handy
- Wasserflasche

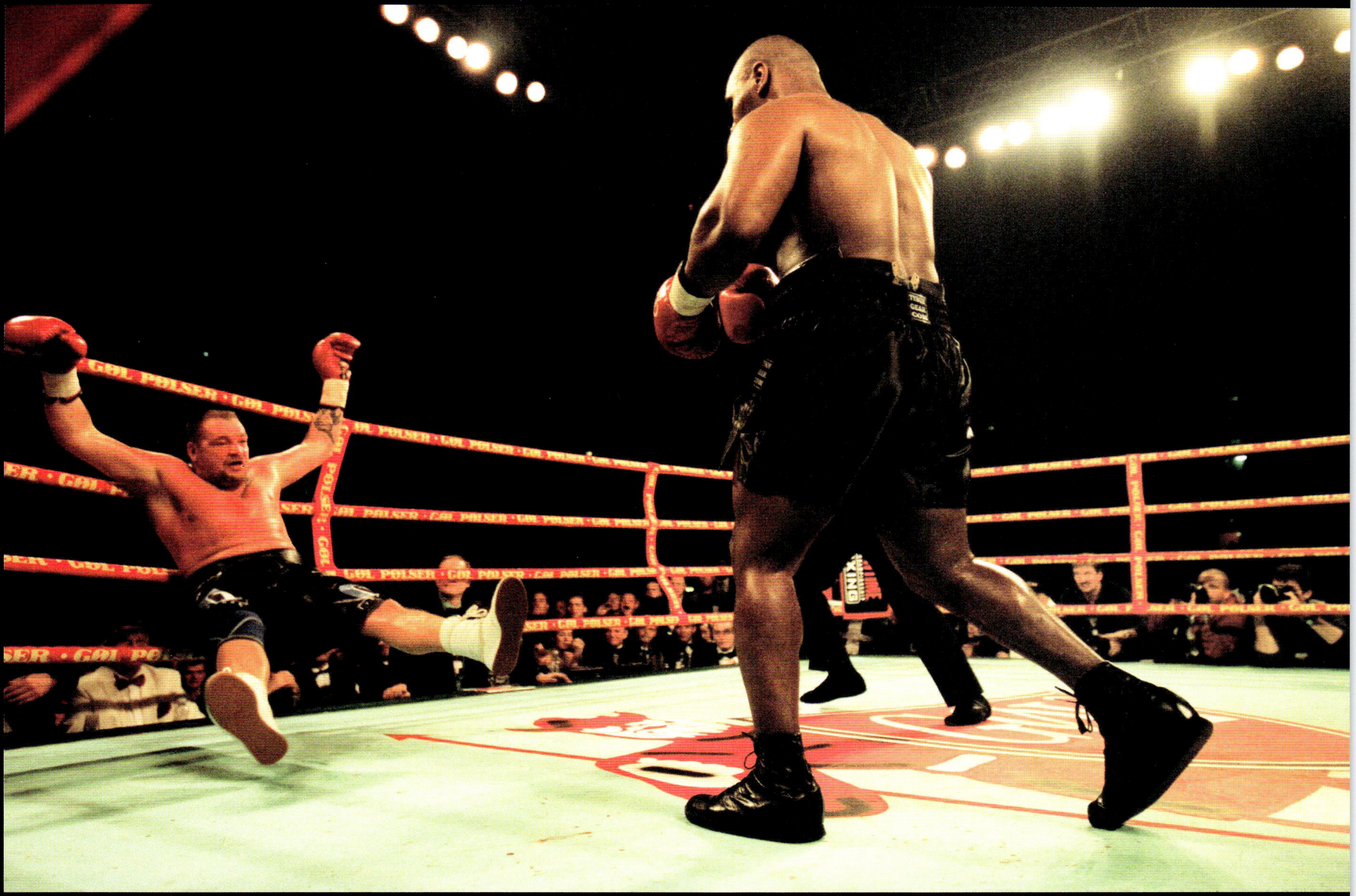

John Gichigi

Jed Jacobsohn

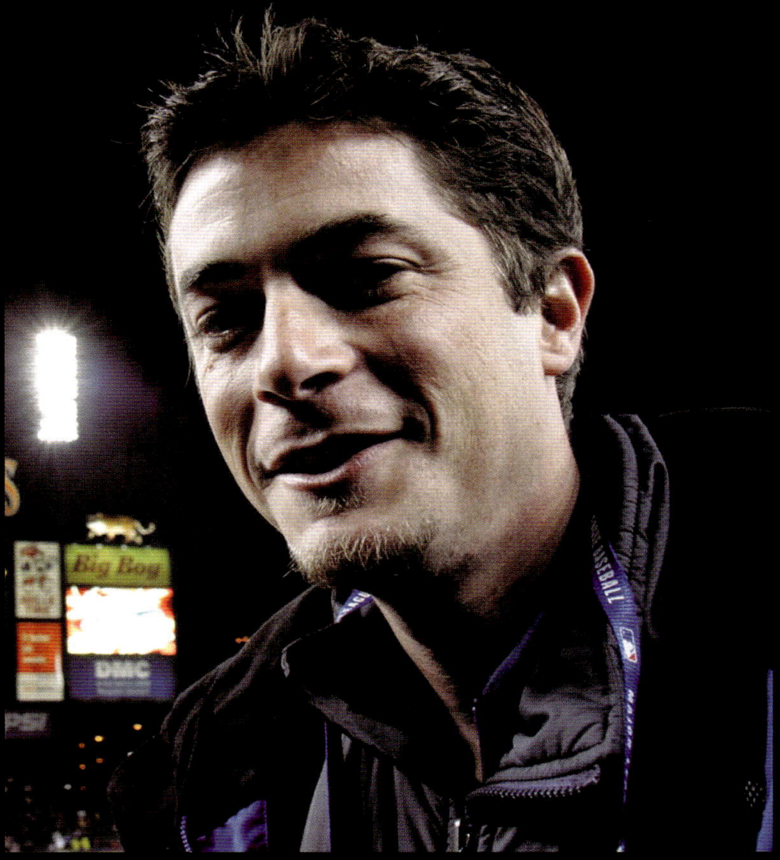

Baseball

Jed Jacobsohn entdeckte schon in sehr jungen Jahren seinen Hang zur Fotografie. Er war oft dabei, wenn sein Vater als begeisterter Amateur in seiner Freizeit fotografierte. Jed verband später die Fotografie mit seiner Liebe für Baseball, was er „immer als Kind spielte“. Jacobsohn besuchte Fotokurse an der Highschool in Berkeley, Kalifornien. Hier verbrachte er ab 1992 dreimal hintereinander seine Sommerferien und arbeitete für die bekannte Bildagentur United Press International. In Berkeley lernte er die Diaentwicklung mit dem E6-Prozess und das Anfertigen von Schwarzweiß-Abzügen. Die Freizeit nutzte Jed für die Zusammenstellung seines atemberaubenden Portfolios mit Top-Baseballteams wie den San Francisco Giants. Ab 1995 begann Jacobsohn einen Fulltime-Job als festangestellter Fotograf der Sportbilderagentur Allsport in Los Angeles. 1998 übernahm Getty Images dann Allsport, das Jahr, in dem Jacobsohn einen World Press Photo Award gewann. In dieser Zeit fotografierte er Boxen, Basketball, American Football und Wintersport – seine Vorliebe blieb aber immer Baseball.

AS: Was war Ihre erste Kamera überhaupt?

JJ: Ich begann in der Highschool mit einer Pentax K-1000, doch die erste Spiegelreflex, die ich mir selber kaufte, war eine Nikon F2, und danach die Nikon F3.

AS: Was sind Ihre größten fotografischen Erfolge?

JJ: Der *World Press Photo Award 1998* für mein Bild mit dem Ohr von Evander Holyfield, nachdem Mike Tyson ein Stück davon abgebissen hatte. Und – aktueller – mein Foto der Boston Red Sox auf der Titelseite vom *Time Magazine*, als das Team 2004 die World Series gewann. Ein Sportfotograf kommt relativ selten in den Genuss, das Titelbild auf einer eher politisch ausgerichteten Zeitschrift zu haben, besonders mit einem so kultigen Team.

AS: Kann man also wie bei vielen erfolgreichen Fotografen sagen, dass es zu einem bestimmten Zeitpunkt einen „glücklichen Umstand" gab?

JJ: Nein, überhaupt nicht. Nur harte Arbeit und Ausdauer bringen Glück.

AS: Warum haben Sie sich nicht mit anderen Fotothemen beschäftigt, wie beispielsweise Mode oder Studio?

JJ: Ich bin ein totaler Baseball-Mann. Baseball nimmt stets den ersten Platz ein, ich liebe diesen Sport. In jedem Spiel gibt es so viele verschiedene Bewegungen. Aus fotografischer Sicht gesehen gibt es nicht nur Momente, bei denen sich die Spieler sehr schnell bewegen, sondern auch viele subtile und emotionale Gelegenheiten.

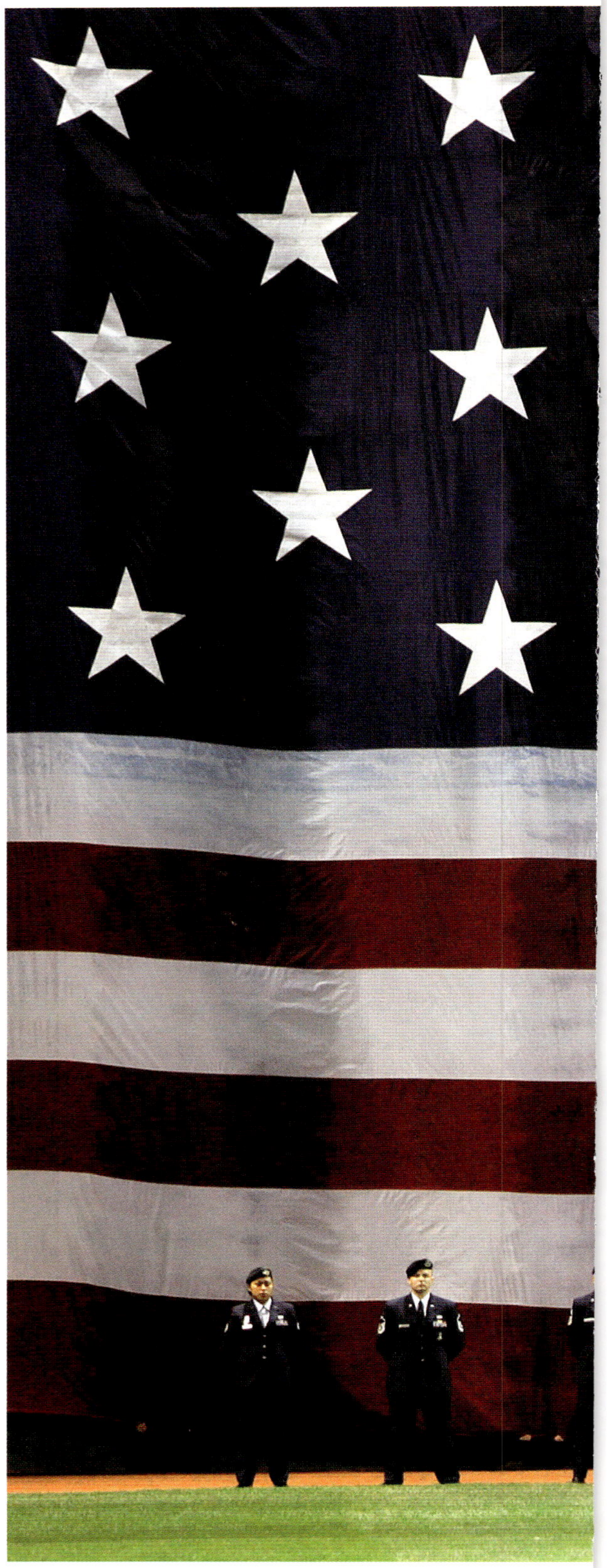

Boston Red Sox gegen New York Yankees, Fenway Park
Alex Rodriguez von den New York Yankees wärmt sich auf – mit Blick auf das für das Abspielen der Nationalhymne vor dem dritten Spiel der American League Championship Series im Fenway Park aufgehängte Sternenbanner. Die Perspektive zusammen mit den Größenverhältnissen macht dieses Bild interessant. Hinzu kommt dann noch der Spieler, ein zukünftiger Star für die Hall of Fame. „Bei jeder Veranstaltung suche ich nach anderen interessanten Perspektiven. „Ich glaube, dass das Foto dieses Ethos sehr gut vermittelt."

KAMERA: Canon EOS 1Ds MKII
OBJEKTIV: 400 mm
ISO: 800
BLENDE: f/2.8
VERSCHLUSSZEIT: $1/640$ s
LICHT: Nacht/Kunstlicht

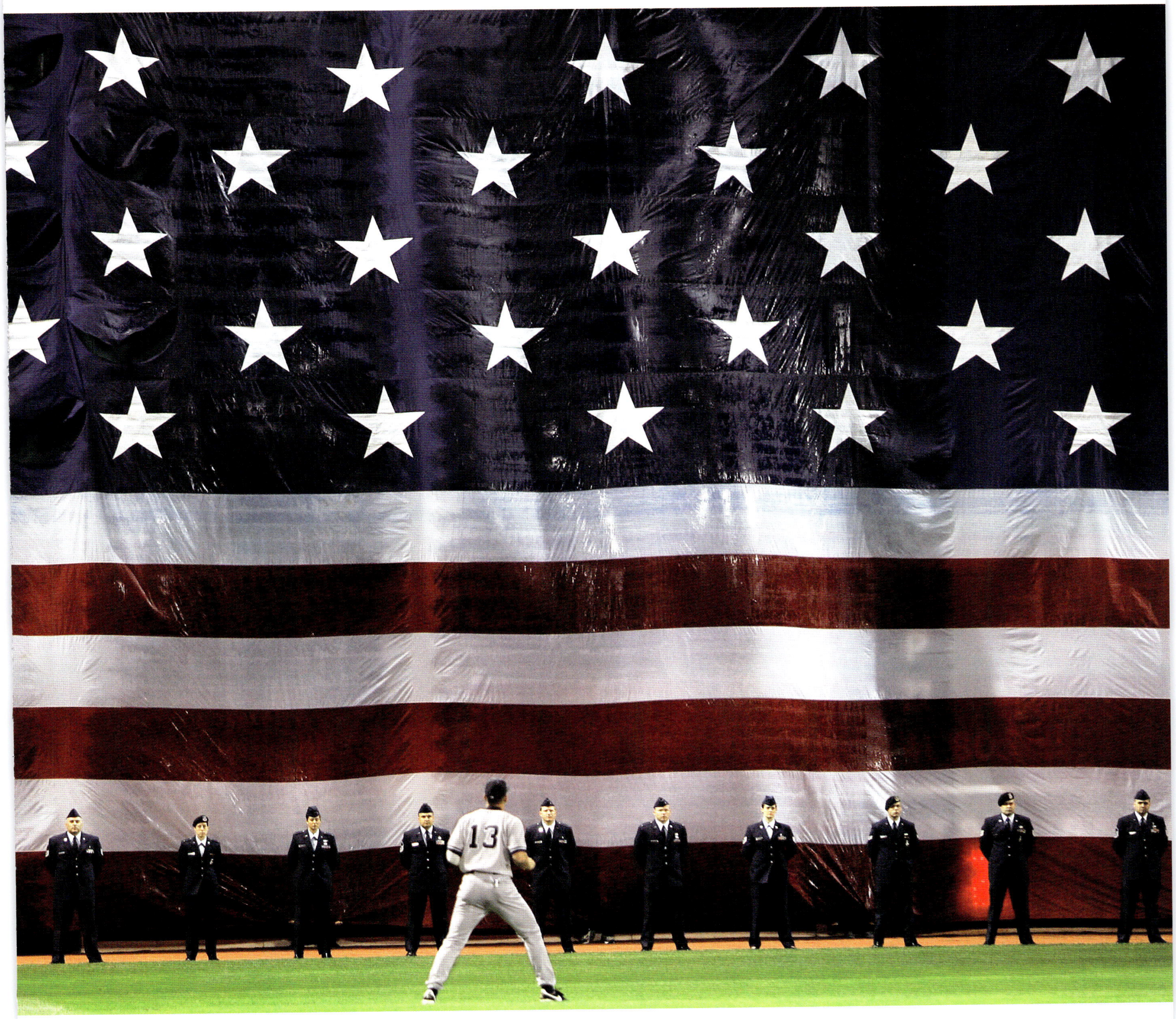
13

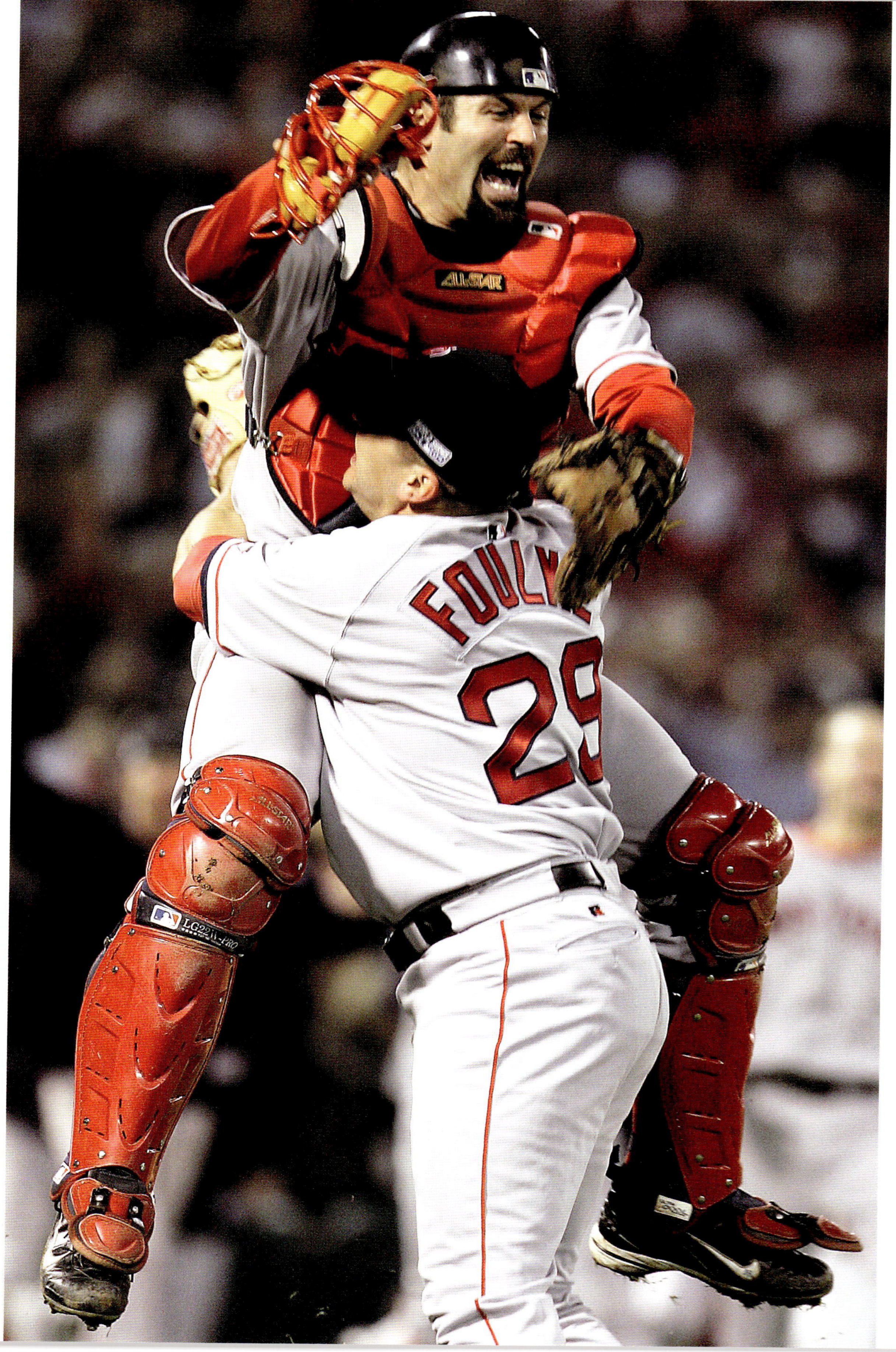

St. Louis Cardinals gegen Boston Red Sox, World Series, Busch Stadion
Jason Varitek und Keith Foulke von den Boston Red Sox feiern nach dem 3:0-Sieg über die St. Louis Cardinals in Spiel vier der 2004 World Series im Busch Stadion in St. Louis. „Das war ein monumentaler Augenblick in der Baseball-Geschichte – ich musste daher diesen Augenblick einfangen, der die Freude und Erleichterung der Red Sox über den ersten Gewinn der World Series seit 1918 zeigte. Normalerweise gibt es einen zehn Sekunden langen Moment, in dem erst Pitcher und Catcher zusammentreffen, bevor dann der Haufen Spieler eintrifft. Und in diesem kurzen Augenblick sprangen die beiden auch noch in meine Richtung."

KAMERA: Canon EOS 1Ds
OBJEKTIV: 300 mm
ISO: 800
BLENDE: f/2.8
VERSCHLUSSZEIT: 1/640 s
LICHT: Nacht/Kunstlicht

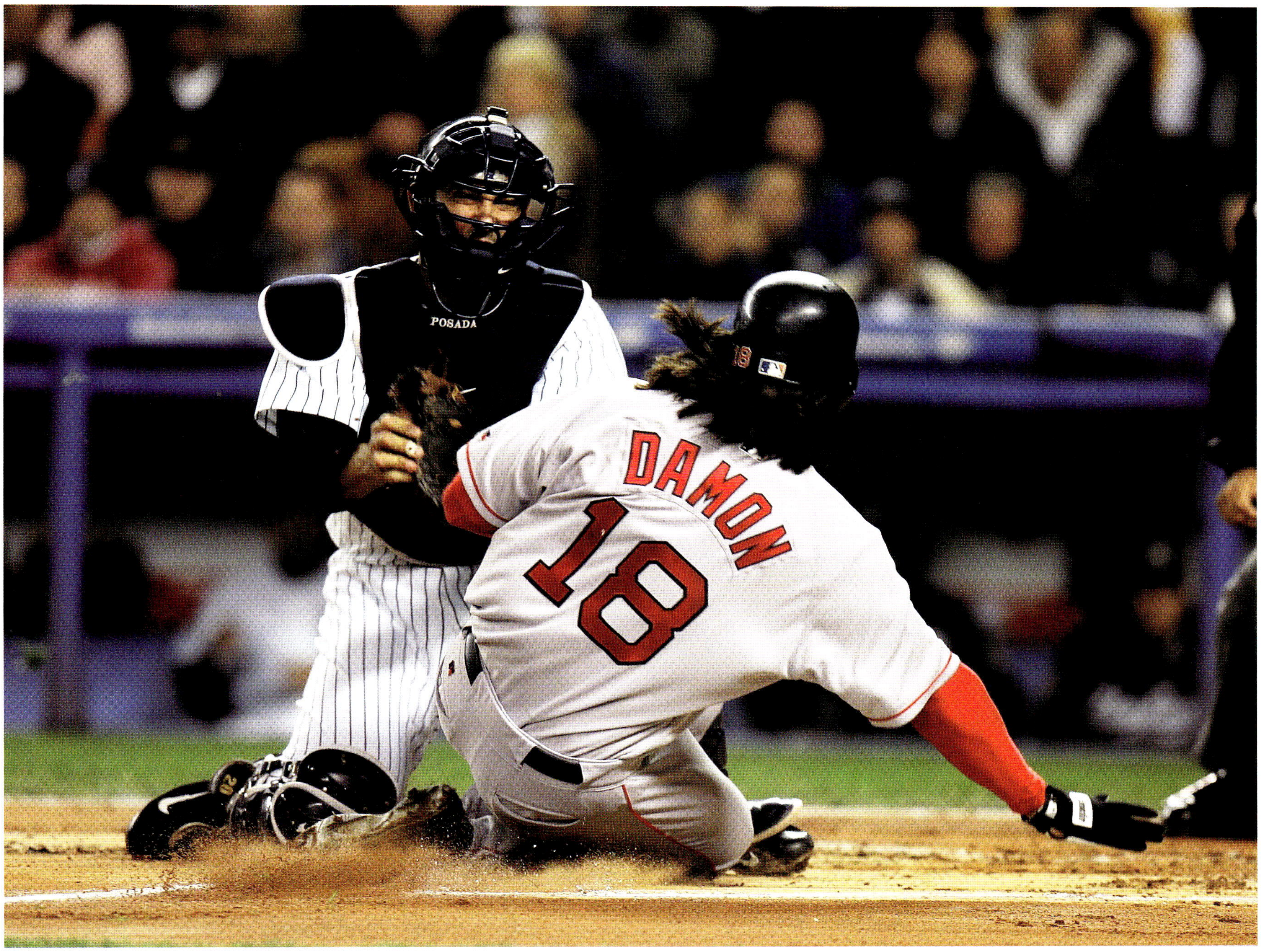

New York Yankees gegen Boston Red Sox, Yankee Stadion
Johnny Damon von den Boston Red Sox, tagged out am Schlagmal durch Catcher Jorge Posada von den New York Yankees im ersten Inning während der American League Championship Series im Yankee Stadion. „Die Rivalität zwischen den beiden Teams ist unübertroffen, jedes Team will unbedingt das andere schlagen – besonders in der Play-Off-Zeit.“

KAMERA: Canon EOS 1Ds MKII
OBJEKTIV: 300 mm
ISO: 800
BLENDE: f/2.8
VERSCHLUSSZEIT: 1/640 s
LICHT: Nacht/Kunstlicht

Jed Jacobsohn

AS: Fotografieren Sie das, was Sie möchten, oder reden Dritte bei Ihren Fotos mit?

JJ: Sowohl als auch. Erfahrene Fotografen nehmen das auf, was sie mögen – sie kennen die Teams und „lesen das Spiel". Getty Images vertraut meinen Fähigkeiten, die besten Bilder aufzunehmen, besonders solche, die sich auch verkaufen.

AS: Wo sind Sie zuhause? Wo arbeiten Sie am liebsten?

JJ: Ich lebe in der Bay Area in Kalifornien, entweder in Oakland, Berkeley oder San Francisco. Natürlich muss ich viel reisen, doch es fällt mir immer wieder schwer, die Gegend hier zu verlassen – schließlich bin ich hier aufgewachsen.

AS: Was mögen Sie am liebsten an Ihrem Job?

JJ: Das ist keine Geringschätzung derer, die es tun, aber ich muss in kein Büro gehen und jede Woche fünf Tage auf demselben Stuhl sitzen. Ich gehe dagegen zu wichtigen Sportveranstaltungen und werde noch für etwas bezahlt, das mir Spass macht. Ich bin unter Leuten, die sich vergnügen, und kann das in meinen Fotos zeigen – eine äußerst befriedigende Art und Weise, seinen Lebensunterhalt zu verdienen.

AS: Was ist aus technischer Sicht bei Ihrer Art von Fotografie am schwierigsten?

JJ: Die technischen Dinge mal außer Acht gelassen – es ist schwierig, meine Emotionen auszuschalten, besonders bei einem Baseball-Match und wenn mein Team spielt. Außerdem haben die Sicherheitsvorkehrungen in den Stadien in den letzten Jahren einen Punkt erreicht, an dem das Fotografieren extrem schwierig geworden ist. Die eingeschränkte Bewegungsfreiheit der Fotografen bei den Veranstaltungen begrenzt die Anzahl Bilder, die unter diesen Umständen noch machbar sind. Ein Fotograf muss heute nicht nur gute Fotos aufnehmen, sondern auch einen guten Aufnahmestandort aushandeln können.

AS: An welchem Veranstaltungsort arbeiten Sie am liebsten?

JJ: Das Stadion der San Francisco Giants ist ideal, da es optimale Aufnahmpositionen für Fotografen bietet. Die Standorte sind recht verschieden und mir fallen sofort dutzende von Positionen ein, von denen ich das Spiel aus einzigartigen Perspektiven aufnehmen kann. Actionfotos zu bekommen, die andere Fotografen nicht machen können, ist wichtig – die Konkurrenz schläft nicht. In anderen Stadien sind die Möglichkeiten dagegen eingeschränkt. Es ist schön, wenn ich die Gelegenheit habe, meine Technik und Ausrüstung voll zu nutzen.

AS: Wie würden Sie Ihren persönlichen Fotostil bzw. Ihre Fototechnik beschreiben?

JJ: Ich versuche, Sportstars aufzunehmen und das, was sie so einzigartig beherrschen. Dabei suche ich nicht nur nach größter Action, sondern auch nach interessanten Aufnahmewinkeln für diese Action – ich versuche stets, die Geschichte eines Spiels zu erzählen.

AS: Erzählen Sie etwas über Ihre Ausrüstung. Und mit welchem Kamerasystem arbeiten Sie?

JJ: Eine Canon EOS 1Ds MK II. Obwohl mir diese Kamera von Getty Images zur Verfügung gestellt wird, würde ich sie mir auch jederzeit selber zulegen – diese digitale Vollformatkamera ist einfach nur gut.

AS: Mit welchen Objektiven/Brennweiten arbeiten Sie besonders häufig?

JJ: Ich benutze mein 400 mm f/2.8 Objektiv mehr als jedes andere, manchmal auch mit einem 1.4 x Telekonverter.

AS: Welche Bilder sind besonders schwierig aufzunehmen?

JJ: Schwer zu beantworten; schwierige Bilder sind abhängig vom Stadion, den Möglichkeiten, die hier den Fotografen geboten werden, vom Wetter und natürlich vom vorhandenen Licht.

AS: Bevorzugen Sie Film oder Digital und warum?

JJ: Digital ist für mich viel bequemer und zweckmäßiger als Film, besonders für die schnelle Actionfotografie. Doch in ganz bestimmten Situationen ist die Qualität von Film immer noch besser. Fotografie mit Film hat auch etwas Romantisches, und ich glaube, das wird auch so bleiben.

AS: In welchem Umfang werden Ihre Arbeiten von der digitalen Bildbearbeitung beeinflusst?

JJ: Keine Bilder sind bearbeitet, ausgenommen durch eine leichte Tonwertkorrektur und unscharf maskiert in Photoshop. Ein guter Fotograf macht gute Bilder mit seiner Kamera – nicht, weil er besser mit dem Computer umgehen kann als seine Kollegen. Ich kann diesen Punkt nicht genug betonen.

AS: Wie entstehen die Ideen für Ihre Bilder?

JJ: Vor allem natürlich durch den Sport selbst und dann durch den Umgang mit dem Licht auf dem Spielfeld. Anregungen und Ideen durch andere Fotografen sind ebenfalls wichtig für meine Arbeit.

AS: Was hält die Zukunft für Sie bereit?

JJ: Ich hoffe, weiter Sport, Action, Porträts und Geschichten zu fotografieren – besonders auf dem Baseball-Feld.

Oakland Athletics gegen Seattle Mariners, Network Associates Sporthalle
Bobby Crosby von den Oakland Athletics versucht, Edgar Martinez von den Seattle Mariners mit einem Base Hit auszuschalten. „Das Bild hat etwas aufgrund dieser Faktoren: Der Hintergrund ist ruhig, der Körper hat eine äußerst dynamische Haltung und Crosby wurde „Rookie of the Year“ 2004."

KAMERA: Canon EOS 1Ds MKII
OBJEKTIV: 400 mm
ISO: 200
BLENDE: f/2.8
VERSCHLUSSZEIT: 1/200 s
LICHT: Tageslicht

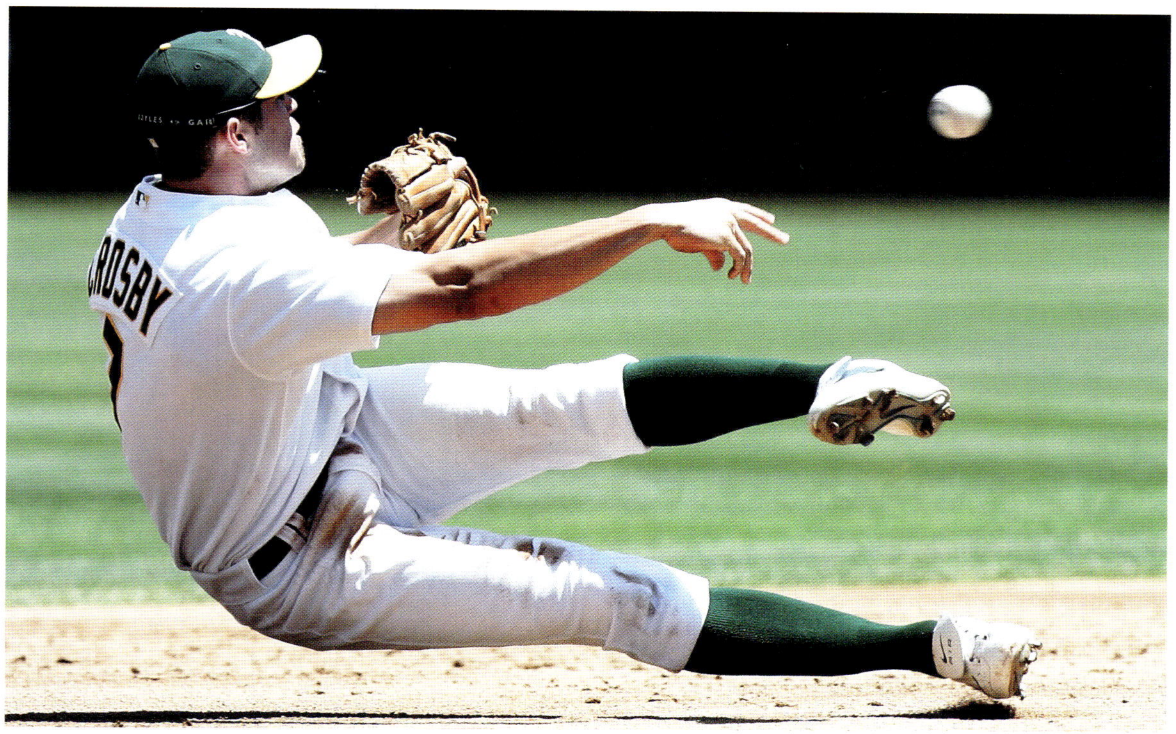

Japan gegen Kuba, Petco Park
Manager Sadaharu Oh vom japanischen Team wird von seinen Spielern nach dem 10:6-Sieg über Kuba im Endspiel des World Baseball Classic (WBC) im Petco Park in San Diego in die Luft geworfen. „Das war die Premiere des WBC und ich war mir nicht sicher, wie die Spieler am Ende reagieren würden. Sie waren während des gesamten Turniers recht ruhig und ich hatte überhaupt keine Vorstellung davon, wie sie sich bei einem Sieg verhalten würden."

KAMERA: Canon EOS 1Ds MKII
OBJEKTIV: 400 mm
ISO: 800
BLENDE: f/2.8
VERSCHLUSSZEIT: 1/640 s
LICHT: Kunstlicht

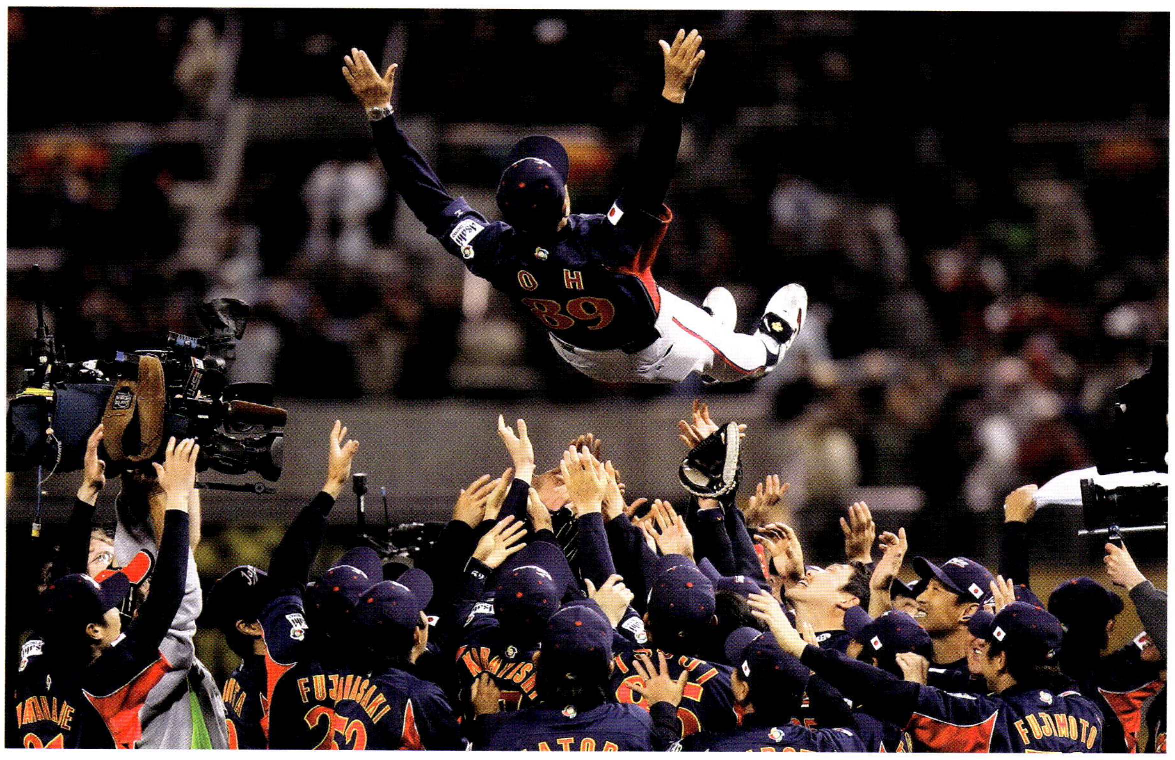

Oakland Athletics gegen Chicago White Sox, McAfee Sporthalle
„Das einzig Gute am Einfluss des Fernsehens beim Major League Baseball ist, dass es den Spielbeginn ändern kann – wie bei diesem Spiel, das um 17:00 Uhr begann. Als Mark Kotsay von den Oakland Athletics auf einen Pitch gegen die Chicago White Sox wartete, war auf dem Spielfeld keine Sonne mehr, sie schien jedoch noch auf den Tribünen. Ich belichtete auf den Hintergrund, um zu dieser Silhouette zu kommen.“

KAMERA: Canon EOS 1Ds MKII
OBJEKTIV: 400 mm
ISO: 100
BLENDE: f/4
VERSCHLUSSZEIT: 1/1000 s
LICHT: Tageslicht

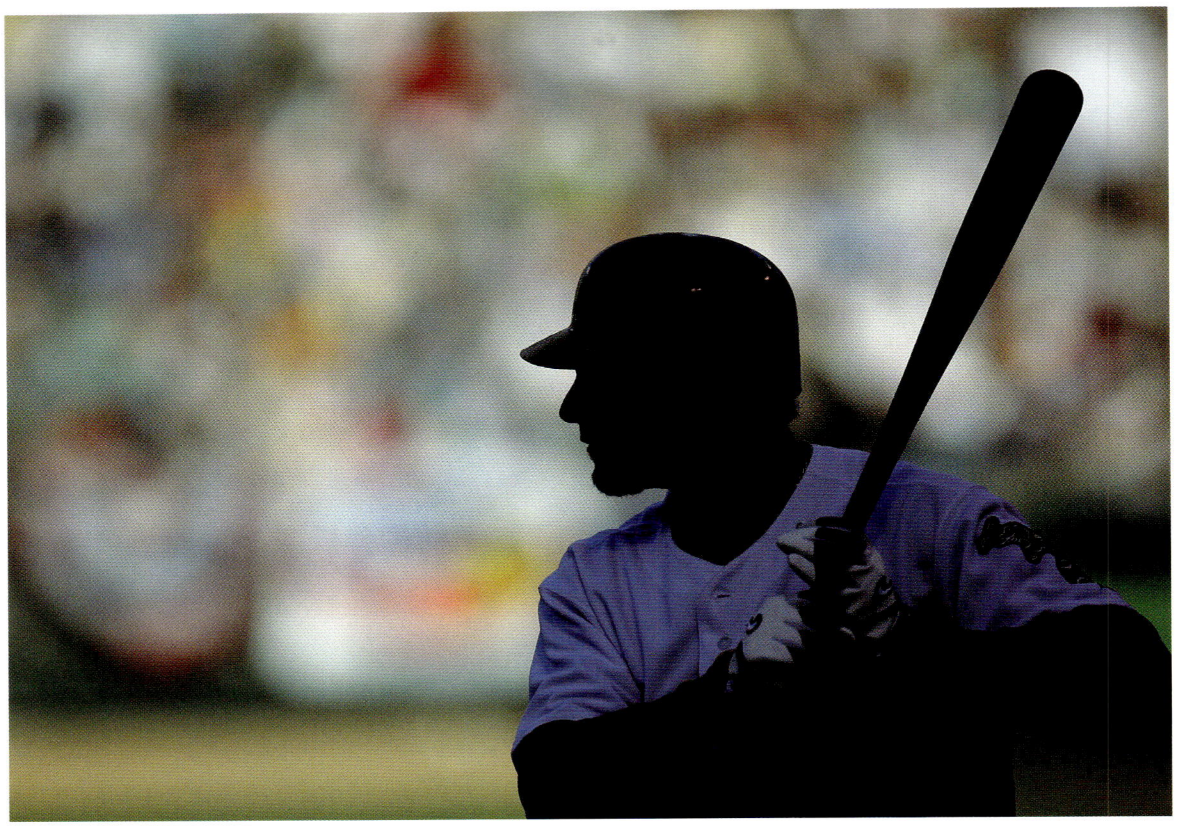

New York Yankees gegen New York Mets, World Series, Yankee Stadion
Mike Piazza von den New York Mets zerschmettert seinen Schläger nach einem Pitch von Roger Clemens von den New York Yankees im ersten Inning von Spiel 2 in der World Series im Yankee Stadion. „Der zerbrochene Schläger führte zu einer Auseinandersetzung zwischen Piazza und Clemens, bei der Clemens ein Stück vom Schläger aufsammelte und in Piazzas Richtung warf. Ich nahm das Foto mit einer Canon DCS 520 auf – eine grausam langsame Kamera mit langer Auslöseverzögerung und nur durchschnittlicher Bildqualität. Das Ergebnis hat mit deshalb angenehm überrascht.“

KAMERA: Canon DCS 520
OBJEKTIV: 400 mm
ISO: 800
BLENDE: f/2.8
VERSCHLUSSZEIT: 1/640 s
LICHT: Tageslicht

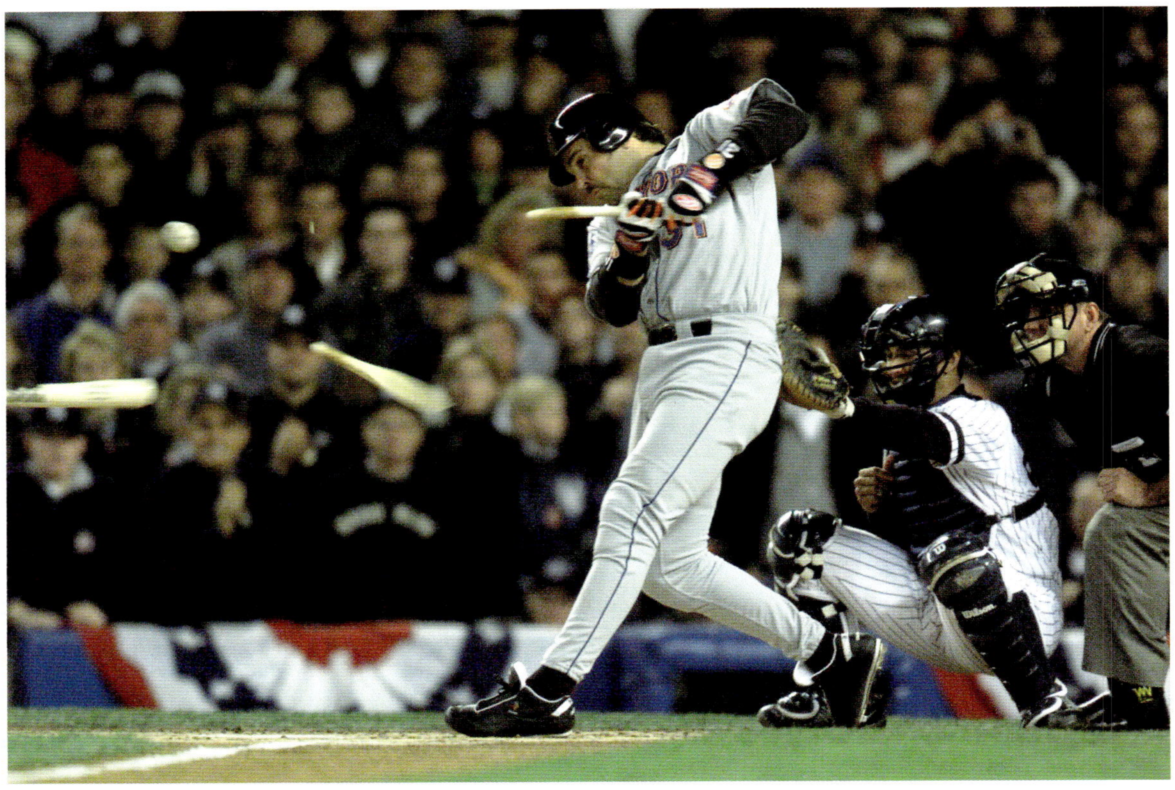

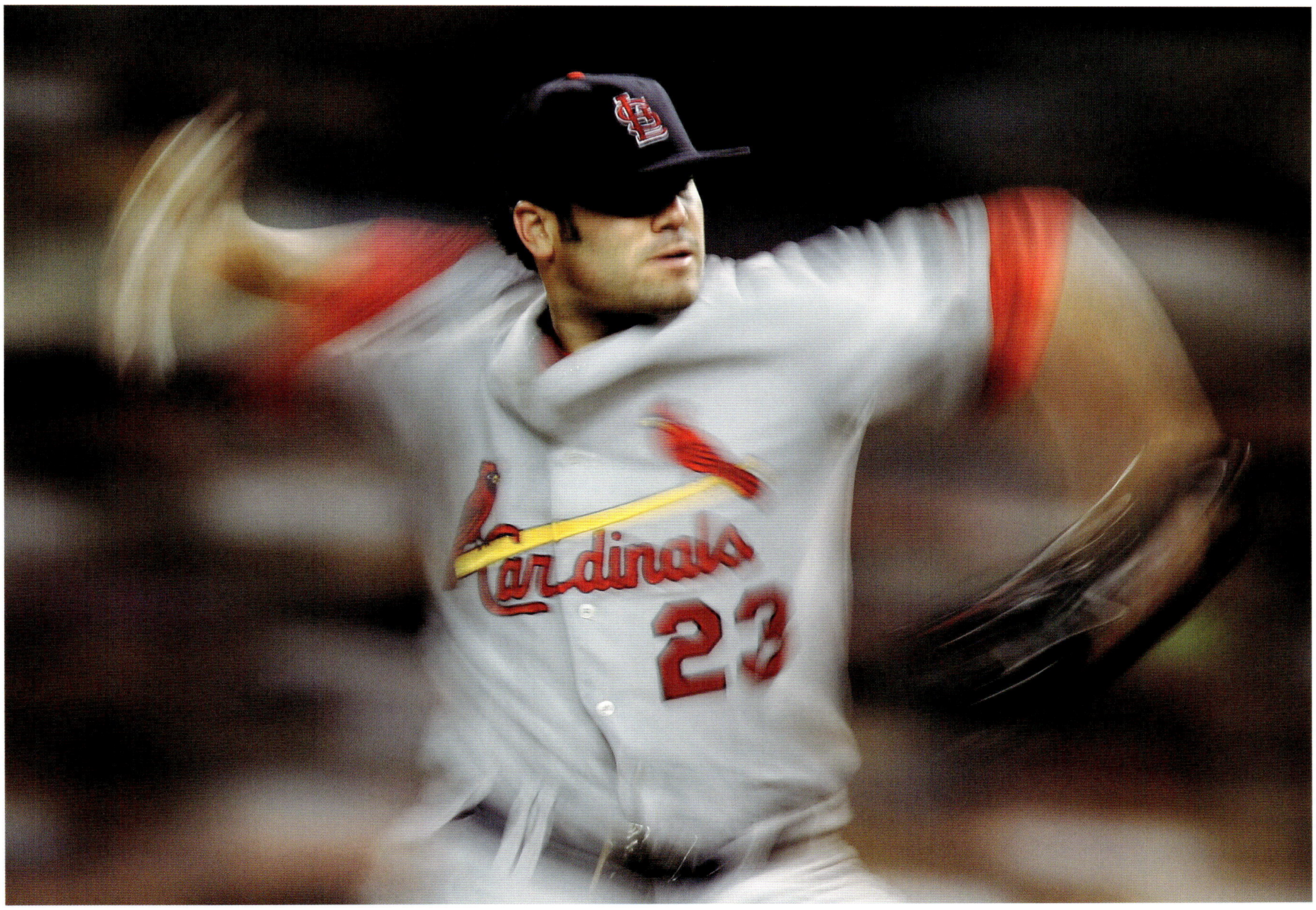

Detroit Tigers gegen St. Louis Cardinals, World Series, Comerica Park
„Anthony Reyes von den St. Louis Cardinals dominierte beim ersten Spiel der World Series vom ersten Pitch an. Allerding ist ein Pitching-Duell für den Fotografen weniger aufregend und alles andere als gut für spannende Bilder. Hier gab es jedoch die Gelegenheit für einen Fotoeffekt. Ich benutzte eine lange Verschlusszeit für Bewegungsunschärfe von Reyes Armen.“

KAMERA: Canon EOS 1Ds MKII
OBJEKTIV: 400 mm mit 1.4 x Telekonverter
ISO: 800
BLENDE: f/4
VERSCHLUSSZEIT: 1/15 s
LICHT: Kunstlicht

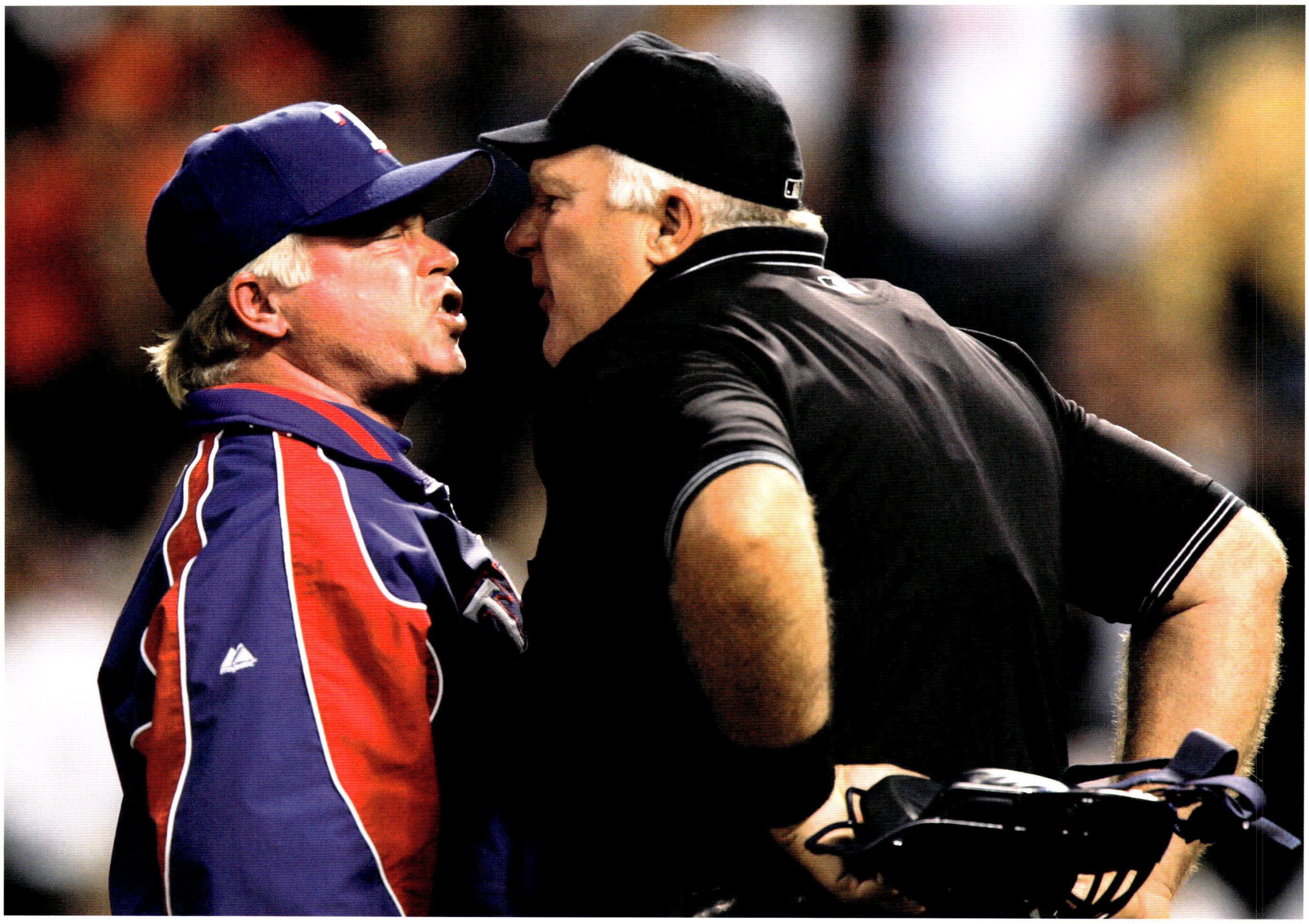

San Francisco Giants gegen Texas Rangers, AT&T Park
„Buck Showalter (links), früher Manager der Texas Rangers, diskutiert gern und ist als Hitzkopf bekannt. Er wurde beim Spiel gegen die San Francisco Giants vom Spielfeld verwiesen, nachdem er mit Schiedsrichter Larry Young (rechts) über Bälle und Strikes diskutierte – was beim Baseball nun mal nicht erlaubt ist. Ich befand mich auf der richtigen Seite des Spielfelds – für den Rest waren dann die beiden Männer zuständig."

KAMERA: Canon EOS 1Ds MKII
OBJEKTIV: 400 mm mit 1.4 x Telekonverter
ISO: 800
BLENDE: f/2.8
VERSCHLUSSZEIT: 1/500 s
LICHT: Kunstlicht

Erfolgstipps

1) Auf den Hintergrund achten
Sie können beim Baseball ganz plötzlich den unglaublichen und dynamischen Moment erleben, doch wenn Spieler, Schiedsrichter oder sonst wer durch den Hintergrund laufen, kann aus einem großartigen nur ein durchschnittliches Bild werden. Achten Sie daher stets auf den Hintergrund, und nicht nur auf das Aufnahmeobjekt.

2) Mit dem vorhandenen Licht auskommen
Wenn Sie nachts bei Kunstlichtbedingungen fotografieren, achten Sie auf die am besten ausgeleuchteten Bereiche im Stadion. Arbeiten Sie tagsüber mit dem Sonnenlicht und achten Sie während des Spiels stets auf den Sonnenstand. Denken Sie immer an das fertige Bild: Wie wirkt sich das Fotografieren von einer bestimmten Spielfeldseite aus? Bilder mit Gegenlicht sind häufig viel dramatischer und haben weniger ablenkende Elemente.

3) Vorbereitung
Machen Sie sich über das Aufnahmeobjekt und den Sport schlau. So wissen Sie oft schon im Voraus, wann und wo die Action passieren könnte. Wenn Sie beispielsweise einen linkshändigen Schlagmann aufnehmen, ist die Chance groß, dass er den Ball zum ersten oder zweiten Baseman schlägt. Richten Sie das Objektiv auf solche Spieler und hoffen Sie dann auf einen dramatischen Dive bzw. Hechtsprung. Sie sollten wissen, wo sich gerade die Spitzenspieler aufhalten – Fotos von ihnen verkaufen sich meist besser.

4) Richtige Aufnahmeposition
Bauen Sie sich dort am Spielfeld auf, wo sich die Spieler befinden, die Sie aufnehmen möchten. Die einzelnen Stadien bieten äußerst unterschiedliche Aufnahmepositionen. Prüfen Sie sämtliche Optionen und ändern Sie Ihre Positionen auch während des Spiels – Sie müssen alles dem fertigen Produkt (Foto) unterordnen.

5) Chancen nutzen
Experimentieren Sie – nur so kommen Sie zu Aufnahmen, die sich vom Durchschnitt abheben. Fotografieren Sie beispielsweise überkopf, aber stellen Sie sich dabei immer vor, wie ein Bild aus diesem Aufnahmewinkel aussehen könnte.

6) Geschichten erzählen
Ich kann es nur immer wieder betonen: Kreativ sein ist gut, aber erzählen Sie auch die Geschichte des Spiels. Nehmen Sie deshalb auch Fotos auf, aus denen andere sofort das Spielergebnis herauslesen können – ohne sich erst in der Bildlegende informieren zu müssen.

7) Freunde gewinnen
Suchen Sie den Kontakt mit den Spielern und Betreuern, mit denen Sie arbeiten. Ein gutes Verhältnis zu den Sicherheitskräften ist ebenfalls sehr wichtig – ich lasse ihnen nach dem Spiel sogar Abzüge zukommen. Das kann Ihnen in Zukunft bei vielen Aufnahmesituationen helfen, und Zugang zu weiteren Aufnahmepositionen verschaffen.

8) Um Feedback bitten
Die Meinung anderer zu Ihren Bildern ist sehr wichtig. Oft ist man emotional stark an ein Bild gebunden und weiß nicht mehr, ob es auch tatsächlich so gut ist, wie man meint.

9) Vergleichen Sie
Sehen Sie sich Ihre älteren Fotos an, oder die Arbeit anderer Fotografen, um daraus zu lernen. Finden Sie heraus, wer die von Ihnen favorisierten Fotografen sind, und studieren Sie deren Arbeit für neue Ideen. Fragen Sie sich, worin sich insbesondere die Bilder dieser Fotografen von Ihren eigenen Bildern unterscheiden.

10) Spaß an der Freude
Achten Sie immer darauf, dass Ihnen das Fotografieren Freude macht. Sie sind auf einer großen Sportveranstaltung und fotografieren. Ihren Bilder spiegeln wider, ob Sie mit Begeisterung an ein Spiel herangehen. Eigentlich eine ganz einfache Sache, die aber viel Sinn macht.

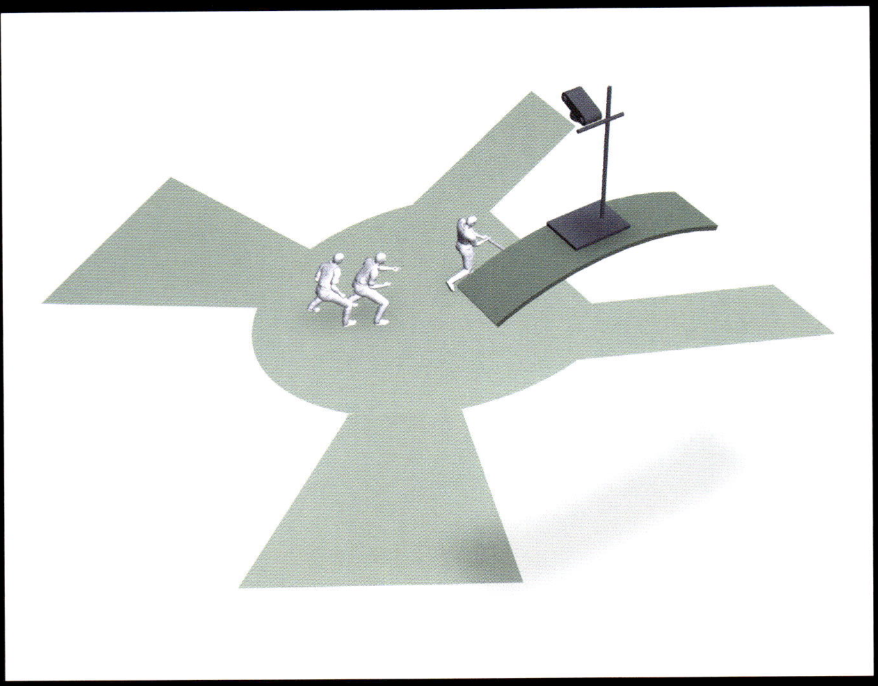

Milwaukee Brewers gegen San Francisco Giants, Miller Park

Randy Winn von den San Francisco Giants hat Kontakt mit dem Ball gegen die Milwaukee Brewers im Miller Park, Milwaukee. „Ich war in der Stadt, um Fotos von Barry Bonds zu machen, und bekam die Erlaubnis, das Spiel vom Dach des BaseballStadions aus zu fotografieren. Bonds kam dann leider nicht zum Einsatz, doch das Licht war einfach toll und zeigte eine Ansicht des Stadions und des Spiels, wie ich es bisher noch nie aufnehmen konnte.“,

Technische Daten

KAMERA: Canon EOS 1Ds MKII

OBJEKTIV: 300 mm

ISO: 200

BLENDE: f/2.8

VERSCHLUSSZEIT: 1/2000 s

LICHT: Tageslicht

Ausrüstung

- Zwei Canon EOS 1Ds MKII-Kameras, zwei 1D
- 15 mm f/2.8
- 16–35 mm f/2.8
- 24–70 mm f/2.8 Zoom
- 70–200 mm f/2.8 Zoom
- 300 mm f/2.8
- 400 mm f/2.8
- 1.4 x Telekonverter
- Gegenlichtblenden für alle Objektive
- Blitzgerät
- Zwei Reserveakkus
- CF-Speicherkarten
- Fensterleder
- Laptop
- Handy (Backup für die Bildübertragung)

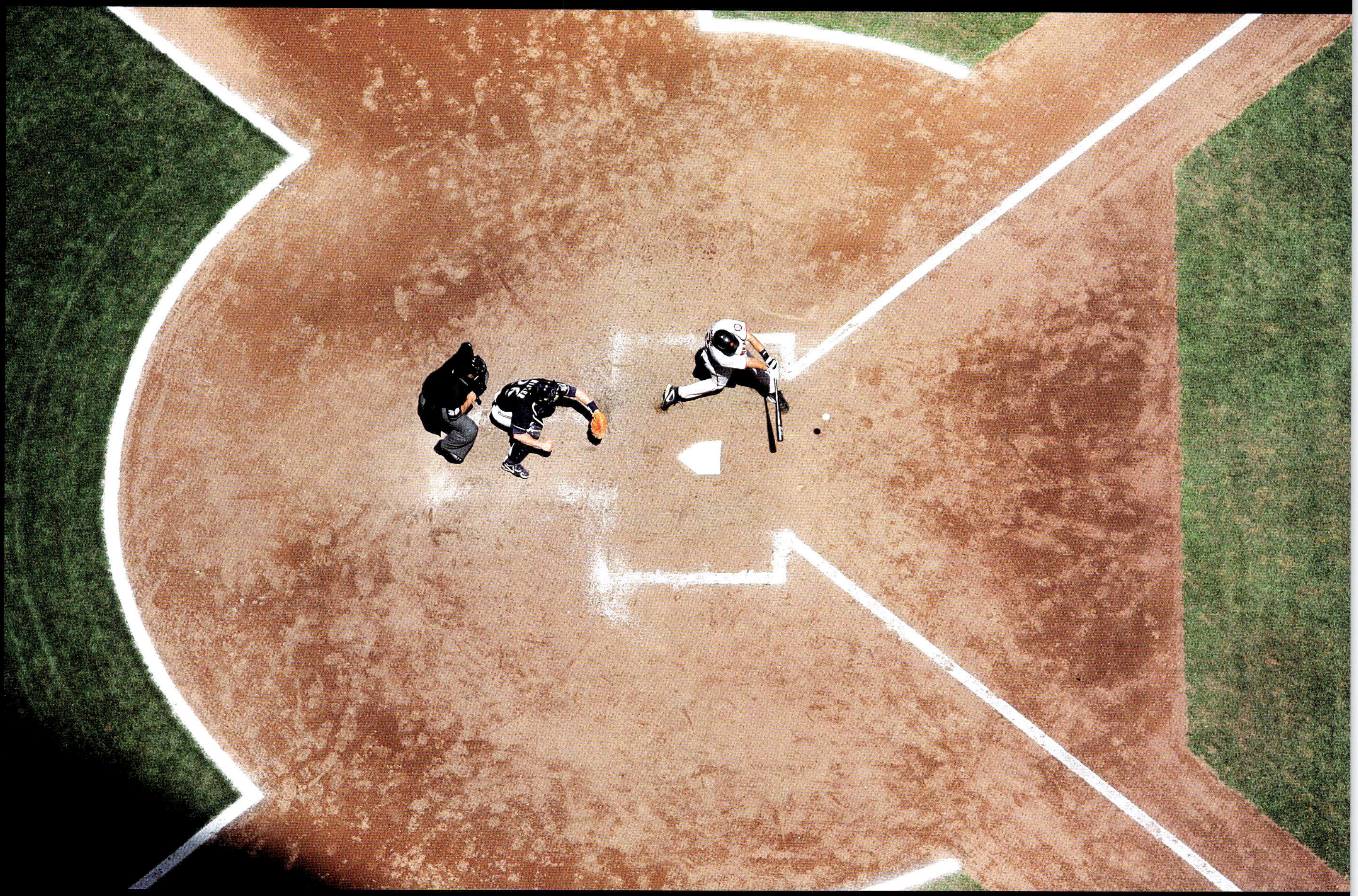

Jed Jacobsohn

Tom Jenkins

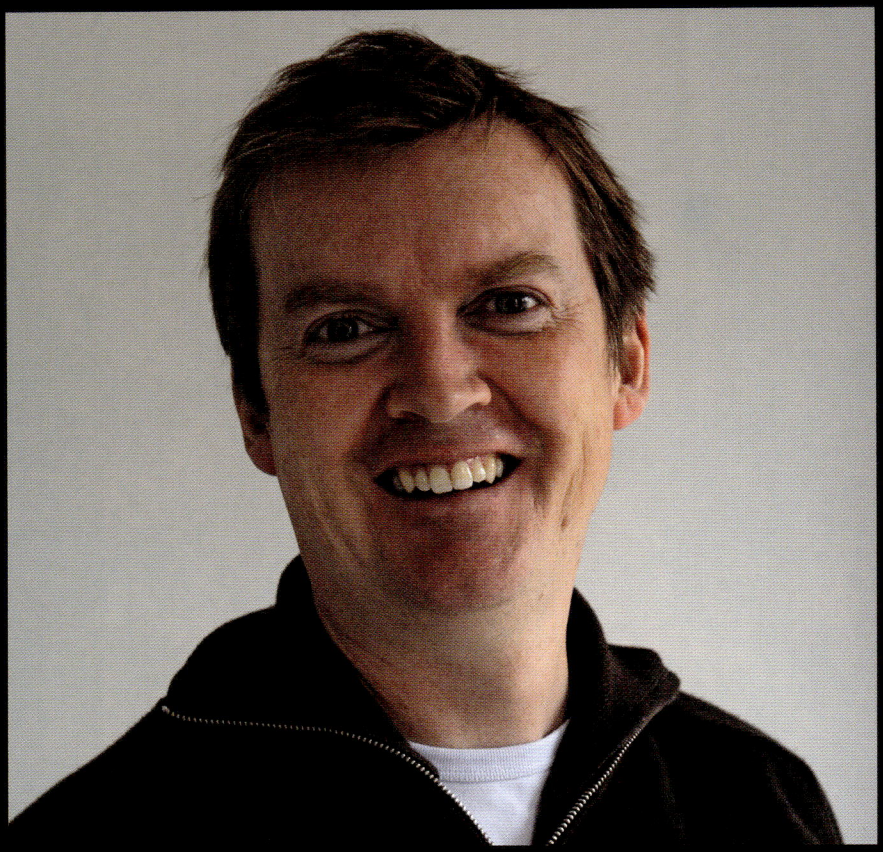

Verschiedene Sportarten

Tom Jenkins ist einer der besten und einflussreichsten heutigen Actionfotografen, der einige der herausragensten Sportpersönlichkeiten fotografiert hat. Dieser Erfolg kommt nicht nur von seinen Fähigkeiten hinter der Kamera, sondern auch durch sein gutes Verhältnis zu den Weltstars im Sport. Jenkins wurde 2005 zum zweiten Mal als Top-Sportfotograf Großbritanniens ausgezeichnet – ein weiterer Titel in seiner so reichhaltigen Sammlung. Als Fotograf für den *Guardian* bekam er einen der Top-Preise der Vereinigung der Sportjournalisten und außerdem den Preis für das beste Olympische/Paralympische Portfolio, das beste Sportportfolio und das beste Sportnachrichtenfoto.

Jenkins ist der erste Fotograf, der zwei Jahre hintereinander den Preis bekam – nach dem legendären Eamonn McCabe (1978 und 1979). Jenkins sagt, dass er „im besten Job der Welt sei“ und sich absolut nicht vorstellen kann, irgendetwas anderes zu tun.

AS: Was war Ihre erste Kamera überhaupt?

TJ: Ich hatte im College eine Canon T90 und durfte nur mit Festbrennweite 50 mm fotografieren. Die T90 wurde mir später gestohlen, weshalb ich mir eine Nikon F4 mit einen 50 mm-Standardobjektiv zulegte – meine erste ernstzunehmende Spielgelreflexkamera.

AS: Was sind Ihre größten fotografischen Erfolge?

TJ: 2005 zum zweiten Mal als Großbritanniens bester Sportfotograf ausgezeichnet zu werden, ist das Highlight in meiner Profikarriere. Und meine Arbeit während der Olympischen Sommerspiele 2000 und 2004 – mit so vielen verschiedenen Sportarten und spannenden Wettbewerben. Hier waren viele Emotionen im Spiel und das Ereignis selbst war noch nicht zu kommerziell. Als Fotograf habe ich die Olympischen Spiele immer als sehr lohnenswert empfunden. Den anderen Höhepunkt meiner Karriere gab es im November 2003 in Sydney, Australien, als Martin Johnson den Rugby Union World Cup für England gewann. Dieser Tag war irre und ich vergesse nie mein Foto von Jonny Wilkinson, als er nach dem Spiel an der Menge vorbei in den Tunnel lief.

AS: Kann man also wie bei vielen erfolgreichen Fotografen sagen, dass es zu einem bestimmten Zeitpunkt einen „glücklichen Umstand" gab?

TJ: Jeder ist irgendwann einmal in seinem Leben am richtigen Ort zur passenden Zeit. Das ist als solches natürlich Glück, doch letztlich muss man aus dieser Situation auch etwas machen. Sportfotos beinhalten zwar immer ein Quäntchen Glück, doch Eamonn McCabe sagte mir mal: „Du machst dein eigenes Glück".

Jonny Wilkinson, Australien gegen England, Endspiel beim Rugby World Cup, Telstra Dome
„Wilkinson hatte gerade das entscheidende Tor für Englands Sieg im Endspiel des Rugby World Cups 2003 erzielt. Doch als Held war er sehr zurückhaltend. Ich versuchte, diese Stimmung im Foto einzufangen, doch ohne Erfolg – bis ich die Arme der Fans über dem Tunnel entdeckte, die Jonny auf dem Weg zur Umkleidekabine grüßten. Kopf nach unten, den Job getan – die Körpersprache von Wilkinson vermittelt, wie unbehaglich er sich als neuer Superstar fühlt, was wiederum dieses Foto so interessant macht."

KAMERA: Canon 1D
OBJEKTIV: 20 mm
ISO: 800
BLENDE: f/2.8
VERSCHLUSSZEIT: 1/500 s
LICHT: Kunstlicht

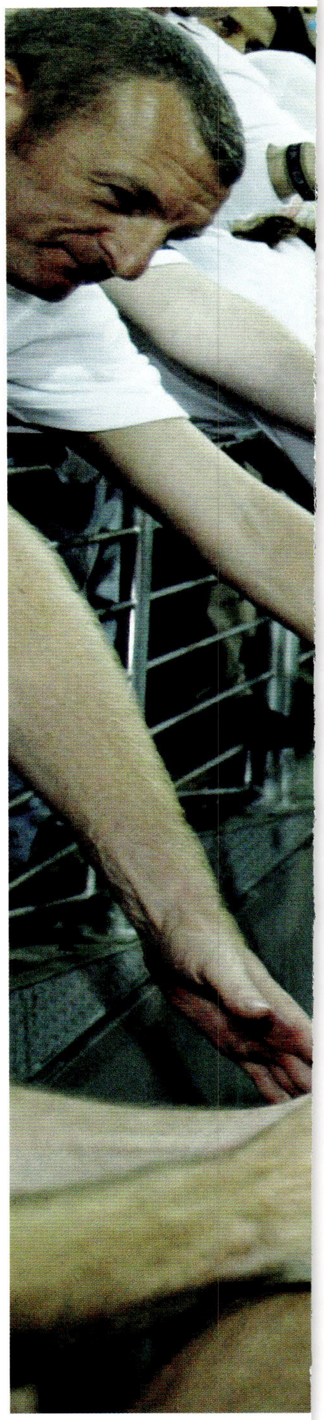

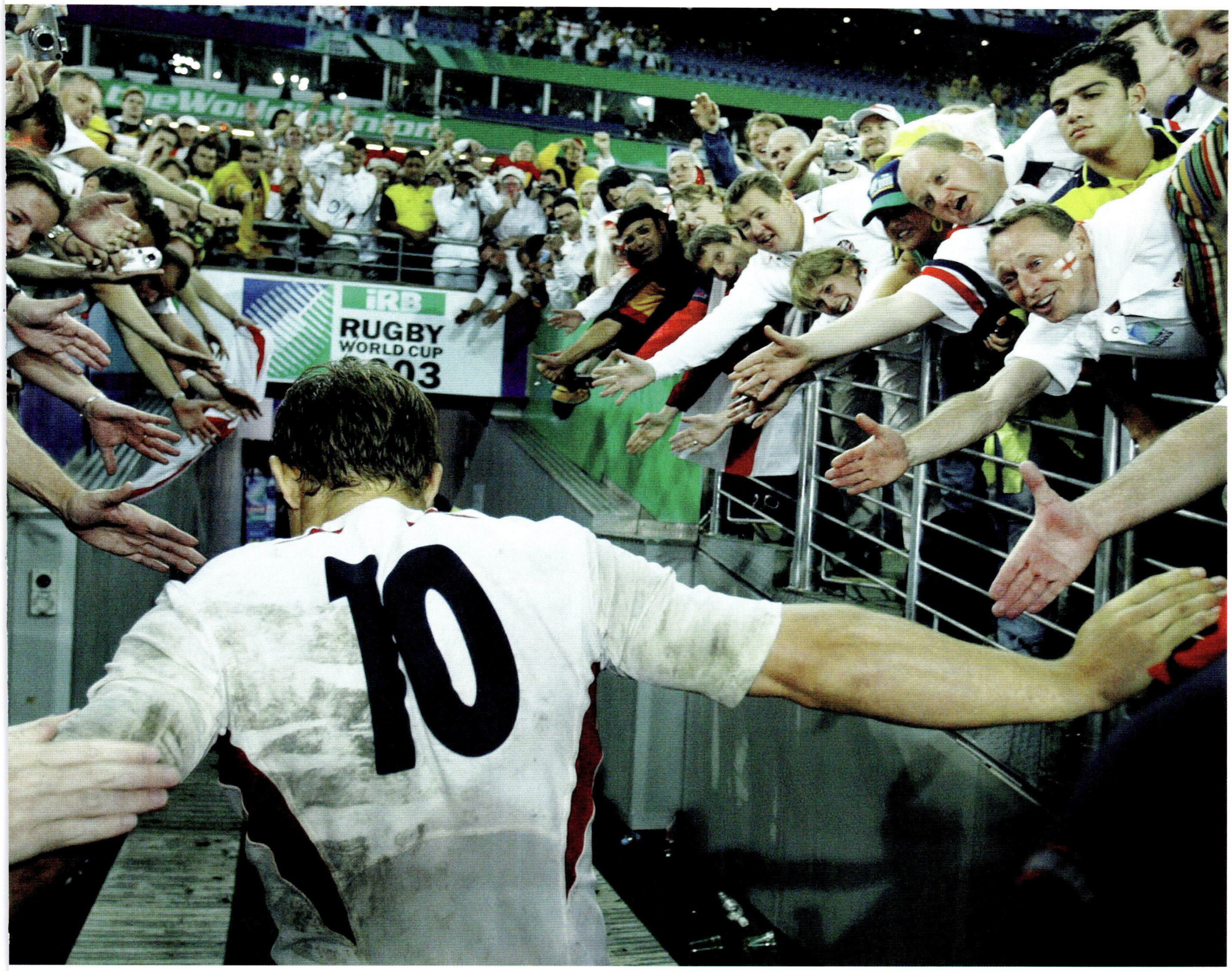

Tom Jenkins

AS: Warum haben Sie sich nicht mit anderen Fotothemen beschäftigt, wie beispielsweise Mode oder Studio?

TJ: Tatsächlich mache ich auch Porträtfotos. Da ich aber immer ein Profisportler sein wollte, ist mein Schwerpunkt Sportfotografie genau richtig für mich. Die Arbeit mit der Kamera vermittelt mir das Gefühl, ganz nah an der Action zu sein, die mir so viel bedeutet.

AS: Fotografieren Sie das, was Sie möchten, oder reden Dritte bei Ihren Fotos mit?

TJ: Wenn ich für eine Zeitung arbeite, gibt es natürlich einige Vorgaben und ich produziere die Fotos, die mein Verleger verlangt. Es ist sinnlos, rauszugehen und irgendetwas zu fotografieren, was mir gefällt, denn ich bin keine Bildagentur und würde daher nur meine Zeit vergeuden. Manchmal finde ich auch eine Story, die ich in einem ganz eigenen Stil fotografieren will, doch meistens fotografiere ich das, was man von mir erwartet.

AS: Wo sind Sie zuhause? Wo arbeiten Sie am liebsten?

TJ: Ich besuche regelmäßig die großen Fußball- und Cricket-Stadien – Twickenham für Rugby oder Wimbledon für Tennis sind ebenfalls populäre Orte – der Centre Court in Wimbledon ist ein Traumort für jeden Fotografen.

AS: Was mögen Sie am liebsten an Ihrem Job?

TJ: Das Unvorhersehbare! Mein Beruf ist frustrierend und motivierend zugleich – man weiß nie, was sich alles ergibt. Es gibt Tage, da passieren die Dinge direkt vor mir und ich komme zu vielen starken Bildern. Und dann gibt es Tage, an denen kaum etwas los ist und meine Ausbeute entsprechend klein ist. Ich muss also ziemlich philosophisch sein, was das anbelangt.

AS: Was ist aus technischer Sicht bei Ihrer Art von Fotografie am schwierigsten?

TJ: Fotos vom nicht Vorhersehbaren, Sportarten mit schnellen Bewegungen bei schlechtem oder wenig Licht. Kälte und Feuchtigkeit sind ebenfalls eine Herausforderung. Ich habe wirklich gelitten, als ich das britische Bob-Frauenteam in den Bergen nahe der deutsch-tschechischen Grenze fotografierte – wegen der bitteren Kälte war die Kamera die meiste Zeit unter meiner Jacke, damit sie nicht einfror.

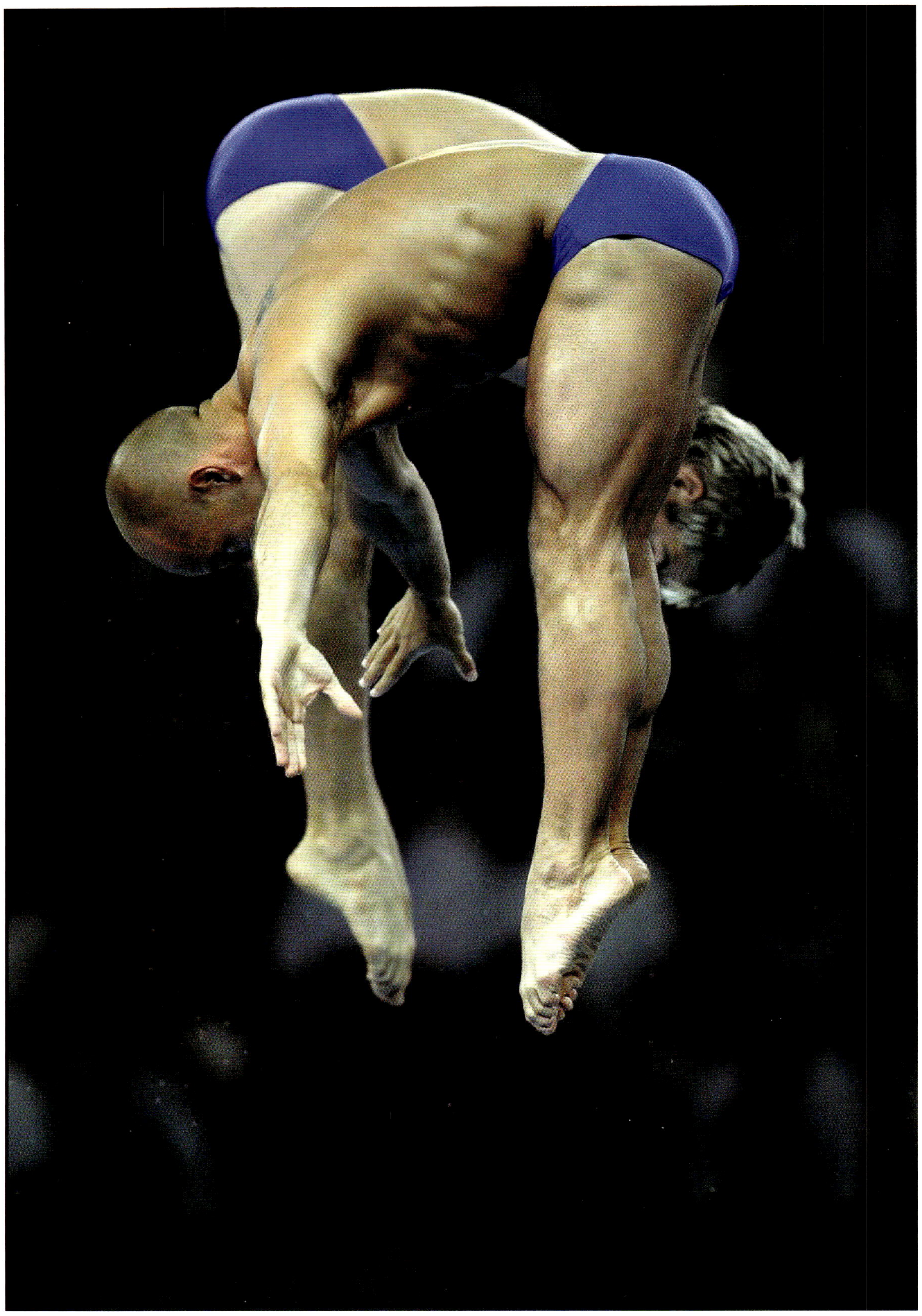

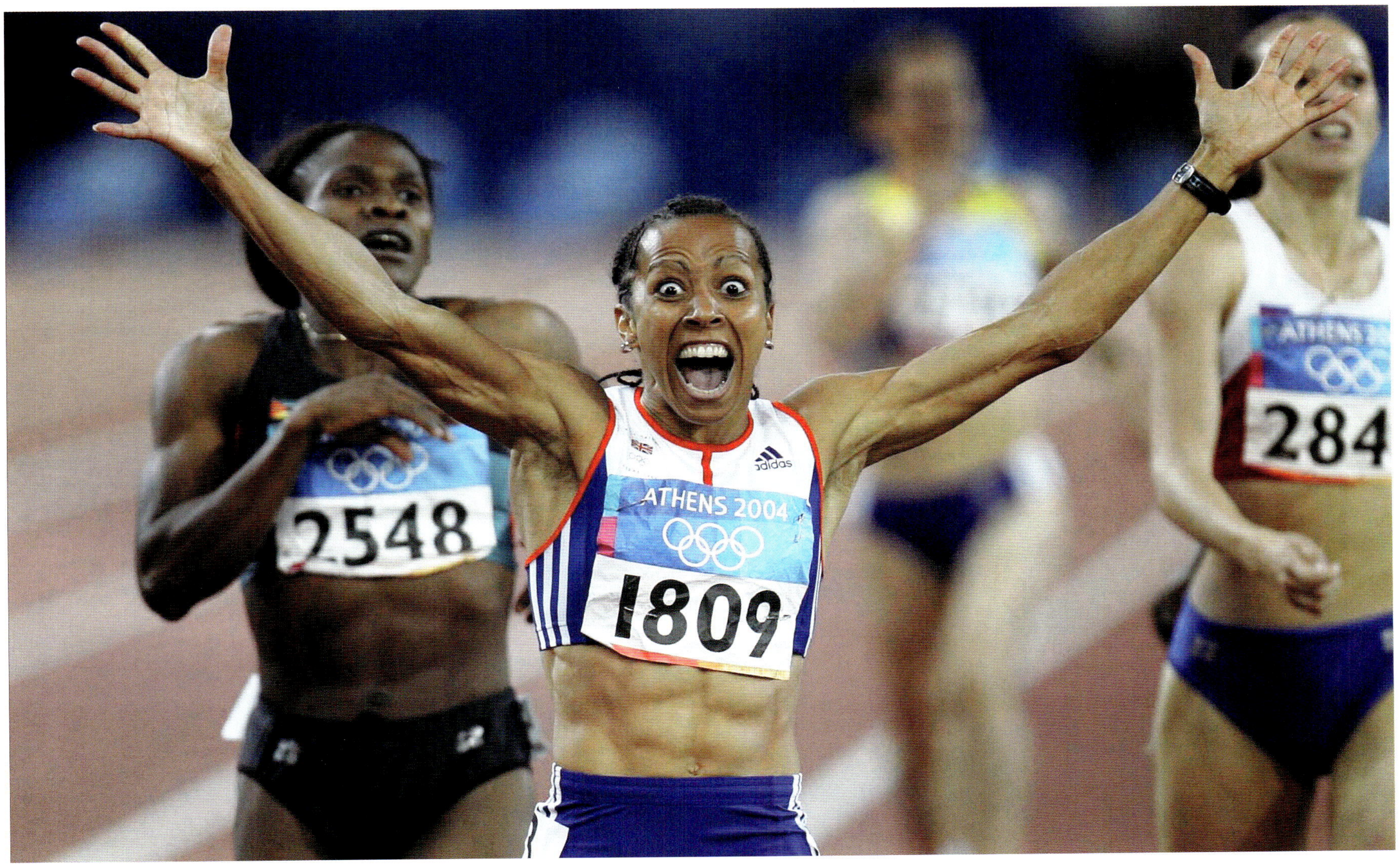

Links: **Synchronspringen der Männer vom 3 m-Brett, Finale, Olympiade in Athen**
„Bei diesem Foto ging es um den richtigen Aufnahmewinkel und einen spektakulären Sprung. Vor dem sauberen und dunklen Hintergrund ist die Figur der beiden Springer im Flug gut zu erkennen. Dieses Duo gewann in dem Jahr in Athen die erste Medaille für Großbritannien."

KAMERA: Canon 1Ds MKII
OBJEKTIV: 400 mm
ISO: 1000
BLENDE: f/2.8
VERSCHLUSSZEIT: 1/1000 s
LICHT: Kunstlicht, innen

Oben: **Kelly Holmes, 800 m Finale der Frauen, Olympiade in Athen**
„Ich schaffte es, mich direkt am Ausgang der Kurve vor der Ziellinie zu platzieren. Grund: Ich hatte in den vorangegangenen Rennen bemerkt, dass sich die Athletinnen auf dem großen Bildschirm über dieser Kurve selbst beobachteten. Das bedeutete, dass Kelly Holmes direkt in meine Richtung sah, als sie realisierte, dass sie im 800 m-Endlauf Gold gewonnen hatte. "

KAMERA: Canon 1Ds MKII
OBJEKTIV: 400 mm
ISO: 800
BLENDE: f/3.2
VERSCHLUSSZEIT: 1/800 s
LICHT: Kunstlicht, Stadion

AS: An welchem Veranstaltungsort arbeiten Sie am liebsten?

TJ: Ich liebe den Centre Court in Wimbledon – die Fotografen haben viel Platz und Bewegungsfreiheit, die Hintergründe sind sehr gut und der Tennisplatz hat eine überschaubare Größe. Ich mag auch das neue Emirates-Stadion des Fußballvereins Arsenal in London – großartig für die Arbeit, erstklassige Möglichkeiten für Fotografen und eine hervorragende und moderne Beleuchtungsanlage.

AS: Wie würden Sie Ihren persönlichen Fotostil bzw. Ihre Fototechnik beschreiben?

TJ: Ich denke beim Fotografieren nie daran, einen bestimmten Stil anzuwenden. Wenn ich eine Sportart aufnehme, muss mir das Bild gefallen – nicht mehr, aber auch nicht weniger. Ein Fotograf kann sich in der Mode- oder Porträtfotografie künstlerisch und kreativ verwirklichen und einen bestimmten Look entwickeln, doch in der Sportfotografie ist das einfach zu kompliziert – ich kann das Geschehen nicht kontrollieren. Gute Sportfotos sind diejenigen, die das Unvorhergesehene einfangen.

AS: Erzählen Sie etwas über Ihre Ausrüstung. Mit welchem Kamerasystem arbeiten Sie und warum?

TJ: Zusammen mit meinen drei EOS 1D MK II Canons ist das 400 mm mein Hauptobjektiv, aber ich arbeite auch mit Zoomobjektiven mit den Brennweiten 80–200 mm, 24–70 mm und 16–35 mm. Außerdem habe ich Telekonverter, Fernauslöser, das 580-EX Canon Blitzgerät sowie diverse CompactFlash-Speicherkarten mit 2 und 4 GB. Die Karten kommen von SanDisk und Lexar Media – ich verzichte auf Karten mit größerer Speicherkapazität. Ich muss meine Fotos schon während des Spiels bzw. einer Veranstaltung übertragen und wechsle deshalb permanent die Karten. Das genau ist der Grund, warum ich keine Karte mit 8 GB oder mehr benötige.

AS: Welche Bilder sind besonders schwierig aufzunehmen?

TJ: Eishockey ist schwer zu fotografieren, da das Spiel wahnsinnig schnell und der kleine Puck kaum zu sehen ist. Ich glaube nicht, dass Aufnahmen von Siegen und Emotionen immer das wichtigste Element erfolgreicher Bilder sind – manchmal kann man auch nur den Ball oder Puck im Bild haben, um Sport in seiner einfachsten Form zu zeigen. Sportfotografie bedeutet für mich, Action und Emotion in Einklang zu bringen – und das ist wichtiger als alles andere. Eishockey ist außerdem schwer zu fokussieren wegen des Kunstlichts, das von der weißen Eisfläche reflektiert wird. Bilder mit Schnee und Eis sind viel einfacher mit Tageslicht aufzunehmen, beispielsweise vom Skisport.

AS: Bevorzugen Sie Film oder Digital und warum?

TJ: Digital wegen der einfachen Übertragung. Die heutige Qualität ist so gut, dass Film in der Sportfotografie überflüssig geworden ist. Dennoch hat Film etwas Romantisches an sich, das Digital nicht erzeugen kann, doch in der Sportfotografie bietet Digital das ideale Medium: Qualität und Geschwindigkeit.

AS: In welchem Umfang werden Ihre Arbeiten von der digitalen Bildbearbeitung beeinflusst?

TJ: Ich darf überhaupt nichts ändern, wenn man einmal von den grundlegenden Dunkelkammertechniken absieht, wie Aufhellen, Nachbelichten und ein wenig Schärfen.

AS: Wie entstehen die Ideen für Ihre Bilder?

TJ: Durch Erfahrung, Beobachtung, Abwarten und das Wissen über Stadien und Spieler. Wichtig für meine Bilder ist, den Veranstaltungsort zu kennen – nur so weiß ich, welche Lichtverhältnisse zu einer bestimmten Tages- oder Jahreszeit vorherrschen. Außerdem beobachte ich das Tun anderer Fotografen und kombiniere es mit meiner Art der Fotografie.

AS: Was hält die Zukunft für Sie bereit?

TJ: Ich will nichts anderes als Fotografieren – ich liebe es und würde es schrecklich vermissen.

Arsenal gegen Manchester United, Highbury-Stadion
„Ich machte dieses Foto anlässlich eines wie immer emotionsgeladenen Spiels von Arsenal gegen Manchester United im Highbury-Stadion. Thierry Henry (links) von United kam im Strafraum von United zu Fall und der Torwart (rechts) war außer sich – er dachte, Henry hätte eine Schwalbe gemacht. Die kontrastierenden Emotionen der beiden Spieler führten zu diesem starken Bild. Ich hatte Glück, dass ich die beiden genau im Profil aufnehmen konnte.

KAMERA: Canon 1D
OBJEKTIV: 400 mm mit 1.4 x Telekonverter
ISO: 640
BLENDE: f/4
VERSCHLUSSZEIT: 1/500 s
LICHT: Tageslicht, bedeckt

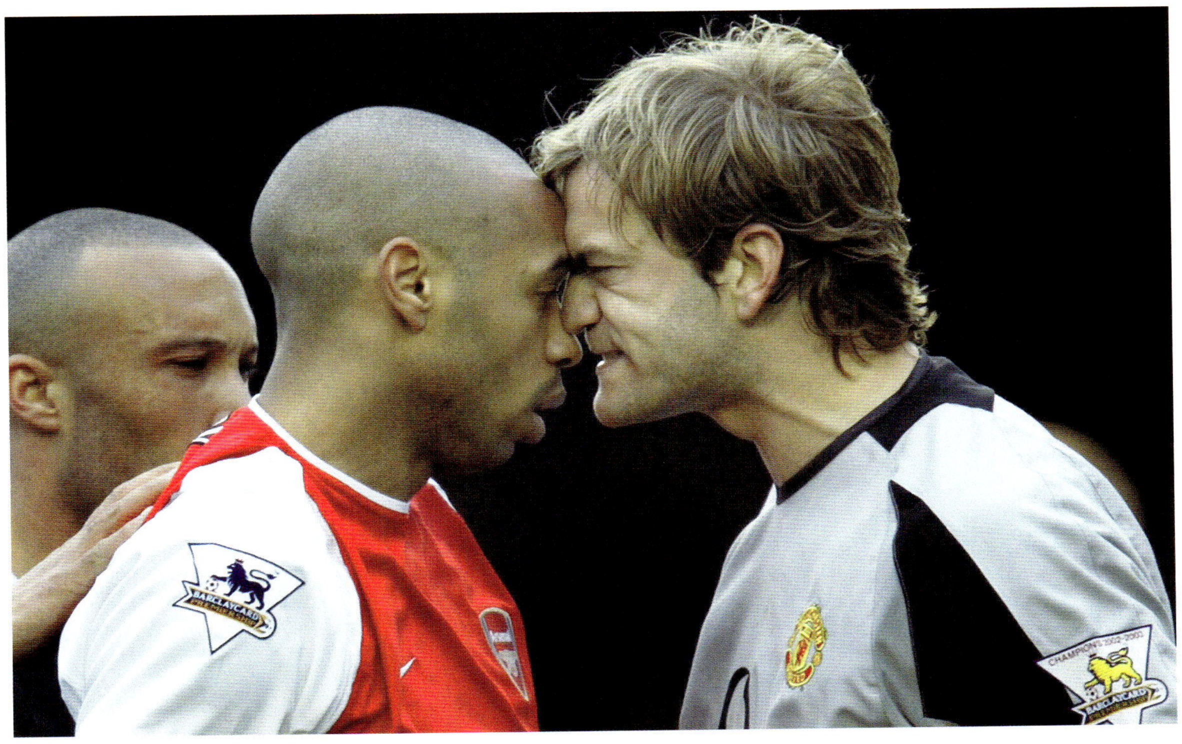

Viatcheslav Ekimov, Rad-Zeitfahren, Olympische Spiele in Sydney
„Am vorletzten Tag der Olympischen Spiele in Sydney fand das Rad-Zeitfahren in einem Park im Stadtzentrum statt. Ich dachte an ein Bild mit Bewegungsunschärfe durch Mitziehen der Kamera, um die Geschwindigkeit der Radrennfahrer zu zeigen. Ich fand einen Platz unter den Bäumen, so dass ich die Fahrer blitzen konnte. Ein Beet mit hellen Blumen direkt hinter den Bäumen sorgte für noch bessere Farben. Das Foto hier vom russischen Radrennfahrer Viatcheslav Ekimov hat die optimalen Unschärfen und Farben. Zu meinem Glück gewann er dann auch die Goldmedaille.“

KAMERA: Nikon D1
OBJEKTIV: 20 mm
ISO: 200
BLENDE: f/16
VERSCHLUSSZEIT: 1/15 s
LICHT: Blitz im Baumschatten

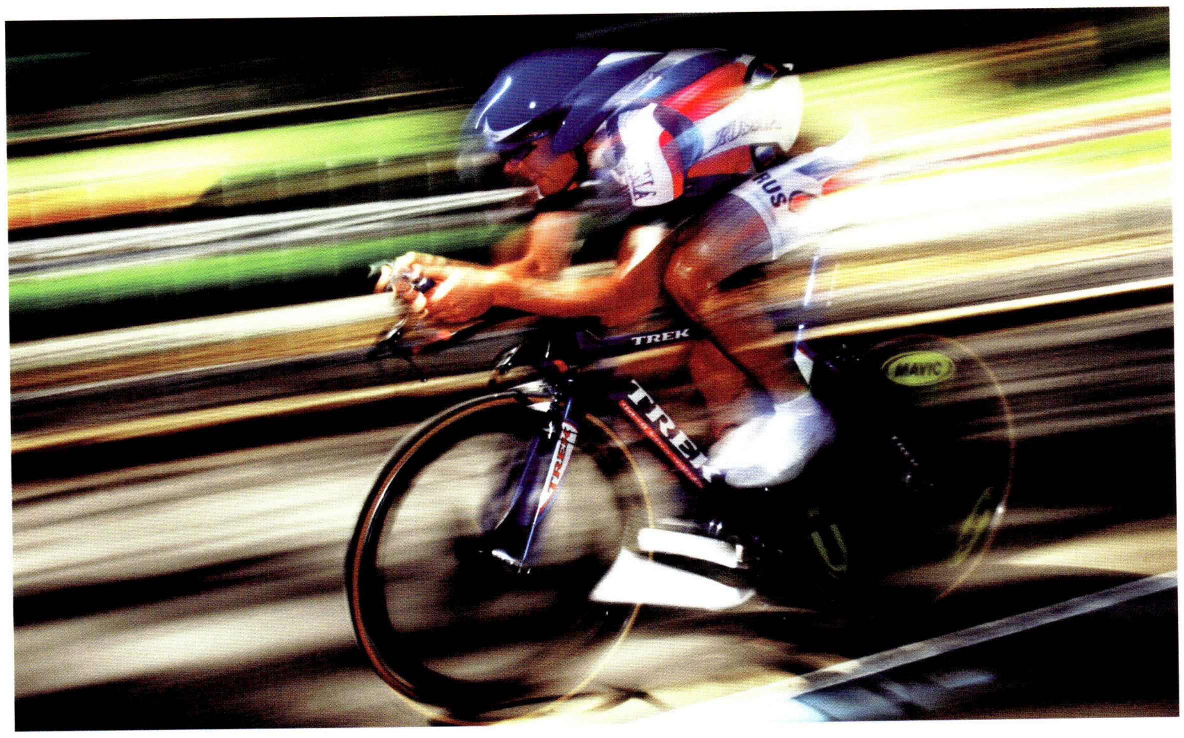

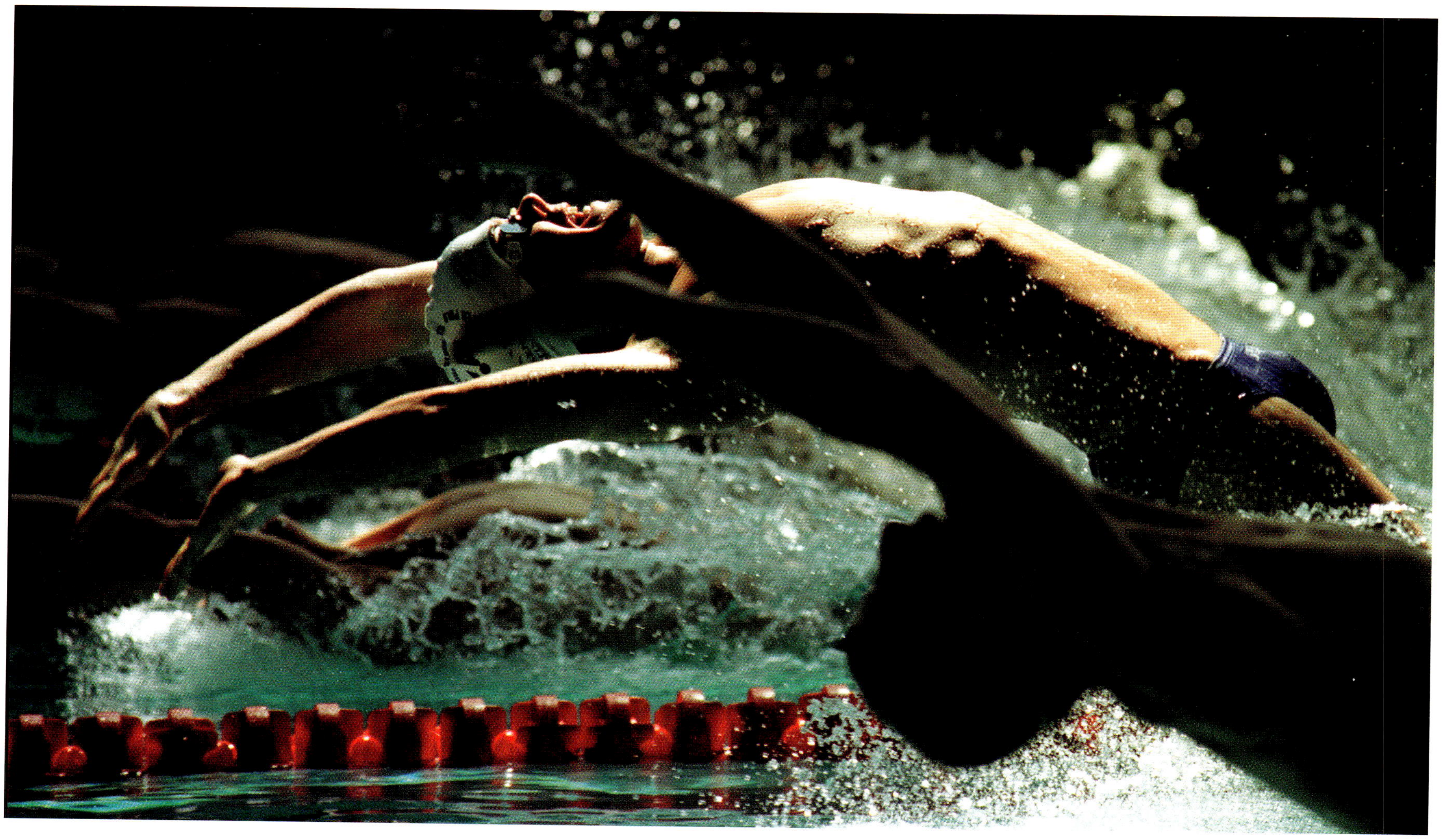

Schwimmweltmeisterschaft, Crystal Palace National Sports Centre, London
„Sonne bei Wettkämpfen in der Schwimmhalle ist ungewöhnlich, doch im Crystal Palace Sportzentrum reichen die Fenster an der einen Seite des Schwimmbeckens bis zum Fußboden. Das Bild entstand im Hochsommer am frühen Vormittag – die Sonne beleuchtete ein Viertel des Beckens. Mittags hatte sich die Sonne dann weiterbewegt und das Licht wurde sehr flach. Die Kombination aus Sonne, Wasser und dunklem Hintergrund trägt zu diesem für mich großartigen Foto bei.“

KAMERA: Nikon F5
OBJEKTIV: 300 mm
FILM: Fuji 200
BLENDE: f/5.6
VERSCHLUSSZEIT: 1/1000 s
LICHT: Sonne durch Fenster

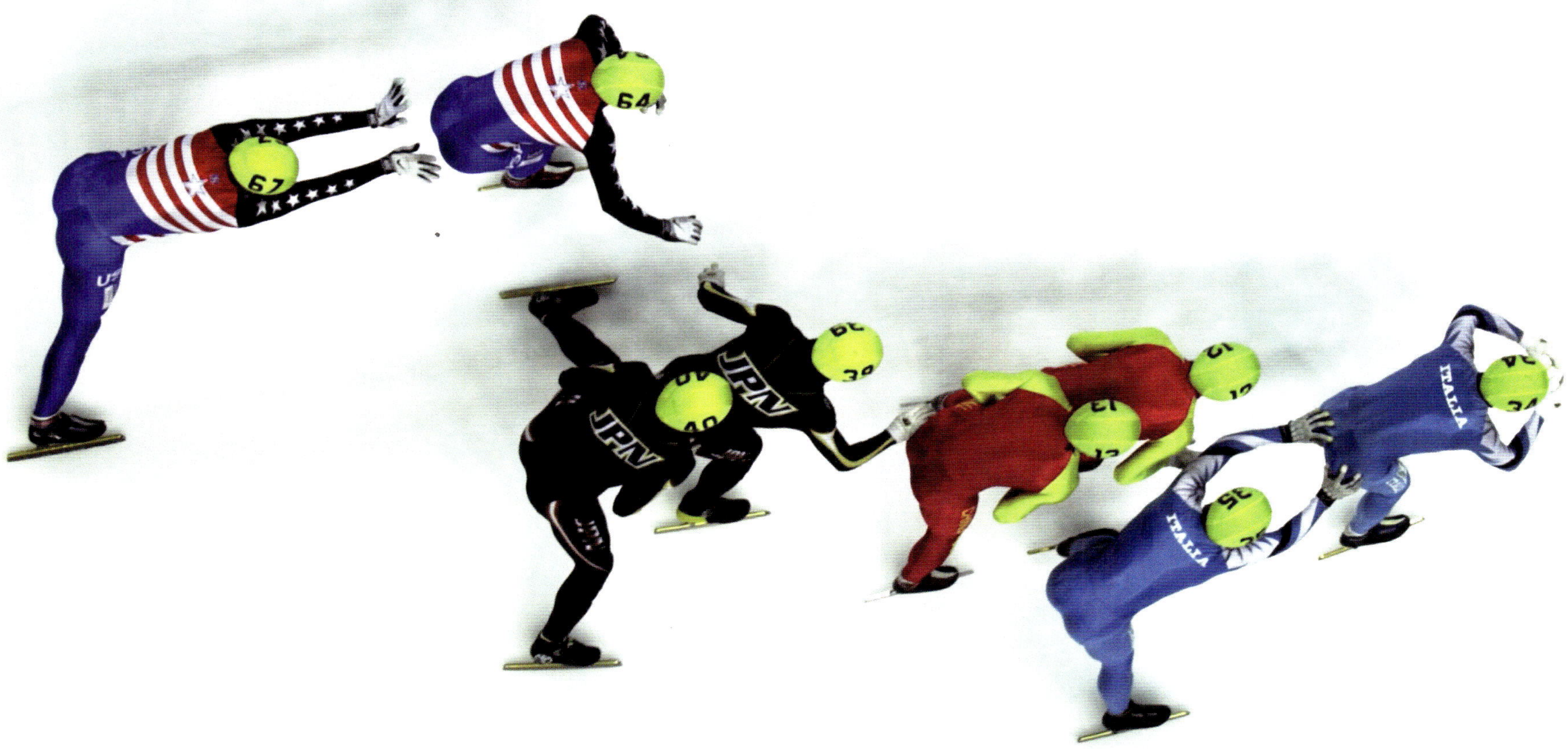

Weltmeisterschaft im Kurzstrecken-Eislauf, Sheffield Arena
„Ich fotografierte dieses Rennen von der Scheinwerferbrücke aus – hoch über dem Eis während der Weltmeisterschaft im Kurzstrecken-Eislauf. Das Bild zeigt die Atmosphäre beim letzten Wechsel im Staffellauf. Der ungewöhnliche Aufnahmewinkel macht das Bild sehr grafisch und ein wenig bizarr."

KAMERA: Nikon D1
OBJEKTIV: 200 mm
ISO: 1000
BLENDE: f/2.8
VERSCHLUSSZEIT: 1/500 s
LICHT: Scheinwerfer

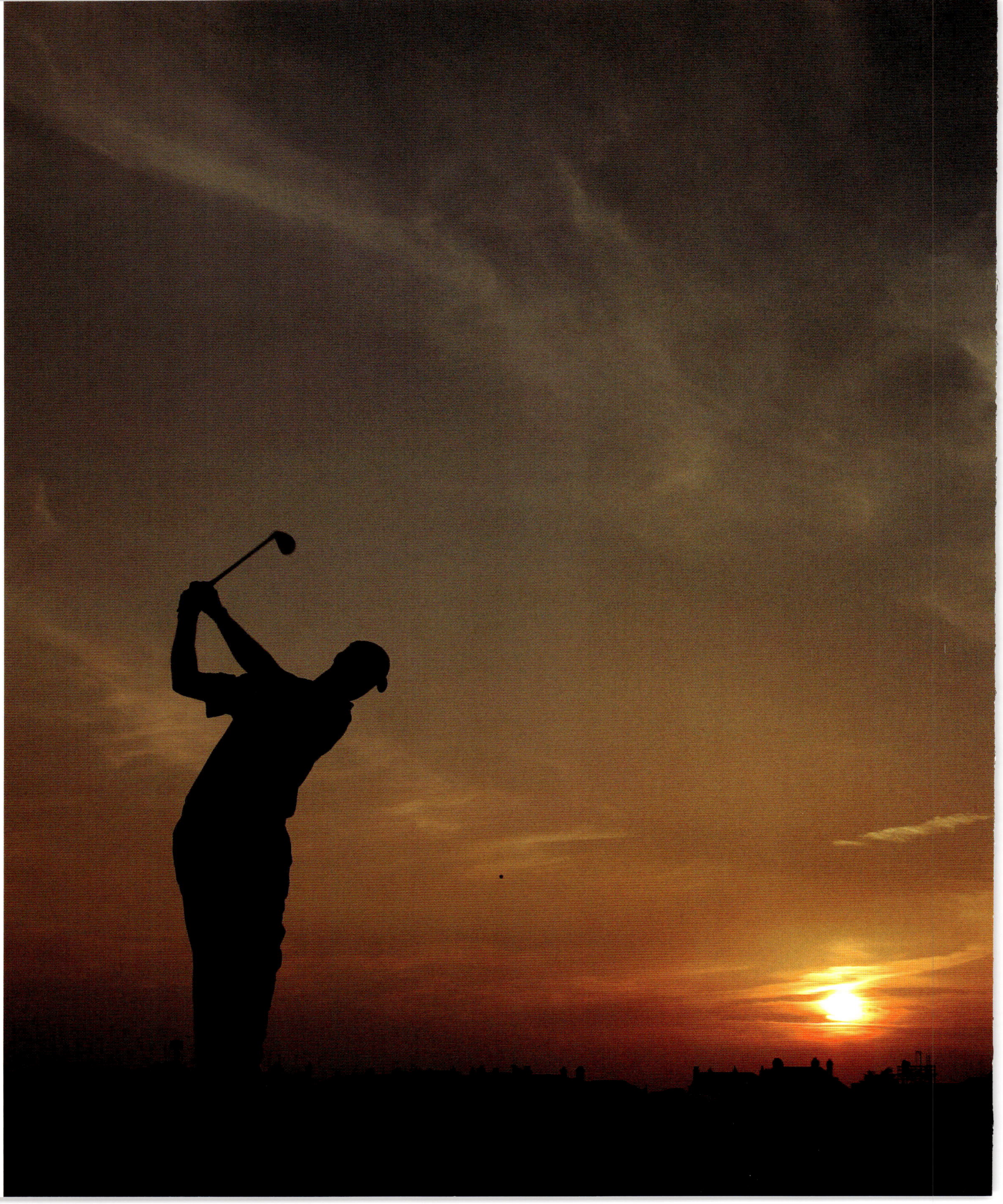

Tiger Woods, Open Golf Championship, Royal Liverpool
„Ich fotografierte Tiger Woods am Ende eines heißen Sommertags während der Golfmeisterschaft. Die Finalteilnehmer gingen ziemlich spät auf die Runde und konnte diese gerade noch bei Tageslicht beenden. Ich wusste, dass die untergehende Sonne gute Aufnahmen bringen würde, ich musste nur die passenden Abschläge und den richtigen Ausschnitt finden. Zum Glück kam alles sehr gut zusammen."

KAMERA: Canon 1D MKII
OBJEKTIV: 35 mm
ISO: 200
BLENDE: f/10
VERSCHLUSSZEIT: 1/1000 s
LICHT: Sonnenuntergang

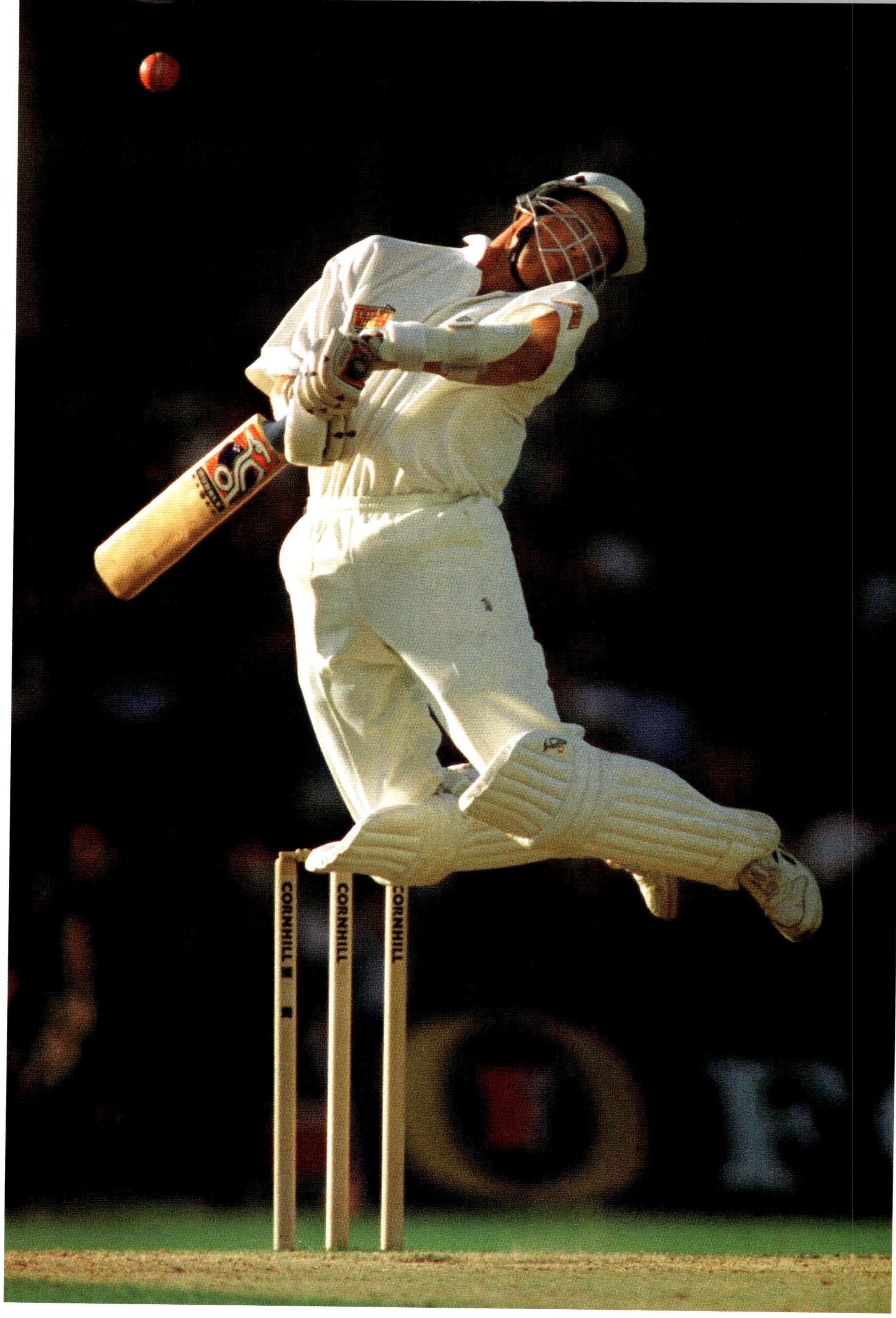

Alec Stewart, England gegen Pakistan, The Oval
„Gegen Ende der 1990er, vor der Sanierung des Cricket-Stadions „The Oval“, konnte man an einem sonnigen Tag nach 17:00 Uhr vor einem herrlich dunklen Hintergrund fotografieren, besonders wenn man direkt in Richtung Wicket fotografierte. Englands Batsmen hatten größte Mühe mit einer Ballserie des Pakistani Wasim Akram, die eine gewaltige Sprungkraft hatten. Mein Foto zeigt einen äußerst agilen Alec Stewart, der versucht, einige dieser schnellen Bälle abzuwehren.

KAMERA: Nikon F5
OBJEKTIV: 500 mm mit 1.4 x Telekonverter
ISO: 200
BLENDE: f/5.6
VERSCHLUSSZEIT: 1/1000 s
LICHT: Sonne

Erfolgstipps

1) Auf den Hintergrund achten
Je ruhiger und dunkler ein Hintergrund, desto besser für das Foto. Sie wollen so gut wie möglich die Action im Vordergrund zeigen und nicht durch einen unruhigen Hintergrund ablenken. Suchen Sie z.B. nach dunklen Bäumen oder Gebäudeschatten. Wenn möglich, vermeiden Sie störende Schilder und Werbeflächen.

2) Die Verschlusszeit variieren
Denken Sie an die Bilder, an die Sie allein durch verschiedene Verschlusszeiten kommen. Arbeiten Sie mit langen Zeiten, um durch Mitziehen einen unscharfen Hintergrund zu erhalten und damit den Eindruck schneller Bewegungen zu vermitteln. Denken Sie erst an die Verschlusszeit und dann an die Blende. Sie benötigen eine kurze Verschlusszeit, um Bewegung einzufrieren. Objekte, die von der Seite her ins Bild kommen, erfordern eine kürzere Verschlusszeit als solche, die direkt auf Sie zukommen.

3) Vorausschau
Bringen Sie sich immer in eine gute Position, damit sich die beste Action vor Ihnen ereignet. Wenn Sie das Spiel „lesen", können Sie vorhersehen, wann und wo entscheidende Situationen passieren.

4) Den Sport kennen
Sie müssen die Regeln für die jeweilige Sportart kennen, besonders, wenn Sie diese Sportart noch nie vorher fotografiert haben. Es gibt oft unvorhersehbare Bewegungen oder Entscheidungen, die zu einem großen Bild führen. Sie wissen mit diesen grundlegenden Kenntnissen stets, wann und wo etwas mit hoher Wahrscheinlichkeit passiert.

5) Die Konkurrenten kennen
Wer im Wettbewerb bringt mir die besten Bilder? Eine Sportart kann eine große Persönlichkeit haben, die zu besseren Fotos führt als ein Konkurrent mit Pokergesicht.

6) Die Objektive wechseln
Fotografieren Sie Actionfotos nicht nur mit Telebrennweiten. Sorgen Sie für Abwechslung – eine große Brennweite allein garantiert nicht immer exzellente Aufnahmen!

7) Mit dem vorhandenen Licht arbeiten
Manchmal entstehen die besten Bilder bei den schlechtesten Lichtbedingungen, beispielsweise bei Gegenlicht. Derartiges Licht kann z.B. die Schweißperlen oder das vom Fußballspieler beim Kopfschuss oder Angriff herausgetretene Gras betonen. Denken Sie auch an die Möglichkeiten mit Silhouetten. Und lassen Sie sich auch nicht von großer Dunkelheit beirren – moderne Kameras zeichnen Bilder auch bei schlechten Bedingungen genau auf. Sie gelangen auf diese Weise häufig zu äußerst stimmungsvollen und aussagekräftigen Aufnahmen.

8) Verschiedene Aufnahmewinkel
Extrem niedrige oder hohe Aufnahmepositionen führen zu unterschiedlichen Effekten – jedes Bild lässt sich auf diese Weise interessanter gestalten – und banale Situationen sehr grafisch, ungewöhnlich und einzigartig machen.

9) Auf das Unterwartete vorbereitet sein
Schreiben Sie ein Spiel nie ab und gehen Sie nie davon aus, dass nichts mehr passieren wird. Das langweiligste Match kann plötzlich in fantastische Action ausbrechen. Sollten Sie für den Bruchteil einer Sekunde nicht aufpassen, könnte Ihnen das beste Foto entgehen.

10) Schwarzweiß einsetzen
Sport ist sehr farbig, was Sie als Vorteil nutzen können. Das kann aber auch reduzierte, großartige Schwarzweißfotos bringen. Nutzen Sie unterschiedliche Medien für entsprechende Effekte.

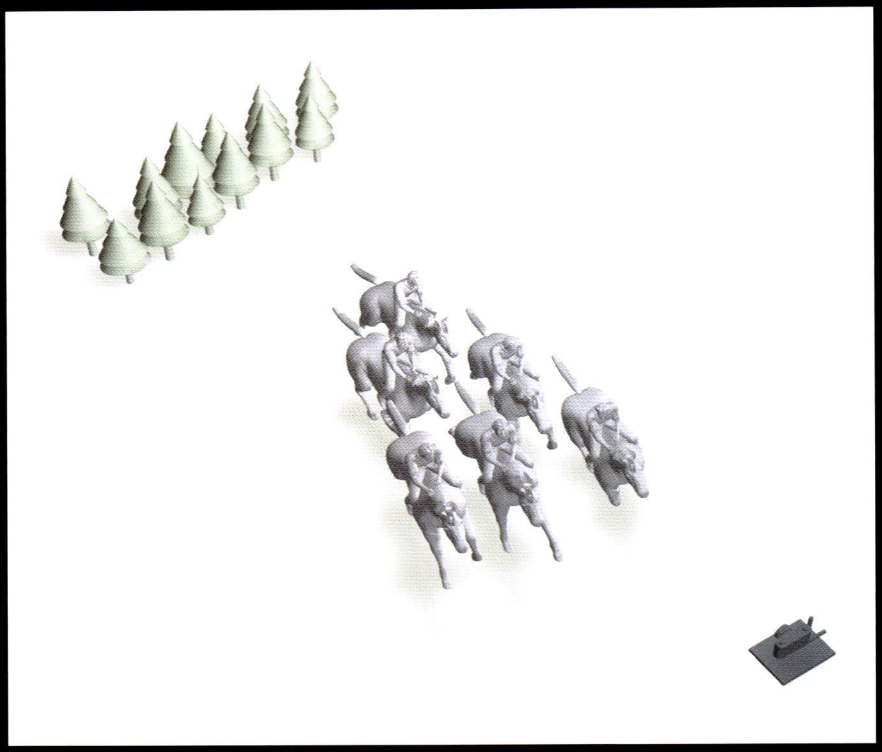

Pferderennen beim White Turf in St. Moritz

„Ich machte diese Aufnahme während des einmaligen und jährlichen White Turf-Pferderennens auf dem zugefrorenen St. Moritzsee. Die Pferde kamen aus der Zielkurve und der Wald dahinter gab einen herrlichen schwarzen Hintergrund ab. Ich lag flach auf dem Schnee, so dass ich das Beste aus dem Motiv herausholen konnte – die Geschwindigkeit der Pferde wie auch der von den Hufen aufgewirbelte Schnee wurden betont.“

Technische Daten

KAMERA: Canon EOS 1D MKII

OBJEKTIV: 300 mm mit 1.4 x Telekonverter

ISO: 200

BLENDE: f/5.6

VERSCHLUSSZEIT: $1/1600$ s

LICHT: Strahlende Sonne

Ausrüstung

- Drei Canon EOS 1Ds MKII- Kameras
- 400 mm f/4 Objektiv
- 80–200 mm f/2.8 Zoom
- 24–70 mm f/2.8 Zoom
- 16–35 mm f/2.8 Zoom
- Gegenlichtblenden für alle Objektive
- Canon 580-EX Blitzgerät
- Reserveakkus
- CF-Speicherkarten
- Wetterfeste Jacke

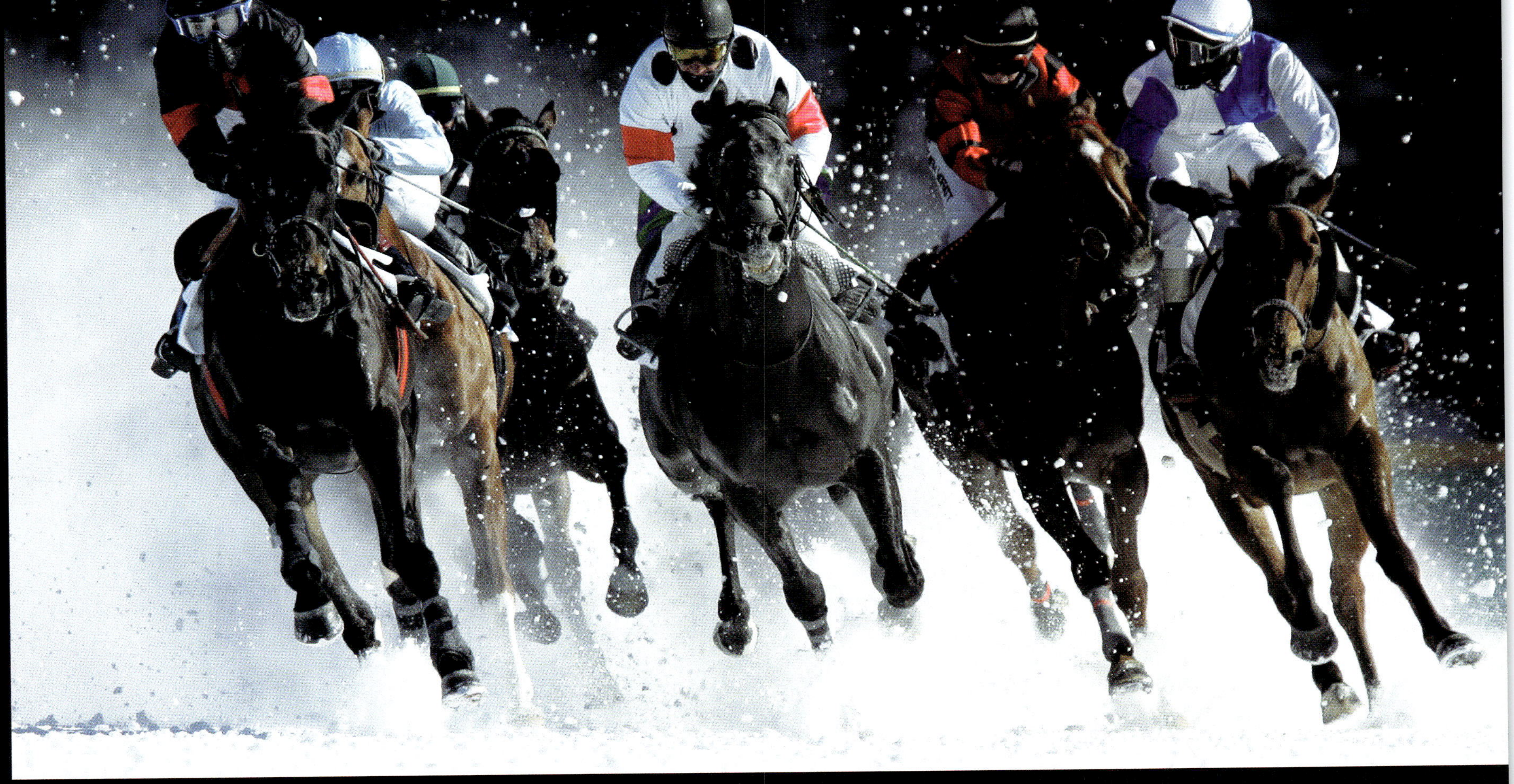

Tom Jenkins

Bob Martin

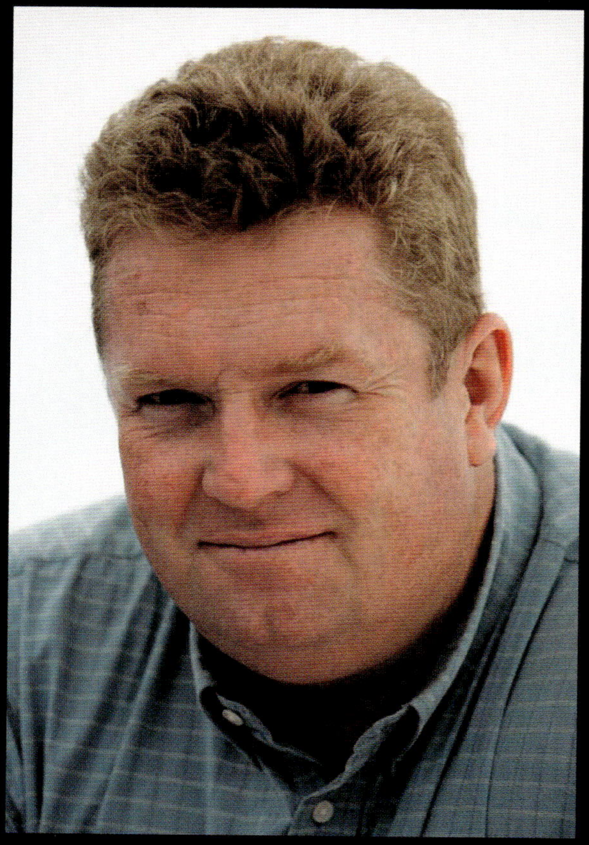

Verschiedene Sportarten

Bob Martin hat als Sportfotograf bereits viele Preise gewonnen, ist Spezialist für Action und Grafik und liefert seine Bilder an Werbeagenturen, Unternehmen und Verlage. Er hat in den letzten 20 Jahren seiner großartigen Karriere jedes wichtige Sportereignis fotografiert, von den letzten zehn Olympischen Sommer- und Winterspielen bis hin zu Elefanten-Polo und Pferderennen auf dem Eis. Seine Arbeit hat ihn in die entferntesten Ecken unseres Globus gebracht und seine Fotos wurden in weltweit angesehensten Magazinen veröffentlicht, einschließlich *Sports Illustrated*, *Time*, *Newsweek*, *LIFE*, *Stern*, *Paris Match*, *Bunte* und *L'Equipe* sowie *The Sunday Times* und *The New York Times*. Martin ist als gebürtiger Engländer zurzeit der einzige vertraglich gebundene Fotograf für *Sports Illustrated,* der außerhalb der USA lebt. Er ist ein hochprofessioneller Fotograf – dafür sprechen nicht zuletzt mehr als 50 nationale und internationale Auszeichnungen. Dreimal hat er schon die prestigeträchtige Auszeichnung als britischer Sportfotograf des Jahres erhalten. Allein 2005 wurde Bob Martin mit 23 Titeln ausgezeichnet, einschließlich für das „Sportfoto des Jahres" beim World Press Photo Award.

AS: Was war Ihre erste Kamera überhaupt?

BM: Eine Zenith E. Später erstand ich dann eine Olympus OM-1 mit zwei Festbrennweiten: 50 mm und 135 mm. Die Nikon FM1 war schließlich meine erste professionelle Kamera für Sportaufnahmen; ich kaufte ein 300 mm f/2.8-Objektiv, das vor 20 Jahren £ 2000 kostete. Selbst damals erkannte ich bereits, dass ich mit einer billigeren Ausrüstung an der falschen Stelle gespart hätte.

AS: Was sind Ihre größten fotografischen Erfolge?

BM: Der Gewinn einer Kombination aus Preisen, speziell dreimal hintereinander als britischer Sportfotograf des Jahres ausgezeichnet zu werden und gleichzeitig 2005 den Preis für das World Press Sportfoto des Jahres überreicht zu bekommen. Eine weitere einschneidende Erfahrung waren für mich die Paralympischen Spiele 2005.

AS: Kann man also wie bei vielen erfolgreichen Fotografen sagen, dass es zu einem bestimmten Zeitpunkt einen „glücklichen Umstand" gab?

BM: Das kann ich so nicht sagen. Es gab bei mir keinen entscheidenden Ruck in meiner Karriere. Die Grundlage für mein Glück ist ganz einfach harte Arbeit.

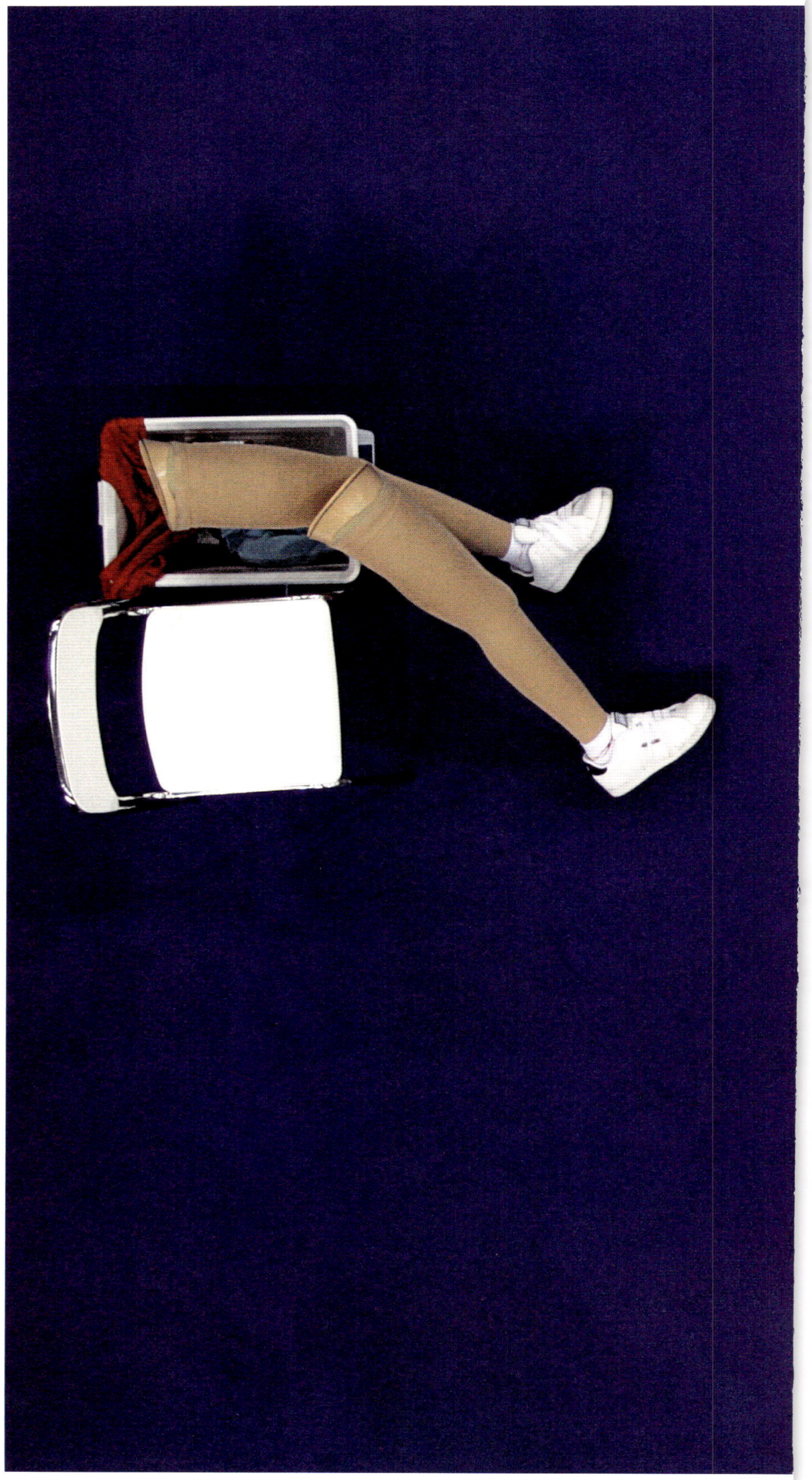

Xavi Torres, Paralympische Sommerspiele in Athen
„Ich habe mit diesem Foto viele Preise gewonnen, einschließlich das World Press Sportfoto des Jahres, der wichtigste internationale jährlich stattfindende Wettbewert für die Pressefotografie. Für dieses Bild kletterte ich auf die Beleuchtungsbrücke über dem Schwimmbecken – der einzigartige Aufnahmewinkel machte eine monatelange Vorbereitung erforderlich – alles andere spricht für sich selbst."

KAMERA: Canon EOS 1Dn MKII
OBJEKTIV: 70–200 mm
ISO: 640
BLENDE: f/2.8
VERSCHLUSSZEIT: 1/1250 s
LICHT: Kunstlicht

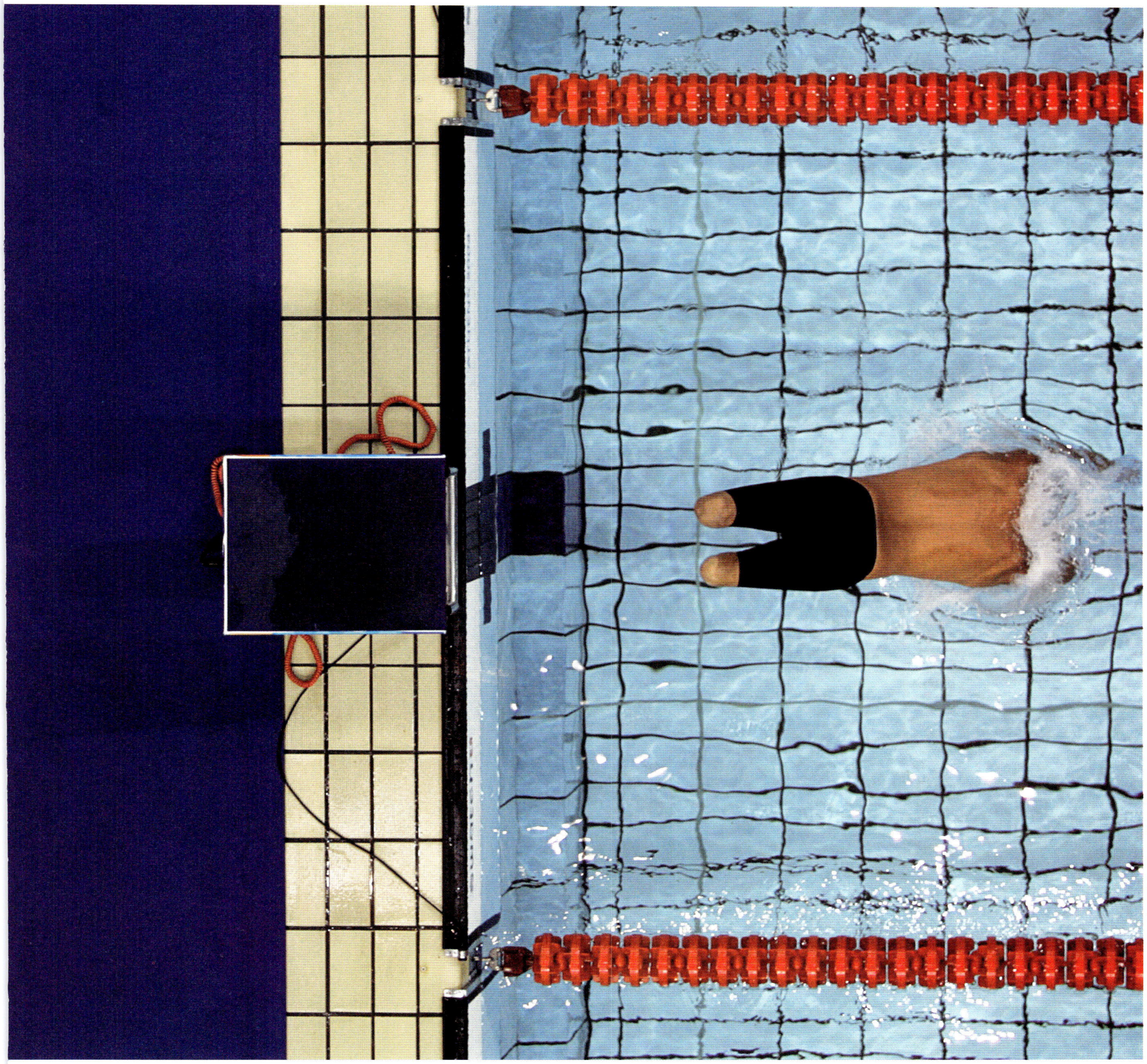

Bob Martin

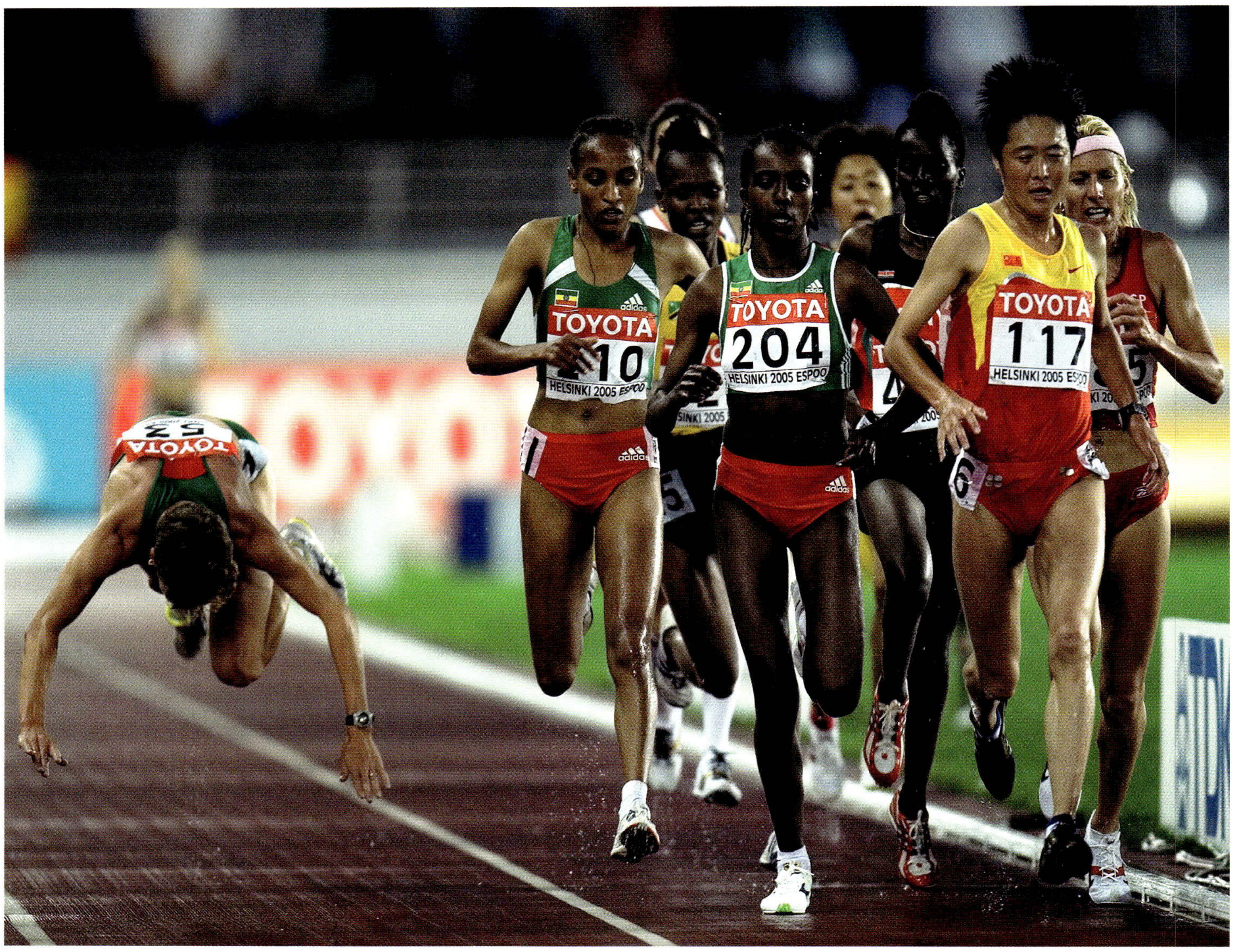

Frauen 5000 m Lauf, Track and Field World Championships, Helsinki
„Die World Track and Field Championships 2005 waren für Olga Kravtsova aus Weißrussland weniger erfolgreich. Ich folgte den Läuferinnen durchs Objektiv und nahm den Augenblick auf, als sie strauchelte – ich war einer von nur wenigen der 250 Fotografen an der Ziellinie, dem das gelang."

KAMERA: Canon EOS 1Dn MKII
OBJEKTIV: 400 mm
ISO: 640
BLENDE: f/2.8
VERSCHLUSSZEIT: 1/1000 s
LICHT: Kunstlicht
WETTER: Regen

AS: Warum haben Sie sich nicht mit anderen Fotothemen beschäftigt, wie beispielsweise Mode oder Studio?

BM: Weil das niemand von mir wollte! Manchmal fotografiere ich zwar Porträts großer Sportstars, doch das ist nicht wirklich meine Stärke. Doch ich liebäugele immer mehr damit, irgendwann einmal Zeit für die Wildlife-Fotografie zu finden.

AS: Fotografieren Sie das, was Sie möchten, oder reden Dritte bei Ihren Fotos mit?

BM: Das ist unterschiedlich. Ich führe zwar Auftragsarbeiten aus, aber letztlich bezahlen mich die Leute für meinen Stil. Sie wissen, dass sie von mir etwas Eigenständiges bekommen und sie vertrauen in meine Fähigkeiten, für ihren Zweck das genau passende Bild liefern können. Meistens ist alles mir selbst überlassen.

AS: Wo sind Sie zuhause? Wo arbeiten Sie am liebsten?

BM: Ich war viel unterwegs – so oft, dass mich heute die Orte mehr interessieren, die einen fotografischen Reiz auf mich ausüben, als nur an einen Ort zu fahren, weil es ganz nett ist. Ich liebe, aus unterschiedlichen Gründen, Australien und auch Skandinavien. Für mich ist die allerdings Kreativität viel wichtiger als die Location.

AS: Was mögen Sie am liebsten an Ihrem Job?

BM: Das Gefühl, das ich habe, wenn ich weiß, dass ich ein wirklich gutes Foto gemacht habe. Die Fotografie ist das, was ich an meinem Job am meisten mag – egal wo und unter welchen Bedingungen.

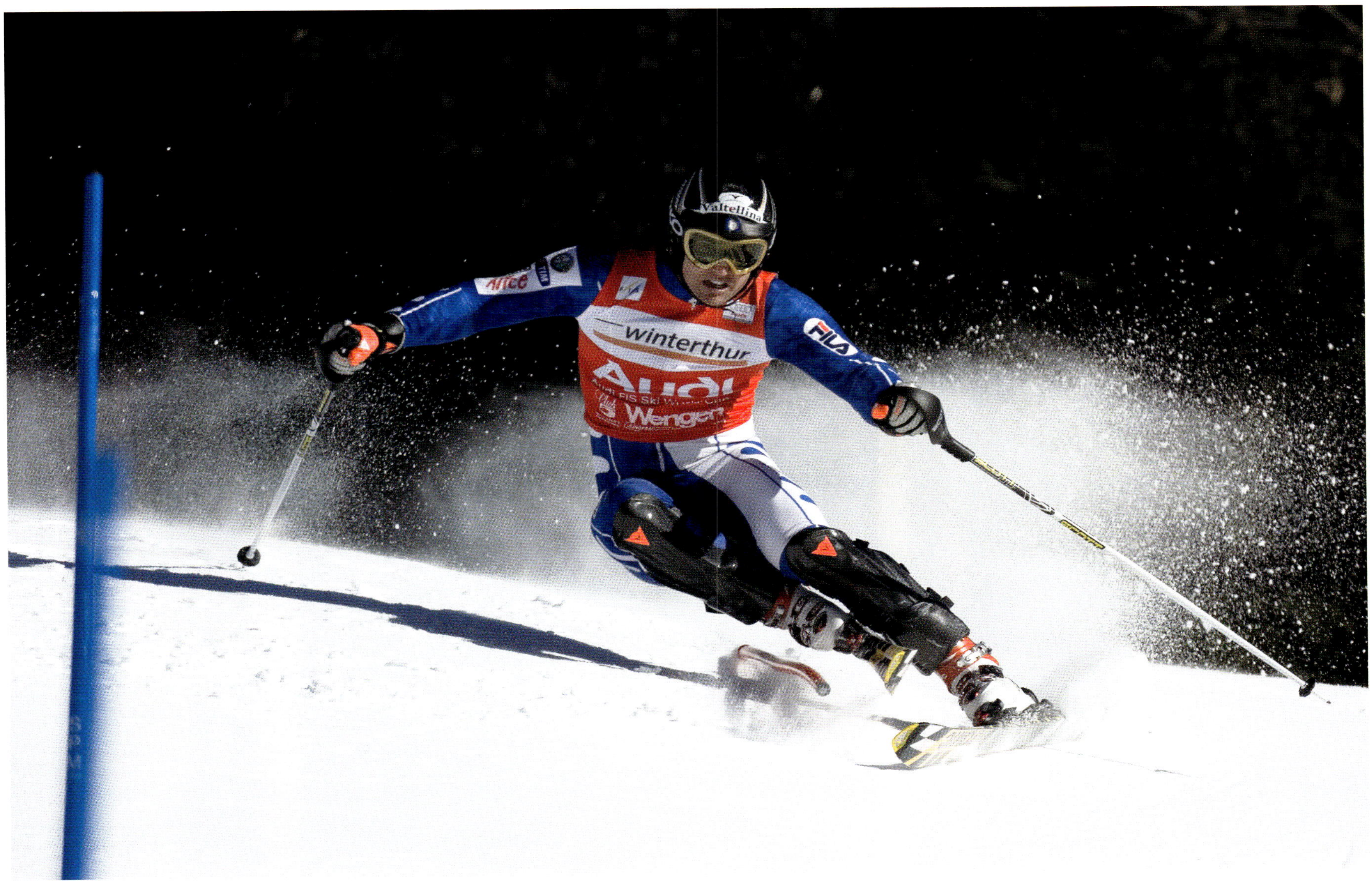

AS: Was ist aus technischer Sicht bei Ihrer Art von Fotografie am schwierigsten?

BM: Geduld. Ich verbringe viele Tage mit dem Gefühl der Untätigkeit und Langeweile, habe aber gelernt, in aller Ruhe auf aufregende Fotos zu warten.

AS: An welchem Veranstaltungsort arbeiten Sie am liebsten?

BM: Mein Highlight sind seit Jahren die Olympischen Sommerspiele. Normalerweise bin ich ungebunden und kann die unterschiedlichsten Wettkämpfe besuchen. Ich stehe in Kontakt mit der Zeitschrift *Sports Illustrated* und meine Karriere hat ein Stadion erreicht, in dem sie mich das fotografieren lassen, worin ich gut bin: das Ungewöhnliche. Ich versuche, das 100-Meter-Finale der Herren zu vermeiden – im Wettbewerb mit 500 anderen Sportfotografen um die beste Aufnahmeposition zu rangeln, ist für mich die Hölle.

AS: Wie würden Sie Ihren persönlichen Fotostil bzw. Ihre Fototechnik beschreiben?

BM: Ich suche immer nach einem ungewöhnlichen Aufnahmewinkel. Kleinere Veranstaltungen machen mir weit mehr Spaß als die großen. Ich bin jemand, der sich eher für die Kanu-Weltmeisterschaft als das Finale der Fußballweltmeisterschaft begeistert.

Giorgio Rossa, World Cup im Slalom, Wengen
„Wengen in der Schweiz ist für Fotografen das herausragende Ereignis des Slalom World Cup. Der Kurs ist von Tannen gesäumt und wenn die Sonne über den Bäumen steht, kommt man zu diesem herrlich schwarzen Hintergrund. Giorgio Rossa gewann das Rennen und später auch den Slalom World Cup 2005. Die Konzentration in seinem Gesicht zeigt die Gefahr und die Leidenschaft dieses Moments."

KAMERA: Canon EOS 1Dn MKII
OBJEKTIV: 400 mm
ISO: 200
BLENDE: f/4
VERSCHLUSSZEIT: 1/2000 s
LICHT: Tageslicht
WETTER: Hell und sonnig

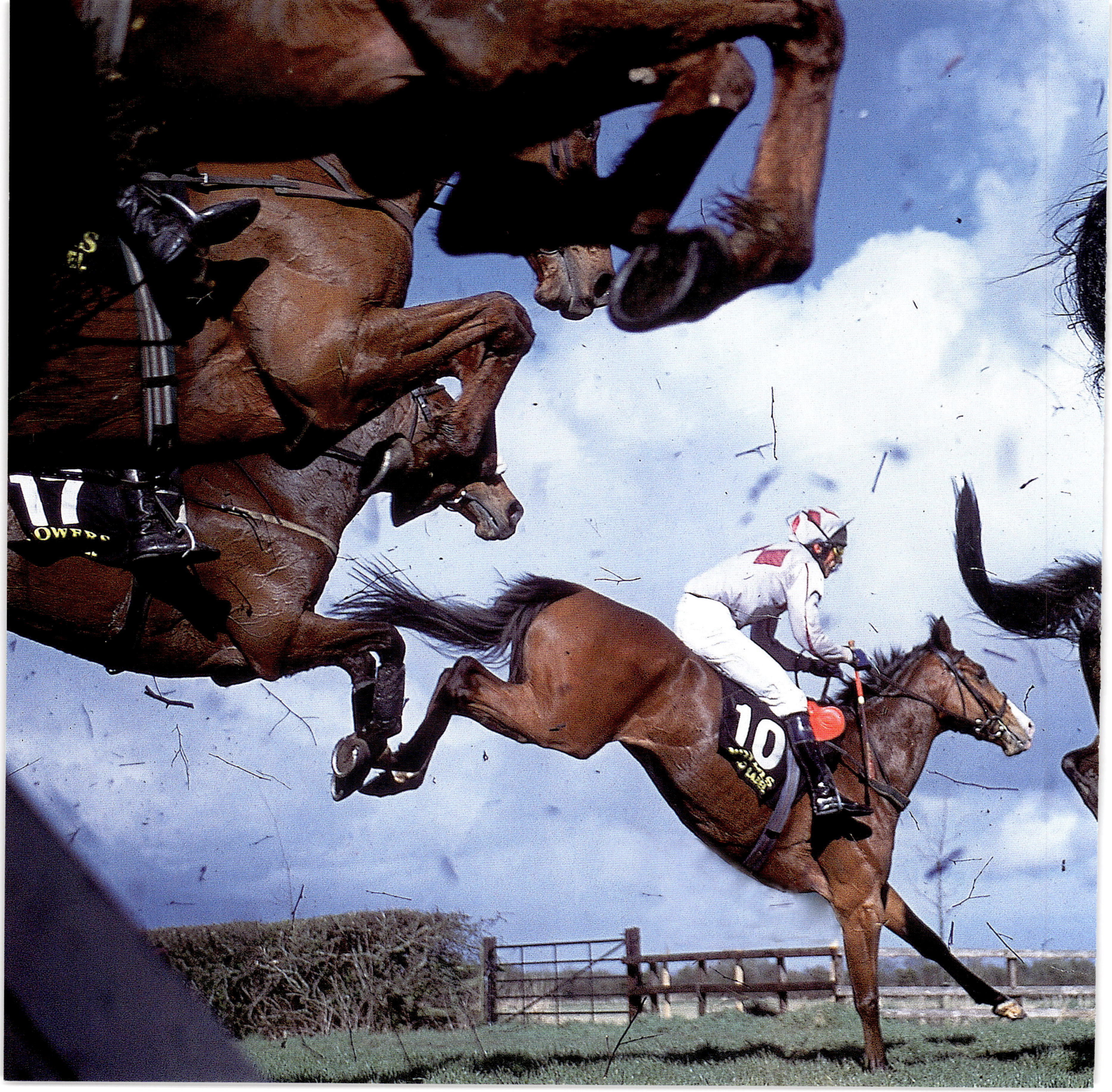
17
10

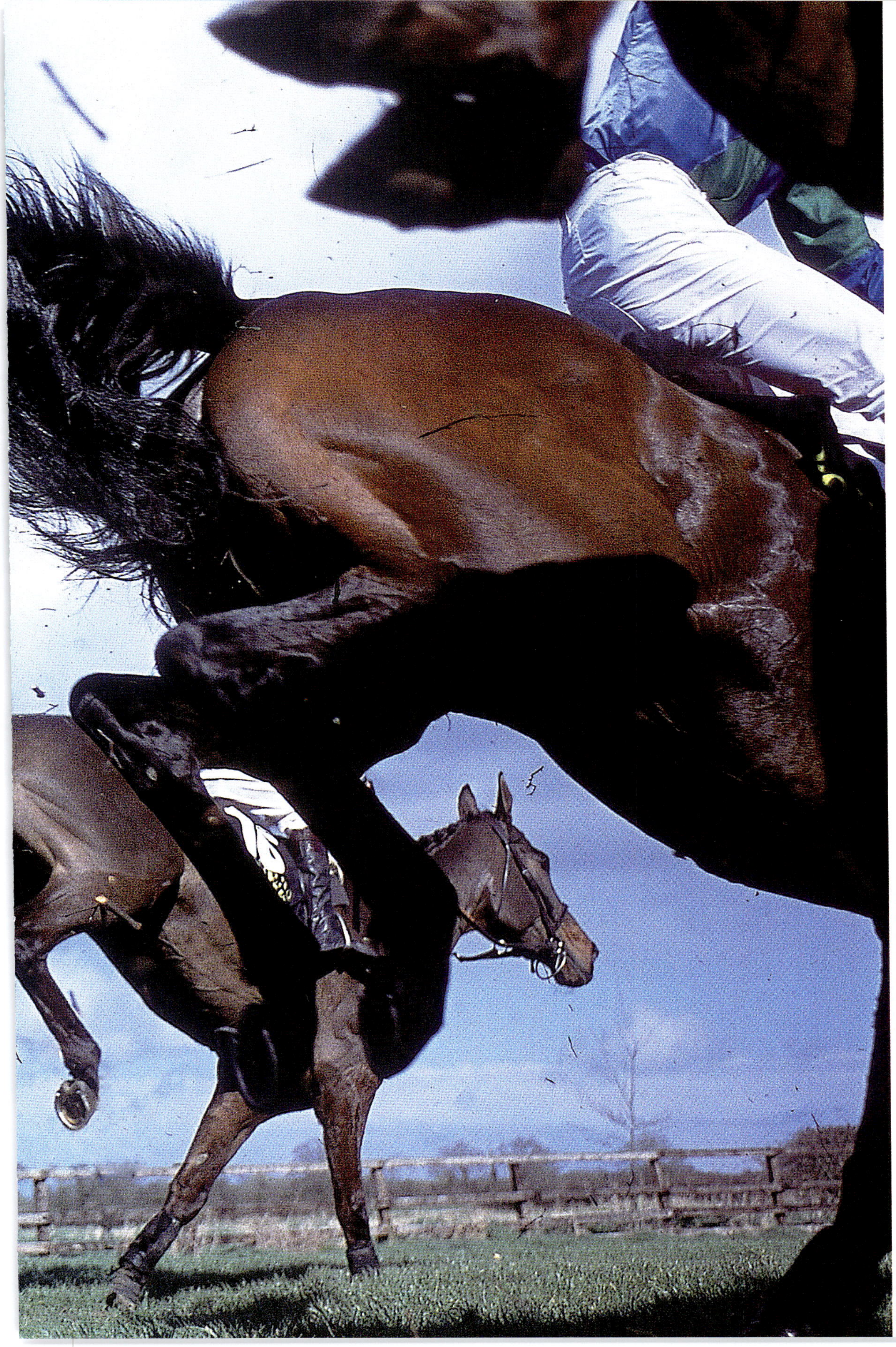

AS: Erzählen Sie etwas über Ihre Ausrüstung. Mit welchem Kamerasystem arbeiten Sie und warum?

BM: Ich schwöre auf eine gute Ausrüstung und ich verfüge über alles, was man sich nur vorstellen kann. Es ist falsche Sparsamkeit, wenn man sich nur billige Geräte und Zubehör anschafft. Für mich ist das Beste gerade gut genug, weil ich zu den besten Ergebnissen kommen will. Ich besitze unter anderem vier Canon EOS 1D MKII, zwei Canon 1Ds MKII, vier Canon 1Dn MKII und Objektive von 14 bis 600 mm. Hinzu kommen noch drei Telekonverter: zwei 1.4 x und ein 2 x.

AS: Mit welchen Objektiven/Brennweiten arbeiten Sie besonders häufig?

BM: Es gibt kein bevorzugtes Objektiv, aber ich fotografiere gern mit Brennweiten von 400 bis 500 mm. Außerdem bin ich ein Verfechter von Festbrennweiten.

AS: Welche Bilder sind besonders schwierig aufzunehmen?

BM: Fußball in einem Stadion! Man muss im richtigen Augenblick an der passenden Stelle sein, der Angriff kann von überall kommen, man sitzt an einer Stelle und man kann sich nicht frei bewegen. Leichtathletik ist da schon einfacher, weil besser vorhersehbar. Das ermöglicht einem, kreativer mit der Wahl der Aufnahmen zu sein.

AS: Bevorzugen Sie Film oder Digital und warum?

BM: Heute bevorzuge ich Digital, doch in ihren Anfängen habe ich diese Technik abgelehnt. Viele Fotografen haben den Wechsel von Film zu Digital einfach zu früh vollzogen. Ich begann mit der digitalen Fotografie, weil es meine Kunden wegen der elektronischen Übertragung und damit schnellen Verfügbarkeit so wünschten. Heute würde ich nicht mehr daran denken, eventuell auf Film aufzunehmen.

Irish Grand National, Fairyhouse-Rennbahn
„2002 fotografierte ich das Irish Grand National für eine Story über die irischen Pferderennen und das dortige millionenschwere Geschäft mit der Pferdezucht. Ich betätigte die Kamera mit dem Funkfernauslöser aus einer Entfernung von über 100 m, um zu dem ungewöhnlichen Aufnahmewinkel von unterhalb des Zauns zu kommen."

KAMERA: Canon EOS 1N
OBJEKTIV: 24 mm
ISO: 200
BLENDE: f/4
VERSCHLUSSZEIT: 1/2000 s
LICHT: Tageslicht
WETTER: Hell und sonnig

Bob Martin

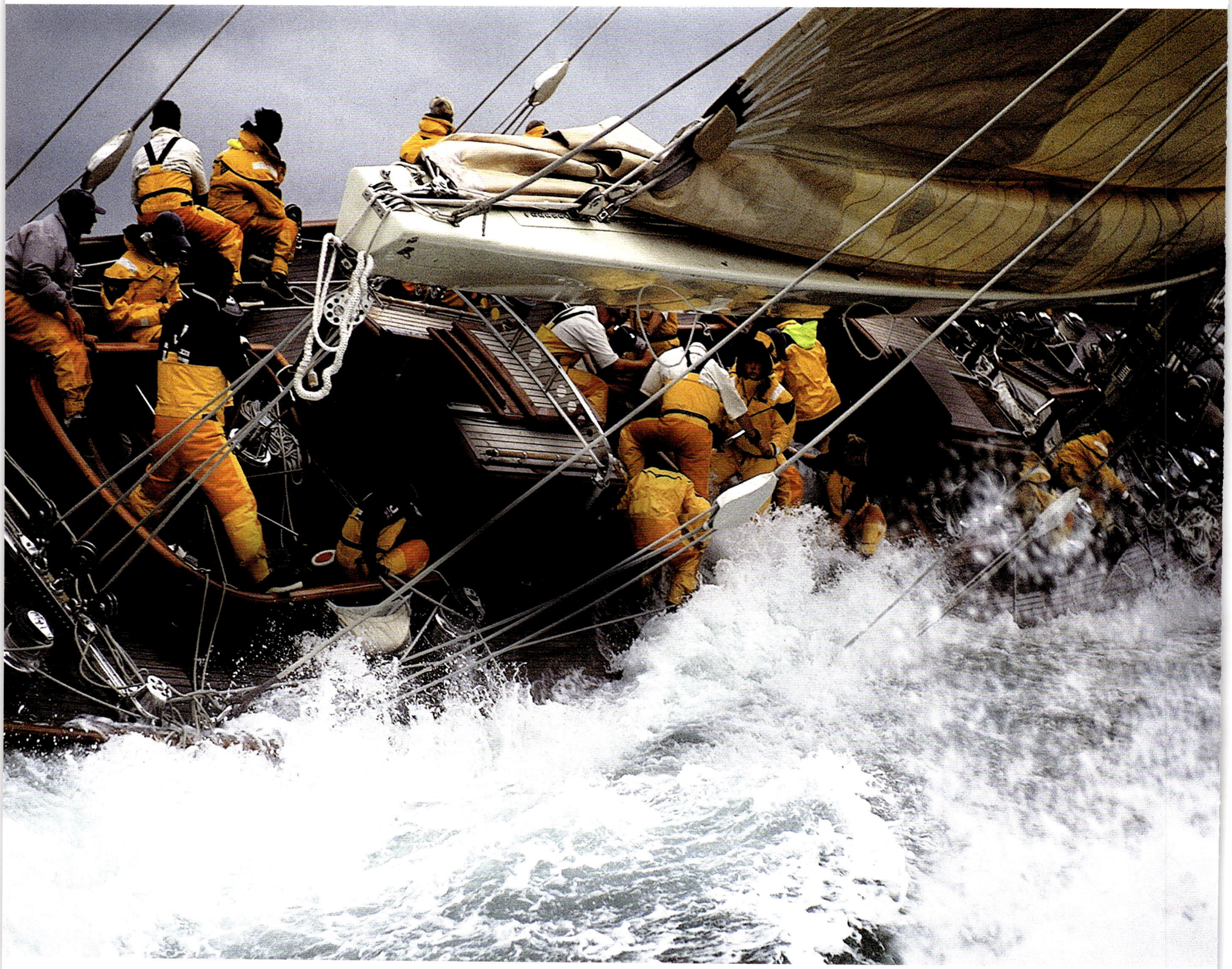

Links: **Wettbewerb in der J-Klasse, Isle of Wight**
„Der Segelsport ist eine der schönsten Sportarten zum Fotografieren, doch diese Aufnahme zeigt, dass dabei nicht immer die Sonne scheint! Das Bild entstand an einem hässlichen Regentag und illustriert, wie wichtig die Teamarbeit auf See ist. Der Steuermann des Boots, von dem aus ich fotografierte, war der wirkliche Star dieses Tages, da er uns immer wieder in eine perfekte Schussposition manövrierte, ohne jedoch dabei das Rennen zu stören."

KAMERA: Canon EOS 1N
OBJEKTIV: 300 mm
ISO: 200
BLENDE: f/2.8
VERSCHLUSSZEIT: 1/1000 s
LICHT: Tageslicht
WETTER: Stürmisch

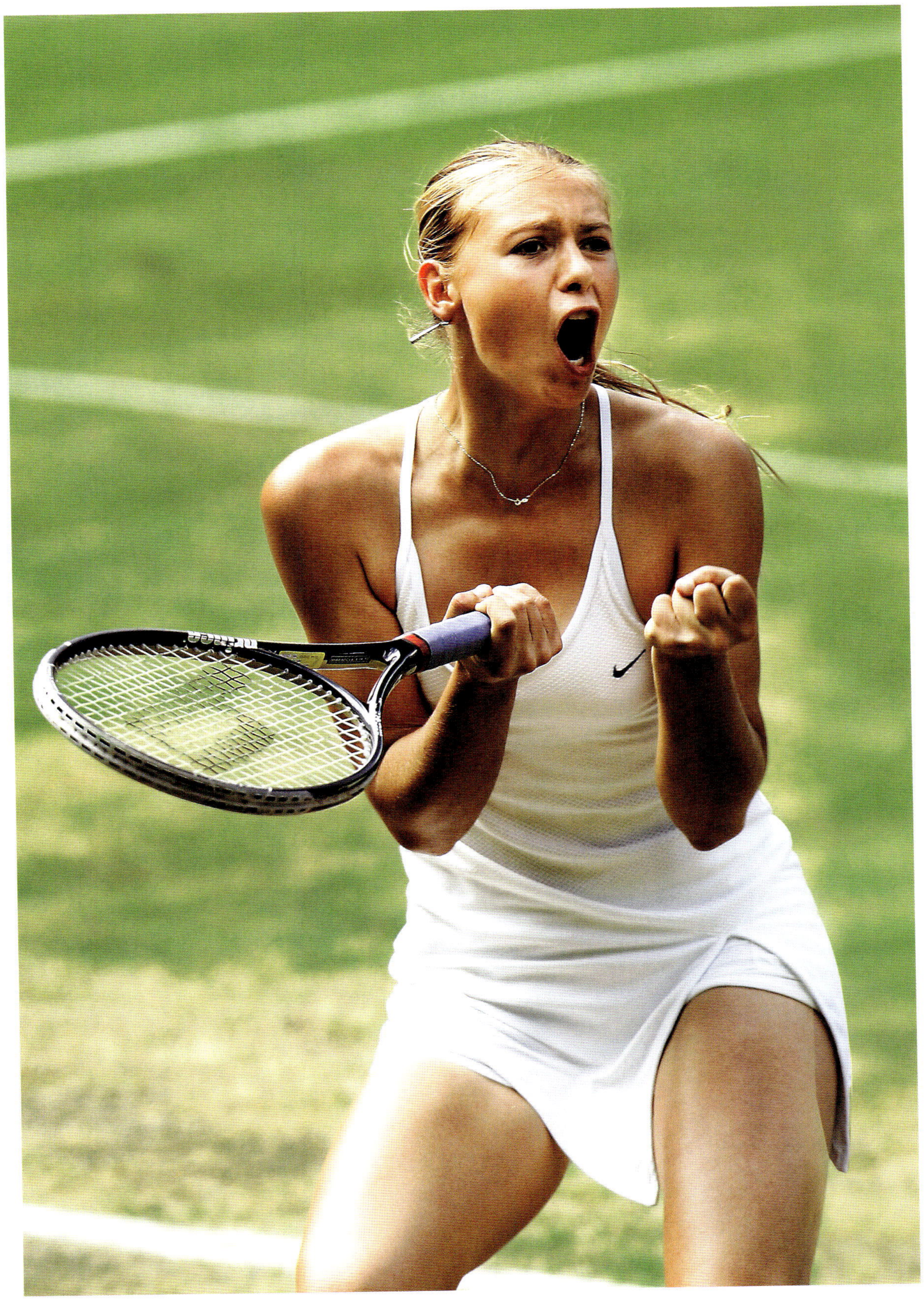

Rechts: **Maria Sharapova, Endspiel der Damen, Wimbledon**
„Maria Sharapova's Reaktion nach dem Punktgewinn im zweiten Satz, der ihr 2004 im Finale in Wimbledon gegen Serena Williams die Führung brachte. Sie gewann dann auch das Match und ihren ersten Wimbledon-Titel. Ich benutzte ein 300 mm f/2.8-Objektiv – vielleicht ein wenig zu klobig und unhandlich, doch wer nichts wagt, der nichts gewinnt."

KAMERA: Canon EOS 1D
OBJEKTIV: 300 mm
ISO: 200
BLENDE: f/4
VERSCHLUSSZEIT: 1/1000 s
LICHT: Tageslicht
WETTER: Sonnig

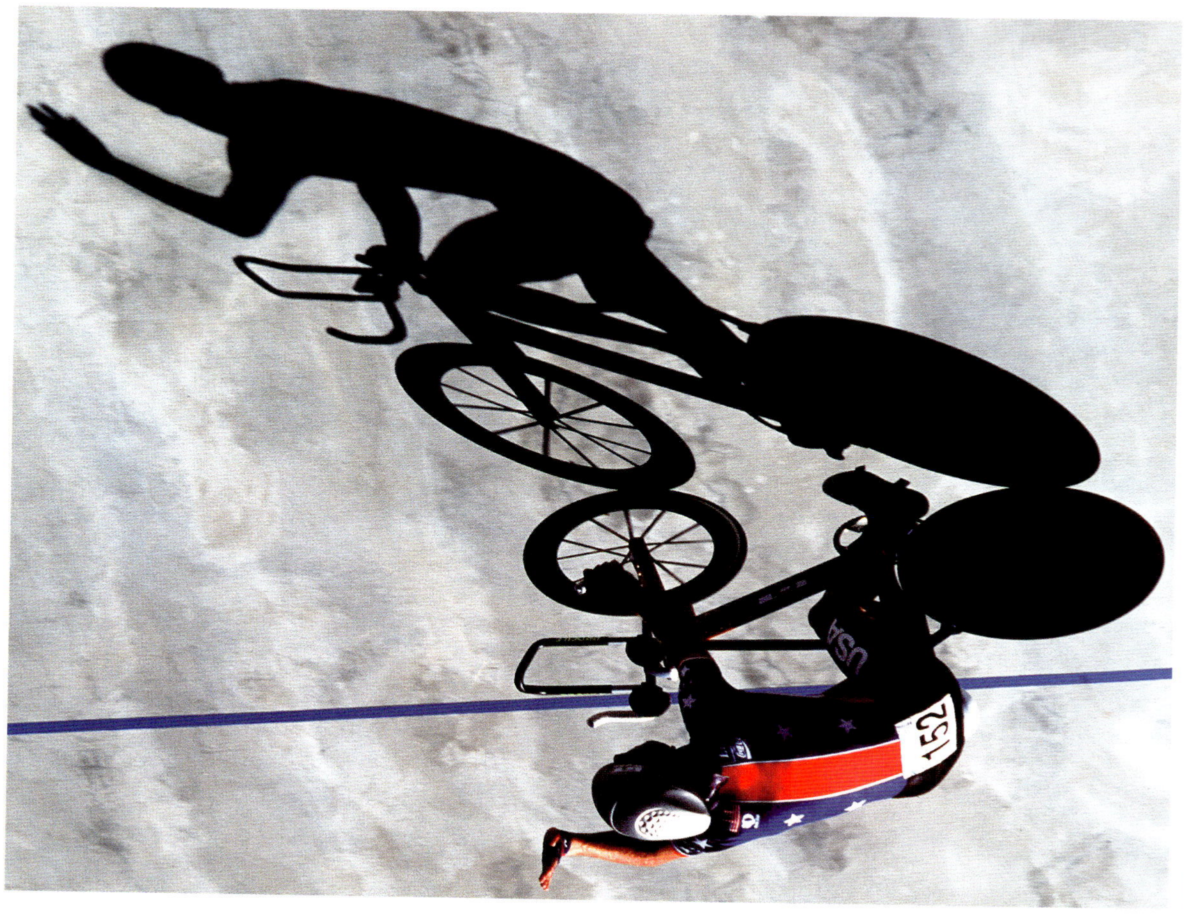

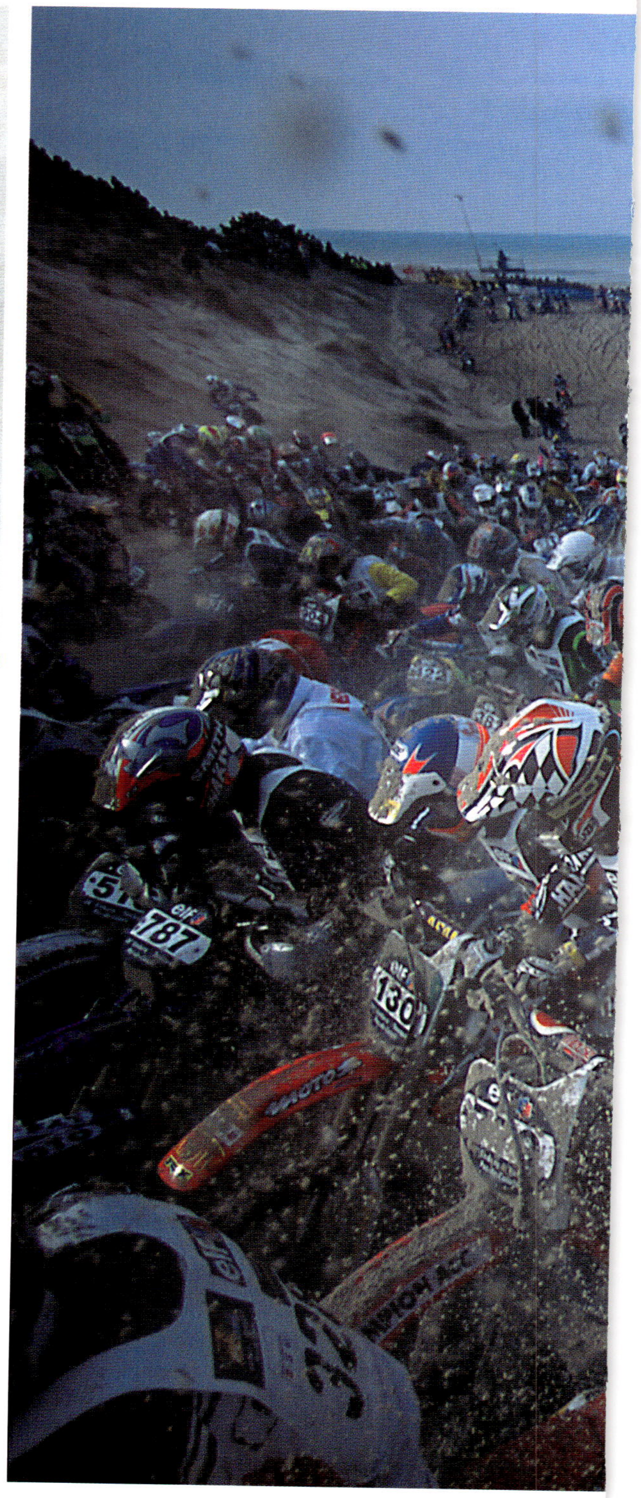

AS: In welchem Umfang werden Ihre Arbeiten von der digitalen Bildbearbeitung beeinflusst?

BM: Ich bin ein Reportagefotograf und fasse meine Bilder nicht an, abgesehen von einigen fundamentalen Photoshop-Techniken, die ich auch in der Dunkelkammer nutzen würde: Tonwertkorrektur, Störungen entfernen, Kontrast, Farbbalance und etwas Beschneiden. Das alles ist normal und zu akzeptieren. Wenn meine kommerziellen Bilder hingegen häufig manipuliert sind, dann liegt das am Kunden. Als redaktionell arbeitender Fotograf wäre es für mich ethisch unkorrekt, Bilder über das Notwendigste hinaus zu bearbeiten. Das fertige Bild sollte dem entsprechen, was im Sucher zu sehen ist.

AS: Wie entstehen die Ideen für Ihre Bilder?

BM: Kreativität und Erfahrung. Ich muss eine gute Vorstellung von dem haben, was zu tun ist. Und Individualität – ich frage mich immer wieder, wie ich anders als die anderen sein kann. Ich mag nicht zwischen 50 anderen Fotografen sitzen – auf mich allein gestellt kann ich einfach mehr erreichen.

AS: Was hält die Zukunft für Sie bereit?

BM: Ich möchte ganz allmählich mit der Actionfotografie aufhören und verstärkt kommerziell arbeiten – schließlich wird man nicht jünger. Auf dem Spielfeld auf- und ab zu rennen ist etwas für junge Leute. Allerdings werde ich bei meiner kommerziellen Arbeit weiterhin dem Sport oder der Action verbunden sein!

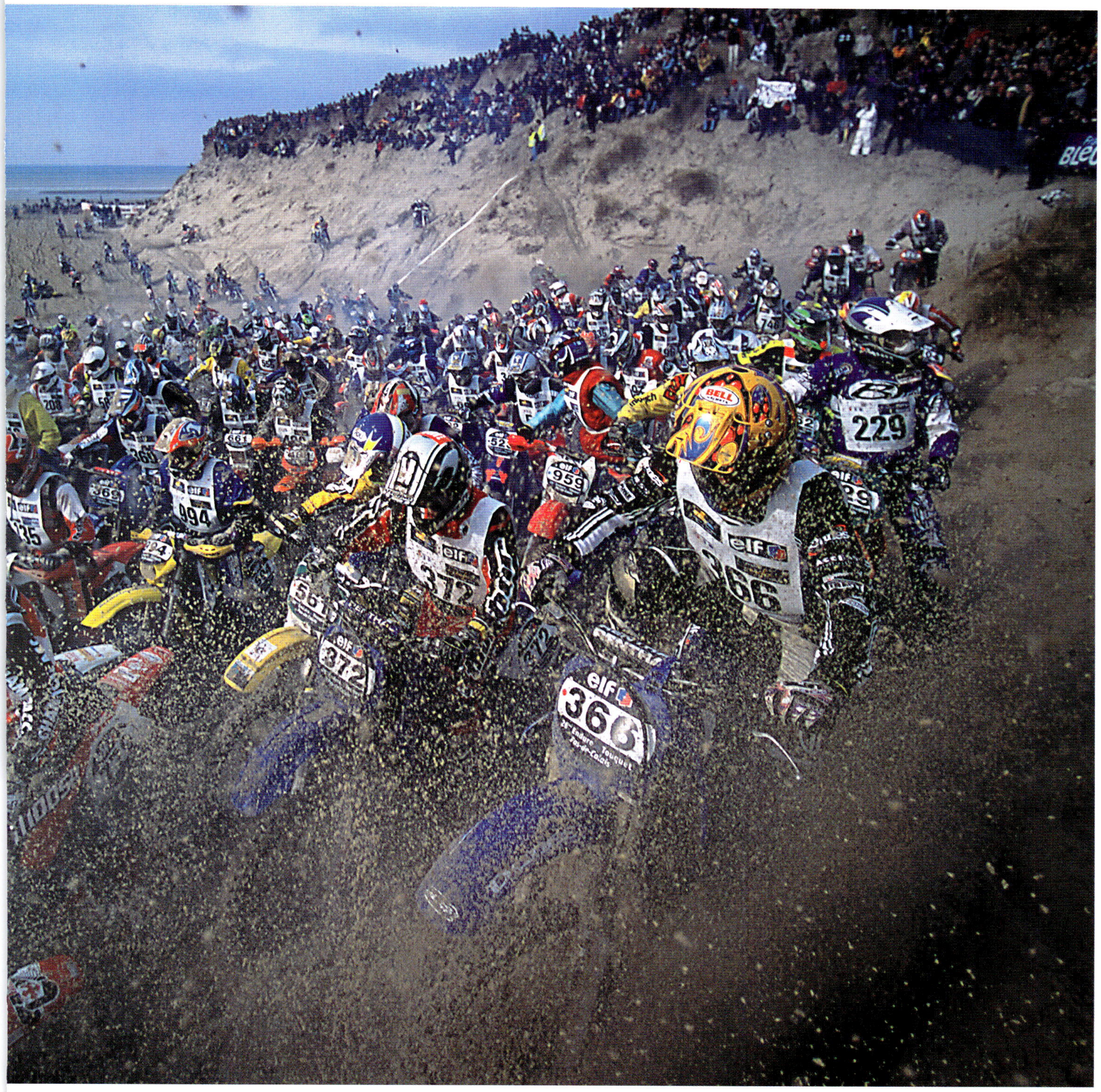

Links: **Enduro-Motorräder in Le Touquet**
„Die Enduro-Veranstaltung findet immer im Januar in den Dünen außerhalb von Le Touquet in der Nähe von Calais in Frankreich statt. Nachdem ich den Kurs abgelaufen war, entschied ich mich für den Flaschenhals an der ersten Kurve als idealen Aufnahmestandort. Ich wurde mit diesem bemerkenswerten Bild belohnt – aufgenommen mit einem 24 mm-Weitwinkelobjektiv und mit den Enduros vor und hinter mir. Das Adrenalin beim Aufnehmen eines solchen Motivs hat den Gedanken an Sicherheitsaspekte erst gar nicht aufkommen lassen. Allerdings machte ich mir nach dem Rennen bei der Bearbeitung der Bilder schon einige Gedanken über meinen Leichtsinn."

KAMERA: Canon EOS 1N
OBJEKTIV: 24 mm
ISO: 100
BLENDE: f/4
VERSCHLUSSZEIT: 1/1000 s
LICHT: Tageslicht
WETTER: Wolkig

Links außen: **Panamerikanische Spiele, Mar del Platta**
„Das grafische Foto des Radrennfahrers ist eines meiner Lieblingsbilder – aufgenommen vom oberen Absatz einer sehr steilen Treppe. Es ist eines der wenigen Bilder, die in meinem Haus hängen. Ich fotografierte während der panamerikanischen Spiele in Mar del Platta in Argentinien. Ich mag das harte Abendlicht, da es mir den kreativen Einsatz der langen Schatten ermöglichte."

KAMERA: Nikon F5
OBJEKTIV: 80–200 mm
ISO: 200
BLENDE: f/5.6
VERSCHLUSSZEIT: 1/1000 s
LICHT: Tagelicht
WETTER: Trocken, Abendsonne

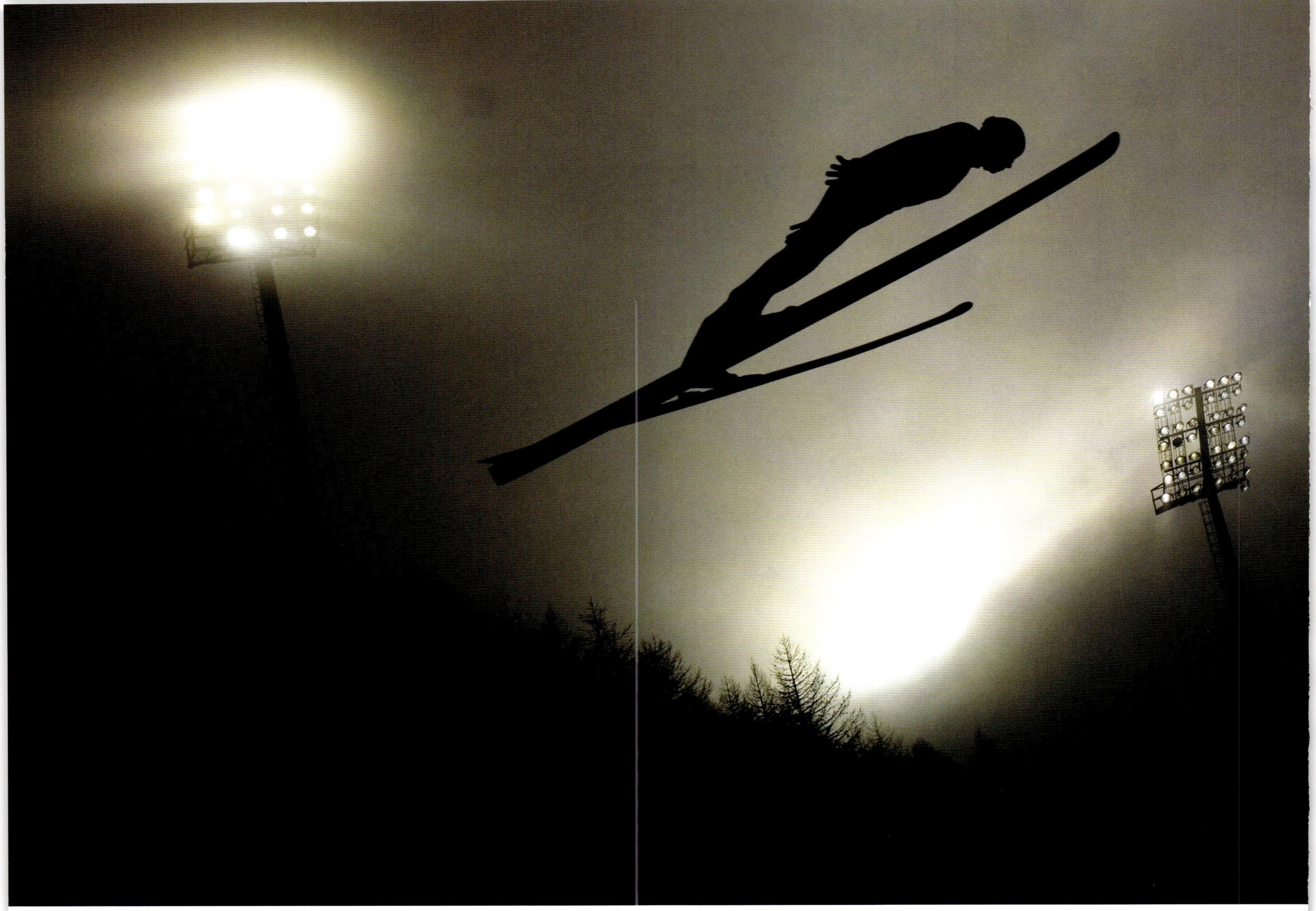

Skispringen der Männer, Olympische Winterspiele, Turin
„Die Olympischen Winterspiele in Turin brachten mir viele großartige Bilder, wobei diese Silhouette eines Skispringers zu den Favoriten gehört. Während des Sonnenuntergangs hatte ich für nur wenige Minuten das passende Licht im Abendnebel. Die Flutlichter benutzte ich dabei zur Unterstützung der Komposition. Das fertige Bild ist übrigens das Ergebnis von zwei Tagen, die ich mit Suchen und Experimentieren verbrachte."

KAMERA: Canon EOS 1Dn MKII
OBJEKTIV: 85 mm
ISO: 200
BLENDE: f/2.8
VERSCHLUSSZEIT: 1/1000 s
LICHT: Kunstlicht
WETTER: Eis und Schnee

Erfolgstipps

1) Wie ein Profi denken
Nehmen Sie möglichst viele Bilder auf. Experimentieren Sie mit unterschiedlichen Aufnahmewinkeln, Einstellungen und Bildkompositionen – die meisten Kameras sind heute digital, so dass keine Extrakosten anfallen. Das ist übrigens das Beste an der Digitalfotografie. Wählen Sie später nur die besten Fotos aus und löschen Sie den Rest.

2) Verschiedene Aufnahmewinkel ausprobieren
Ein Bild wird interessanter, wenn es aus ungewöhnlichen Winkel aufgenommen wird. Haben Sie keine Scheu, sich auf den Boden zu legen und das Objektiv auf Ihr Objekt zu richten. Umgekehrt können Sie auch nach oben klettern und dann nach unten fotografieren. Probieren Sie beides und behalten Sie das beste Foto.

3) Bildkomposition
Wenn ich durch den Sucher blicke, teile ich im Geiste das Bild mit drei horizontalen und drei vertikalen Linien auf – also im Raster der sogenannten Drittelregel. Das Auge bleibt beim Betrachten eines Fotos an den Schnittpunkten der Linien hängen. Deshalb ist es logisch, dass Sie das Aufnahmeobjekt an einem dieser Punkte platzieren. Ein gerader Horizont ist ebenfalls wichtig – nichts ist ärgerlicher als ein Foto, bei dem Horizont oder Aufnahmeobjekt schief sind!

4) Auf einen guten Hintergrund achten
Eines der wichtigsten Elemente ist für mich der Bildhintergrund – ein Bild ist nur dann gut, wenn auch der Hintergrund stimmt. Der Hintergrund darf nicht vom bildbestimmenden Objekt ablenken, sondern darf das Bild nur ergänzen. Ist das nicht der Fall, kann man das Teleobjektiv einsetzen und mit offener Blende fotografieren. Auf diese Weise wird der Hintergrund unscharf und lenkt nicht mehr vom (scharfen) Objekt ab.

5) Kürzere Verschlusszeiten einsetzen
Wenn beispielsweise Kinder in einem Park spielen und direkt in Richtung Kamera laufen, sollte die Verschlusszeit nicht länger als 1/500 s betragen. Wenn die Kinder parallel zur Kamera laufen, sollte die Verschlusszeit noch kürzer sein, also nicht unter 1/1000 s. Ziehen Sie die Kamera mit, folgen Sie dem Geschehen und drücken Sie dann den Auslöser möglichst sanft, um den Höhepunkt der Action einzufangen. Falls Sie ein Weitwinkel nutzen und das Objekt den Ausschnitt ausfüllt, müssen Sie eine extrem kurze Verschlusszeit einstellen, mindestens aber 1/2000 s.

6) Bewegung mit langer Verschlusszeit abbilden
Arbeiten Sie ruhig mit 1/15 s oder länger – schlechte Aufnahmen können Sie noch immer löschen. Eine häufig von Sportfotografen eingesetzte Technik ist das Mitziehen der Kamera mit dem Objekt. Eine Verschlusszeit um die 1/60 s friert das Hauptaufnahmeobjekt ein und versieht den Hintergrund mit Bewegungsunschärfe.

7) Keine Angst vor Gegenlichtaufnahmen
Gegenlicht kann zu äußerst interessanten Bildern führen. Ich bastle mir häufig aus schwarzem Karton eine extra lange Gegenlicht- bzw. Sonnenblende, besonders wenn die Sonne ganz niedrig steht. Ich wundere mich oft über die zu kurzen Gegenlichtblenden, die von den Herstellern von Teleobjektiven angeboten werden.

8) Eine gute Fototasche ist wichtig
Ich selbst trage einen bequemen Rucksack. Sportfotografie hat viel mit Geduld zu tun – eine unbequeme Fototasche ist alles andere als eine Unterstützung für gute Fotos, besonders, wenn man sich unwohl fühlt.

9) Bilder auf dem Kameramonitor prüfen
Professionelle Fotografen haben früher mit Polaroid-Rückteilen ihre Bilder überprüft. Digitale Kameras verfügen dagegen über einen Monitor, um die Aufnahmen prüfen zu können. Benutzen Sie ihn auch, um Ihr Timing zu kontrollieren. Der Monitor ist das wichtigste Zubehör beim Fotografieren schneller Aktionen.

10) Blitz mit Bewegungsunschärfe einsetzen
Ich fotografiere häufig mit einer langen Verschlusszeit (etwa 1/8 s) und mit etwas Blitzlicht. Die Synchronisation auf den zweiten Verschlussvorhang ist eine Erweiterung dieser Technik. Normalerweise wird der Blitz synchron zum ersten Verschlussvorhang ausgelöst bzw. wenn der Verschluss voll geöffnet ist. Die Synchronisation auf den zweiten Verschlussvorhang zündet den Blitz unmittelbar vor dem Schließen dieses Vorhangs, also am Ende der Belichtung. Der Blitz wird also genau im richtigen Moment ausgelöst, um Unschärfe hinter dem Objekt zu erzeugen, wodurch die Bewegung betont wird.

Workshop

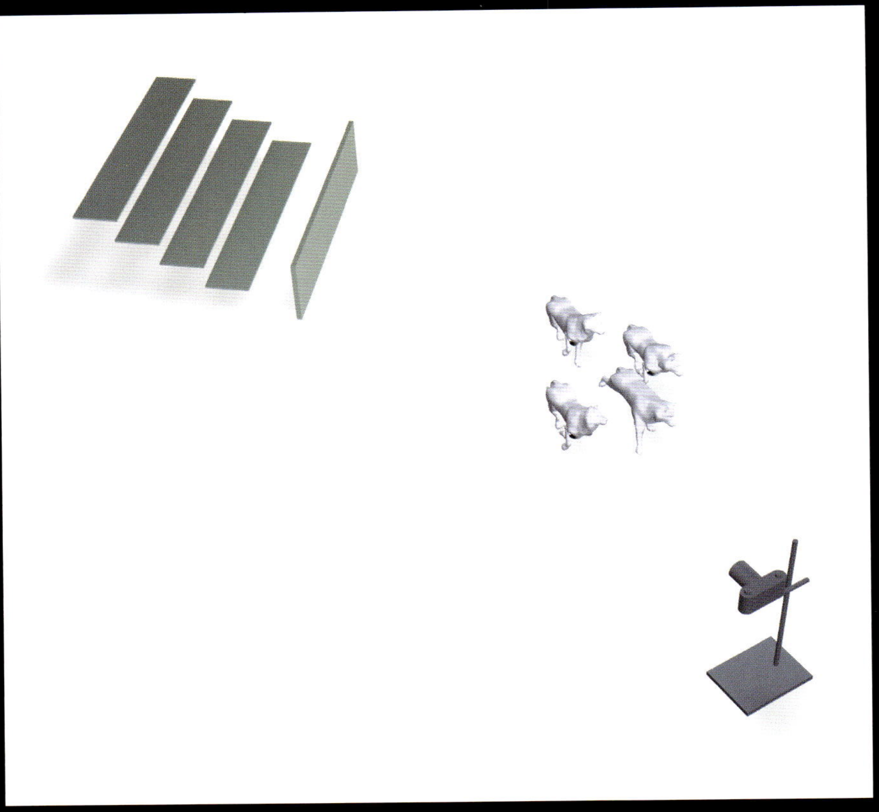

Windhundrennen, Hackney Dog Track
Ist der Bildhintergrund wie hier langweilig und uninteressant, arbeitet Martin mit einem Teleobjektiv und fotografiert mit der größtmöglichen Blende – das Objekt steht dann vor einem unscharfen Hintergrund. „Ich mag den Kontrast zwischen dem jungen und energiegeladenen Tier links und dem alten Hund rechts! Ich fotografierte in dieser Kurve, da nur hier der Hintergrund gut war. Allerdings hatte ich Probleme, den richtigen Moment einzufangen – selbst alte Hunde laufen noch schnell wie der Wind!"

Technische Daten

KAMERA: Nikon F5

OBJEKTIV: 500 mm

ISO: 400

BLENDE: f/4

VERSCHLUSSZEIT: 1/1000 s

LICHT: Tageslicht

WETTER: Wolken

Ausrüstung

- Drei Canon EOS 1D MKII- Kameras
- Zwei Canon EOS 1Ds MKII- Kameras
- Vier Canon EOS 1Dn MKII- Kameras
- Objektive von 14 bis 600 mm
- Gegenlichtblenden für alle Objektive
- Zwei 1.4 x Telekonverter
- Ein 2 x Telekonverter
- Canon 580-EX Blitzgerät
- Reserveakkus
- CF-Speicherkarten
- Wetterfeste Jacke
- Bequemer Rucksack

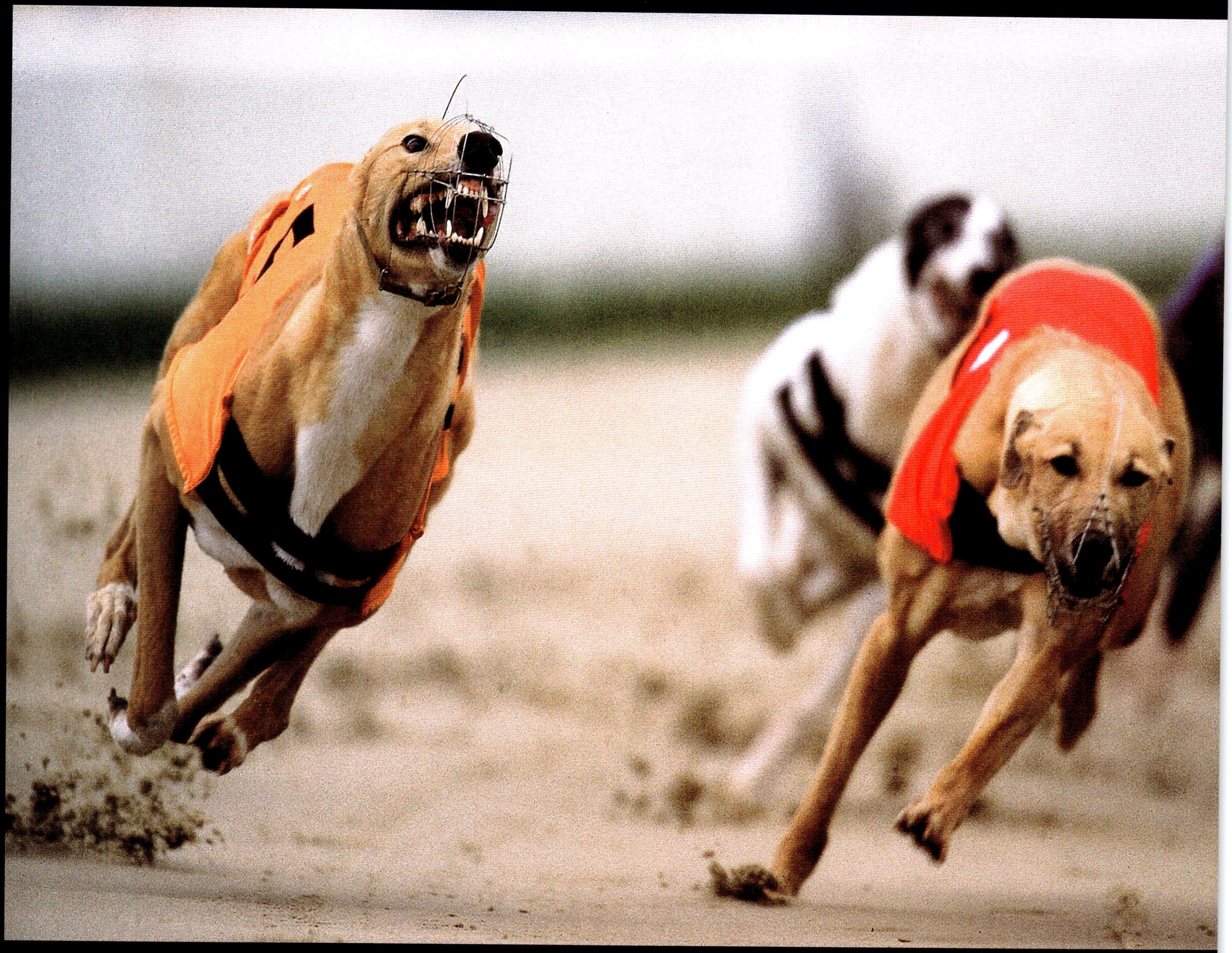

Bob Martin

Dave Rogers

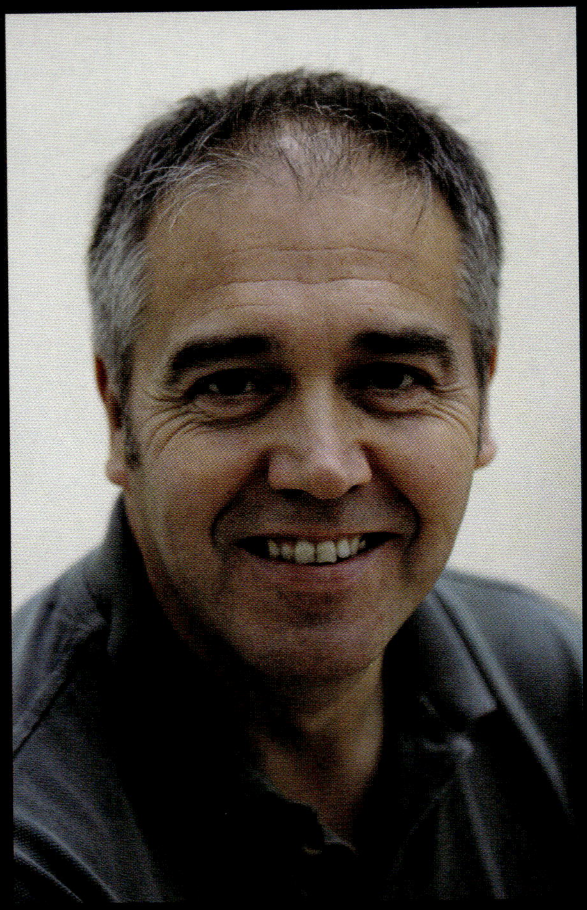

Rugby

Dave Rogers, als Stock-Fotograf und Rugby-Spezialist fest bei Getty Images im Sattel, ist in großem Maße mitverantwortlich für die positive Entwicklung dieser Sportart. Rogers Leidenschaft für Rugby und die Fotografie kamen zusammen, als er von West Midlands Press engagiert wurde – nach seinem Abschluss in *National Council Press Photography* am Wednesbury College in 1974. Eigentlich sollte Dave eine Karriere als Buchhalter beginnen, doch ihm fehlte jegliche Begabung für diesen Beruf – stattdessen gab ihm sein Liebe zum Sport die Richtung vor. „Schon nach einer Woche hatte ich den Buchhalterjob wieder aufgegeben, da er mich langweilte und ich ihn sogar hasste. Ich war schon auf der Warteliste für das Wednesbury College, und als jemand am Freitag aufgab, startete ich bereits am Montag im College mit dem Fotokurs." Nach dem Abschluss begann Rogers ganz solide bei den *Sutton Coldfield News*, wo er seinen Fototraum mit dem von ihm favorisierten Fußballteam Wolverhampton Wanderers verwirklichte. Ende der 1970er-Jahre lernte er Bob Thomas kennen, einen bekannten Agenten für Sportfotografen. Rogers kam 1992 zu Allsport, eine namhafte Agentur für Sportfotos – heute ein Teil von Getty Images. Sobald es um Aufnahmen von Top-Rugby-Teams geht, ist Rogers nicht weit entfernt – mit einem schon unheimlichen Riecher, zur richtigen Zeit am richtigen Platz zu sein.

Interview

AS: Was war Ihre erste Kamera überhaupt?

DR: Eine Pentax Spotmatic SP-500. Ich habe mir sie ziemlich überhastet gekauft, kurz bevor der Fotokursus im College begann, und einen Tag, nachdem ich meinen Buchhalterjob aufgegeben hatte.

AS: Kann man also wie bei vielen erfolgreichen Fotografen sagen, dass es zu einem bestimmten Zeitpunkt einen „glücklichen Umstand" gab?

DR: Das Zusammentreffen mit Bob Thomas, der eine eigene Sportbildagentur betrieb. Das gab mir die Möglichkeit, zu reisen und bei großen Sportveranstaltungen zu fotografieren. Ich verdanke auch viel Colin Elsey, wohl der einflussreichste Fotograf für Rugby. Von ihm stammt das bekannteste Foto dieser Sportart – der für England und die Lions spielende schlammbedeckte Fran Cotton – und ich habe während unserer Freundschaft viel gelernt. Colin starb leider kurz vor dem Rugby World Cup 2003 und konnte mehr nicht erleben, wie England die Meisterschaft gewann.

AS: Warum haben Sie sich nicht mit anderen Fotothemen beschäftigt, wie beispielsweise Mode oder Studio?

DR: Warum an einem Schreibtisch hocken, wenn man draußen die interessantesten Leute treffen kann, unterwegs ist und das Gefühl hat, Teil einer der intensivsten Sportarten zu sein?

AS: Fotografieren Sie das, was Sie möchten, oder reden Dritte bei Ihren Fotos mit?

DR: Mir geht es wie allen guten Fotografen – ich kann nicht einfach nur so fotografieren, sondern muss vorausplanen. Ich fotografiere das, was meinem Gefühl nach am besten das jeweilige Spiel widerspiegelt, und was viel mehr Planung erfordert, als die meisten Leute meinen. Ich habe genügend Erfahrung und weiß daher, welche Bilder die Zeitungen wollen.

AS: Wo sind Sie zuhause? Wo arbeiten Sie am liebsten?

DR: Ich reise durch die ganze Welt, um die wichtigsten Rugby-Turniere und -Spiele aufzunehmen. Ich habe in Südafrika, Argentinien, Schottland, Italien, Irland, Wales, Rumänien, Frankreich, Australien, Neuseeland und natürlich in England fotografiert. Ich gehe dorthin, wohin mich das Rugby ruft.

AS: Wohin reisen Sie besonders gern?

DR: Alle Drei-Nationen-Veranstaltungen in Neuseeland, Australien und Südafrika – mein Favorit.

AS: Was mögen Sie am liebsten an Ihrem Job?

DR: Die Reisen und den Adrenalinstoß, den ich immer dann bekomme, wenn ich bei diesem schnellen Spiel alle fotografischen Anforderungen erfüllen kann.

AS: Was ist aus technischer Sicht bei Ihrer Art von Fotografie am schwierigsten?

DR: In der heutigen digitalen Fotografie gibt es einige Kameraeinstelllungen, die aus ästhetischer Sicht problematisch sind. Und die Terminvorgaben der Tageszeitungen – meine Bilder werden bereits drei Minuten nach Spielende übertragen. Das kann – wie die Bildbearbeitung direkt nach dem Spiel – ziemlich stressig sein. Es gibt kaum Pausen, wenn ich im Stadion fotografiere. Und dann ist da noch die Konkurrenz anderer Fotografen von Top-Agenturen wie Reuters und Associated Press, was oft ein wahnsinniges Rennen nach sich zieht.

AS: Wann sind Sie am meisten beschäftigt?

DR: Rugby wird weltweit gespielt und es ist immer viel los. Dennoch konzentriere ich mich stärker im Winter auf den Rugby-Sport.

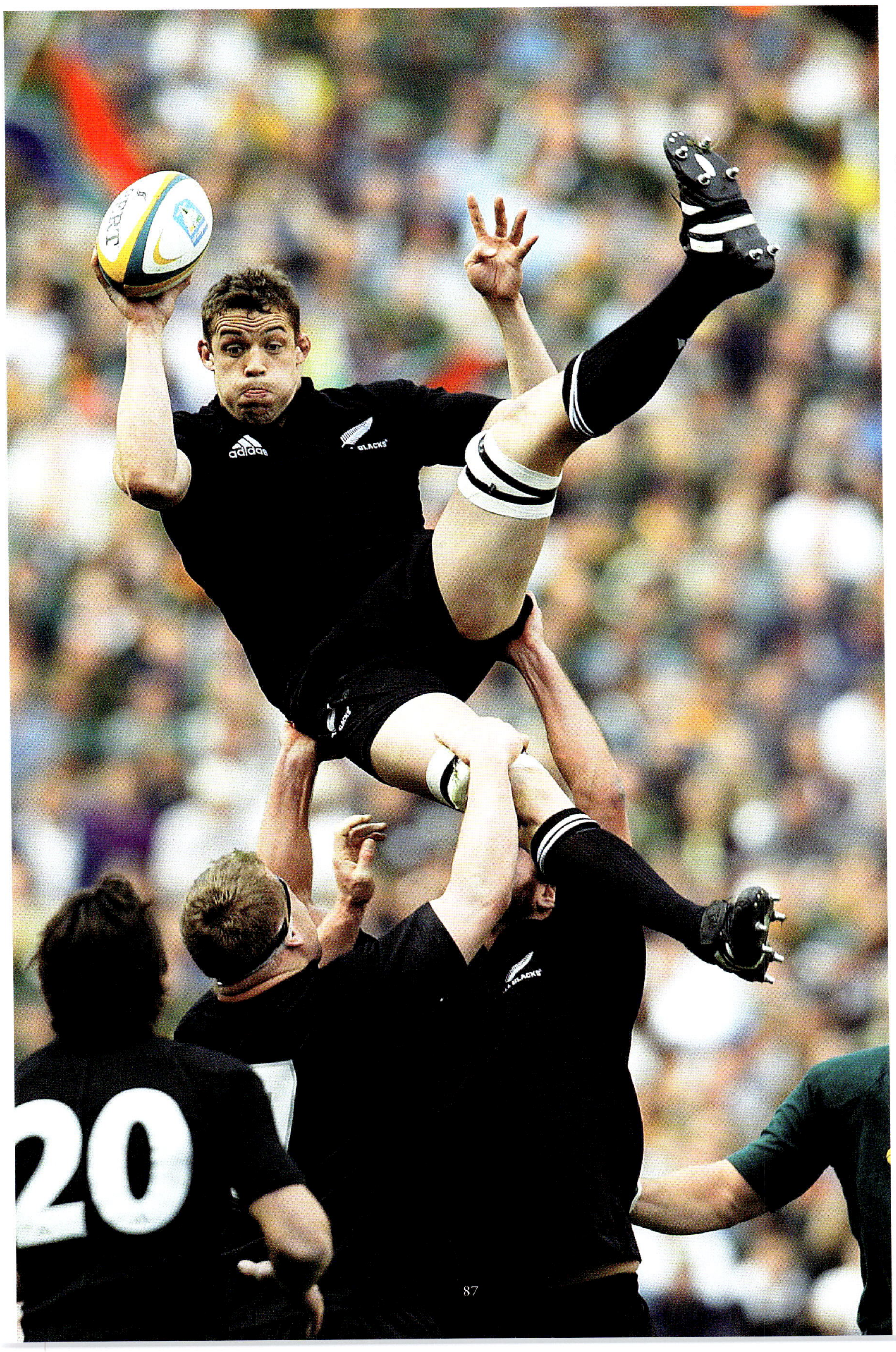

Südafrika gegen Neuseeland, Ellis Park
Jono Gibbes, Flanker von Neuseeland, springt beim Line-Out während eines spannenden Drei-Nationen-Spiels nach dem Ball. Das Bild zeigt gut die Gefahren für einen Jumper beim Line-Out – Gibbes verliert die Balance und fällt trotz der Unterstützung seiner Teamkollegen rückwärts.

KAMERA: Canon EOS 1Ds MKII
OBJEKTIV: 400 mm mit 1.4 x Telekonverter
ISO: 500
BLENDE: f/2.8 (f/4)
VERSCHLUSSZEIT: 1/640 s
LICHT: Tageslicht
WETTER: Hell

Dave Rogers

Leicester Tigers gegen Northampton Saints, Welford Road
Lewis Moody, Flanker von Leicester, springt in einer Lineout-Aktion mit Andrew Blowers von Northampton. Die geringe Schärfentiefe betont die Aktion vor den Zuschauern, und zeigt auch die Regentropfen während die große Blende die Belichtungszeit verkürzt und so die Action vor einem unruhigen Hintergrund isoliert.

KAMERA: Canon EOS 1Ds MKII
OBJEKTIV: 400 mm
ISO: 800
BLENDE: f/2.8
VERSCHLUSSZEIT: 1/500 s
LICHT: Mischlicht, Tages- und Kunstlicht
WETTER: Regen

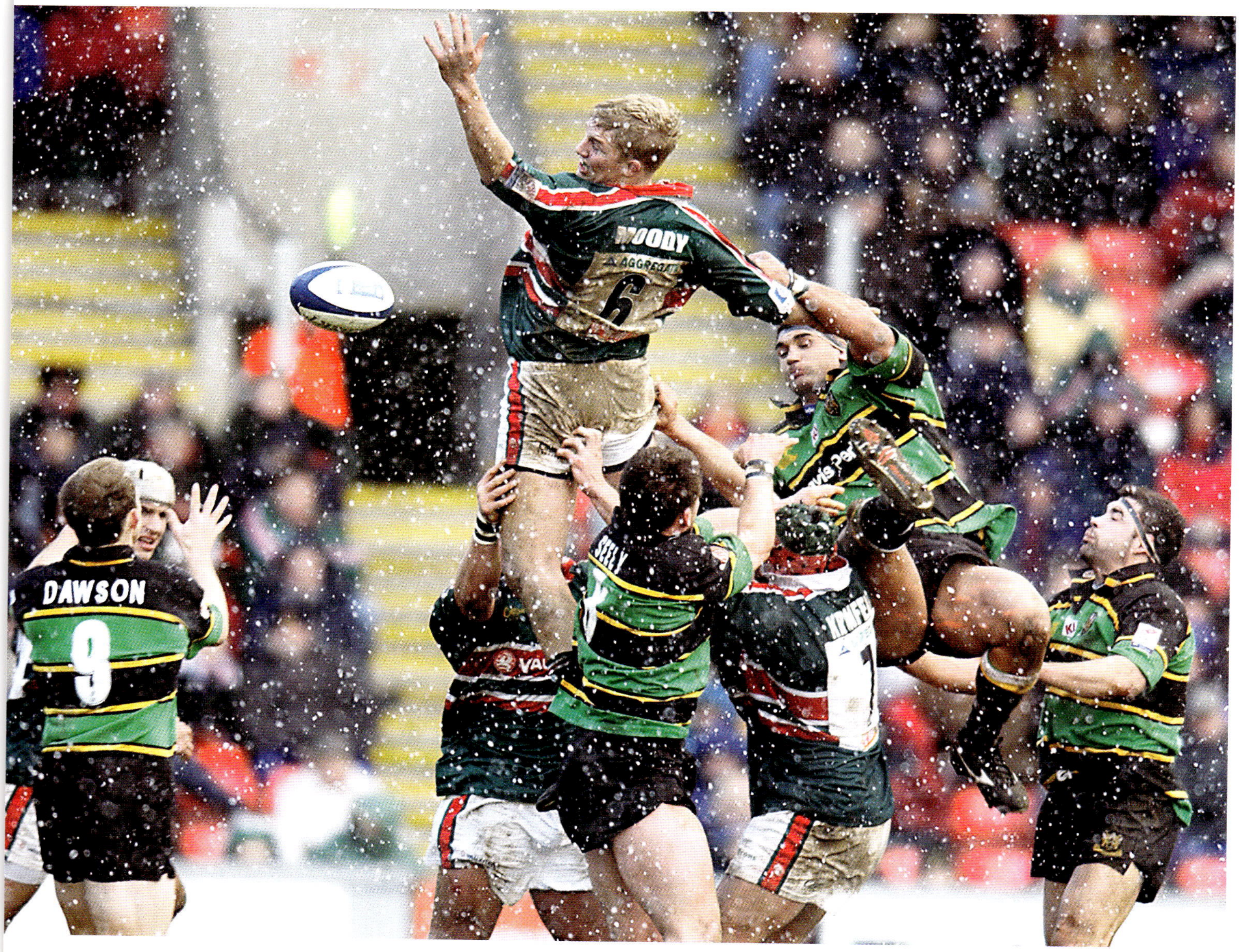

Northampton Saints gegen Newport Gwent Dragons, Franklin's Gardens
Bruce Reihana, Kapitän der Northampton Saints, hechtet über die Try-Linie ins Malfeld, um im Match gegen die Newport Gwent Dragons fünf Punkte zu holen. Rogers benutzte eine kurze Verschlusszeit bei künstlichem Licht, um den Spieler im Flug gestochen scharf einzufangen.

KAMERA: Canon EOS 1Ds MKII
OBJEKTIV: 400 mm
ISO: 1200
BLENDE: f/2.8
VERSCHLUSSZEIT: 1/400 s
LICHT: Kunstlicht
WETTER: Trocken

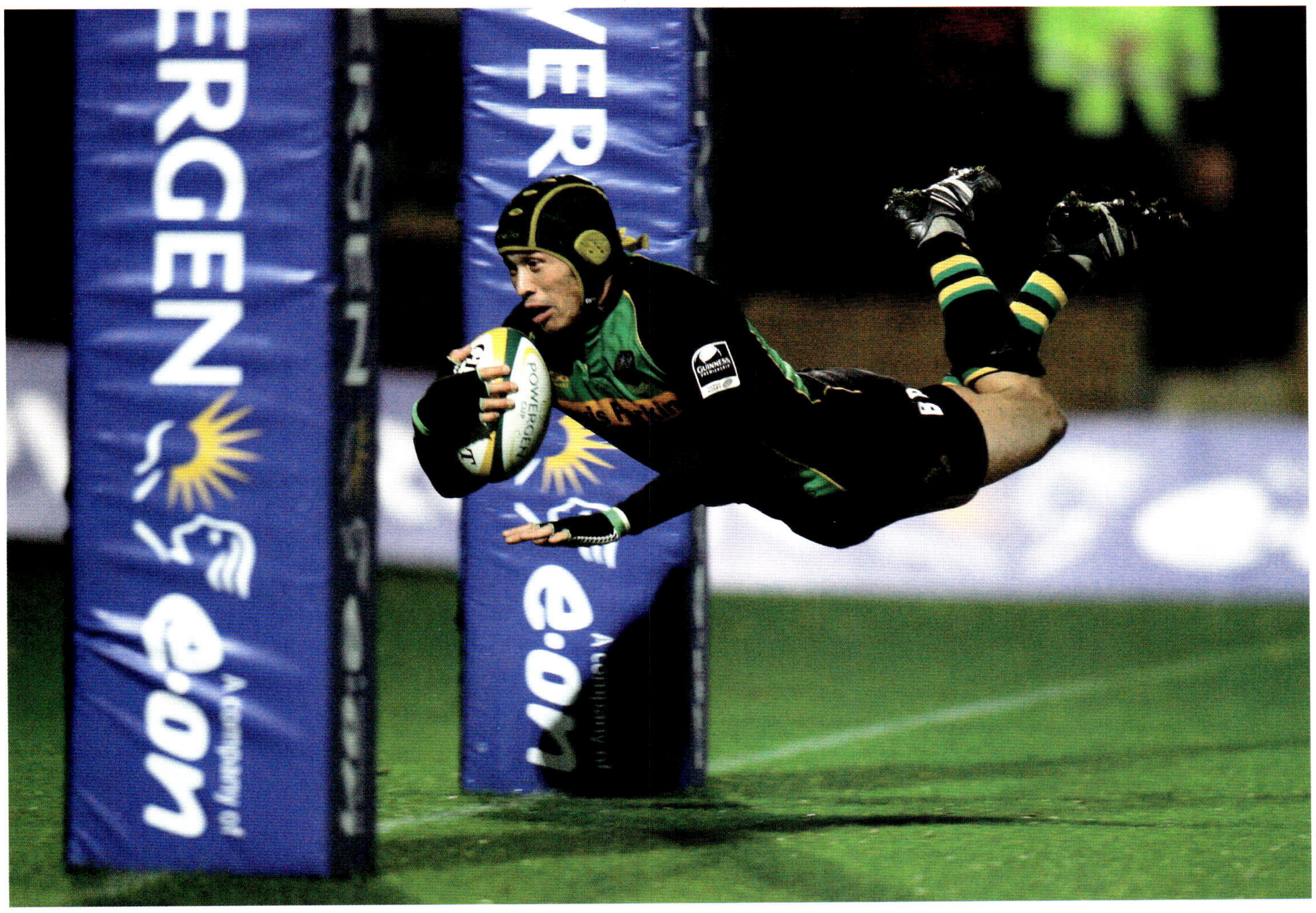

AS: Wie würden Sie Ihren persönlichen Fotostil bzw. Ihre Fototechnik beschreiben?

DR: Wenn meine Kamera richtig ausgerichtet ist, ist volle Konzentration nötig, um den Auftrag zu erledigen. Nur wenn England ein großes Spiel hat, werde ich nervös. Aber ich habe gelernt, meine Emotionen abzuschalten und mich auf meinen Job zu konzentrieren. Man kann sich nicht die Seele aus dem Leib schreien, nur weil einem gerade danach ist.

AS: Erzählen Sie etwas über Ihre Ausrüstung. Mit welchem Kamerasystem arbeiten Sie und warum?

DR: Zwei Canon EOS 1Ds MKII, einige Blitzgeräte (immer mit frischen Batterien – wichtig für die Ehrenrunden) und Objektive mit den Brennweiten 16–24 mm, 35–70 mm und 70–200 mm – eines davon immer am Reservegehäuse, um während des Spiels keine Objektive wechseln zu müssen. Mein Arbeitspferd ist das große 400 mm f/2.8-Objektiv, manchmal zusammen mit einem Telekonverter. Mein System ist schnell und entspricht meiner Art zu fotografieren. Nur wenn ich sofort reagiere, kann ich großartige Bilder aufnehmen.

AS: Mit welchen Objektiven/Brennweiten arbeiten Sie besonders häufig?

DR: Das 400 mm f/2.8 ist mein Standardobjektiv, ich benutze aber auch das 70–200 mm für Action nahe der Try-Linie.

AS: Welche Bilder sind besonders schwierig aufzunehmen?

DR: Fotos während der Nacht sind schwierig, wenn das Spielfeld mit Flutlicht beleuchtet ist – die meisten Rugby-Felder sind dafür berüchtigt.

Jonny Wilkinson, Kingston Park
Eine schöne Silhouette mit Englands Fly-Half (Spielemacher) Jonny Wilkinson beim Training in der Abenddämmerung. Ein kraftvolles und künstlerisches Bild zugleich. Rogers lag bäuchlings auf dem Boden und bat Wilkinson, das Bein nach dem Schuss noch in der Luft zu halten. Die Aufnahmeposition und das 17 mm-Weitwinkelobjektiv verleiht dem Himmel Ausdruck und betont die düstere Stimmung.

KAMERA: Canon EOS 1Ds MKII
OBJEKTIV: 17 mm
ISO: 400
BLENDE: f/8
VERSCHLUSSZEIT: 1/500 s
LICHT: Tageslicht, Dämmerung
WETTER: Wolkig

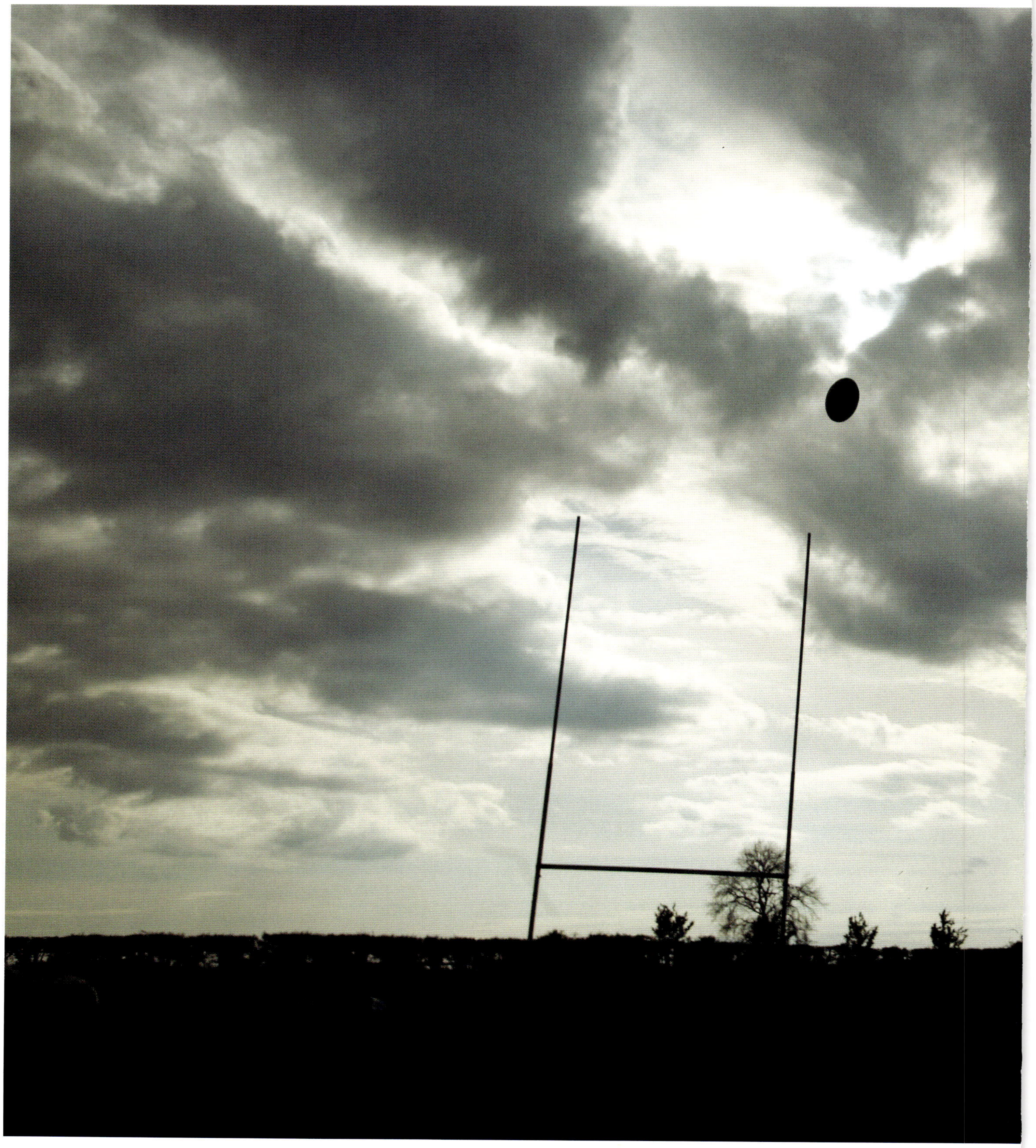

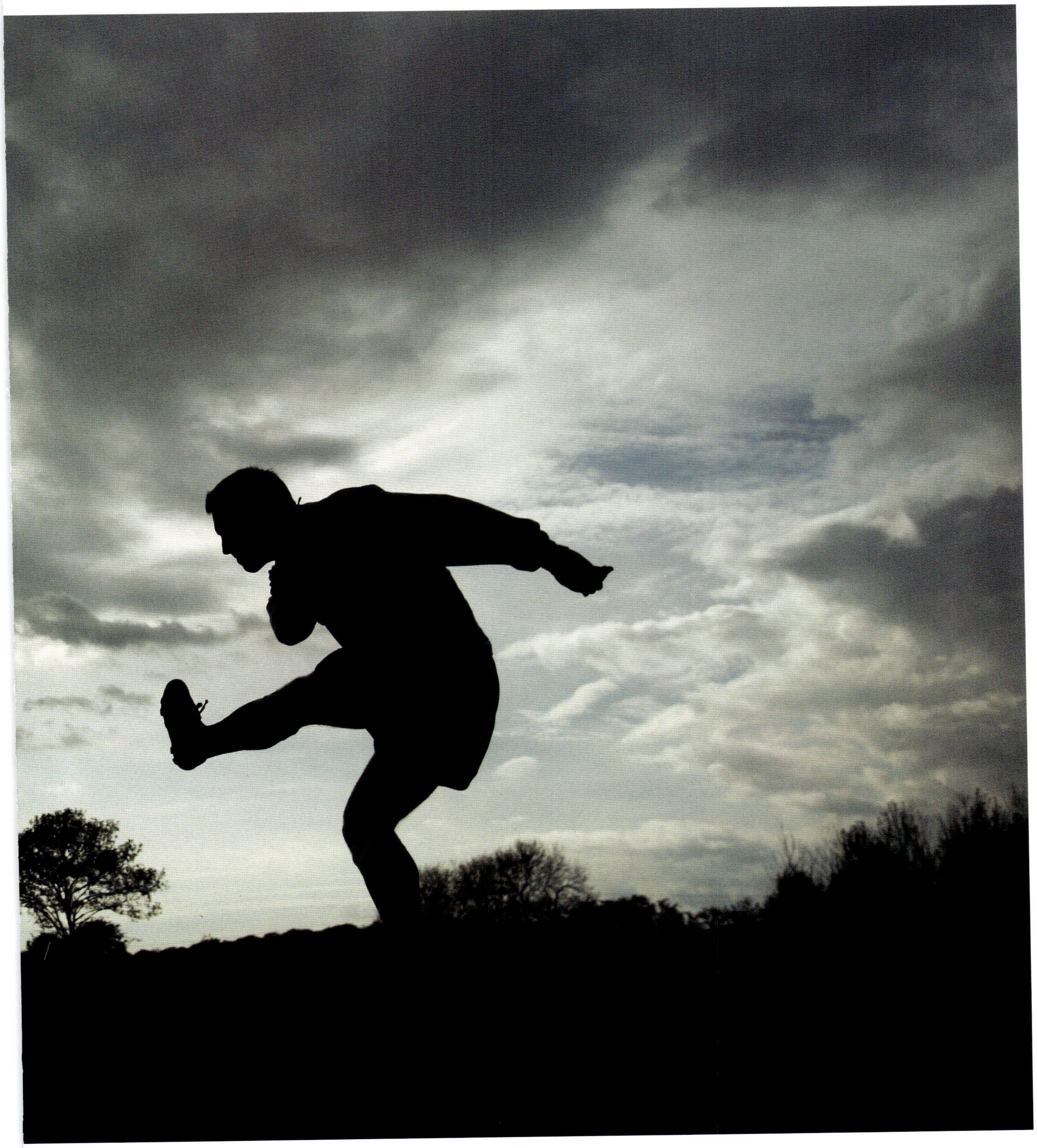

Dave Rogers

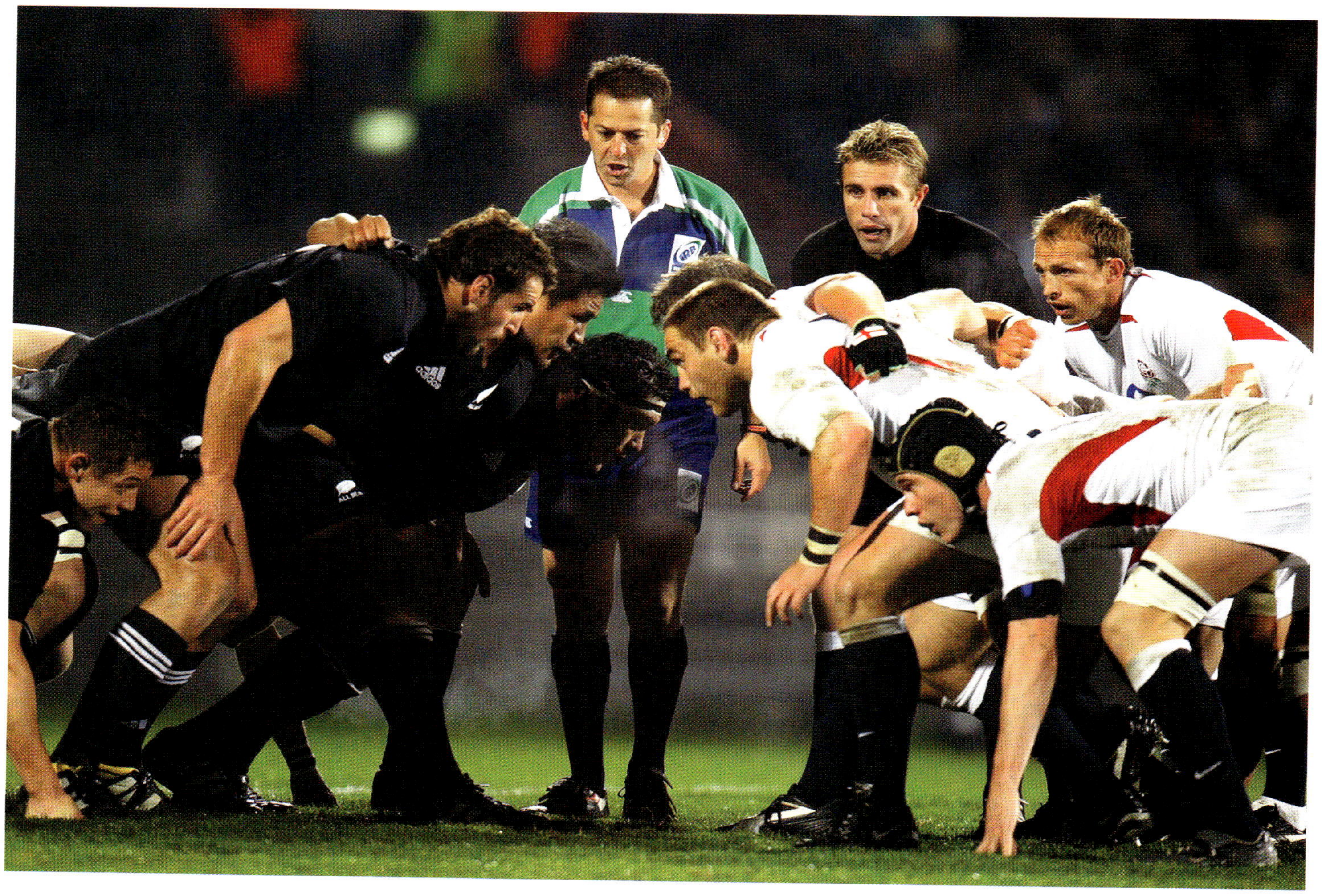

Neuseeland gegen England, Carisbrook Stadion
Die New Zealand All Blacks und Englands erste Reihe bereiten ein Scrum (Gedränge) vor – die Konzentration der Spieler spiegelt sich in den Gesichtern wider. Der Schiedsrichter in der Mitte und der Dunst der Spieler in der kalten Nacht betont die angespannte Spielatmosphäre.

KAMERA: Canon EOS 1Ds MKII
OBJEKTIV: 400 mm
ISO: 1200
BLENDE: f/2.8
VERSCHLUSSZEIT: 1/500 s
LICHT: Kunstlicht
WETTER: Feucht

AS: Bevorzugen Sie Film oder Digital und warum?

DR: Die Fortschritte der digitalen Fototechnik sind immens und ich glaube nicht, dass das Tempo der heutigen Sportfotografie nachteilig für die Bildqualität ist. Ich versuche stets, meinen Standard ganz hoch zu halten. Druck führt immer zu Ergebnissen, so auch in der Sportarena. Ich habe früher viel Zeit damit verbracht, Filme auf Toiletten oder in anderen engen Räumen auf der ganzen Welt zu entwickeln – schon deshalb werde ich nie wieder mit Film arbeiten.

AS: In welchem Umfang werden Ihre Arbeiten von der digitalen Bildbearbeitung beeinflusst?

DR: Kaum, vielleicht Staub entfernen. Das Foto als solches nicht zu manipulieren, ist für mich ein Muss.

AS: Wie entstehen die Ideen für Ihre Bilder?

DR: Ich sehe mir oft die Arbeiten anderer Leute an und bin stets bereit, Neues in mich aufzunehmen und zu lernen.

AS: Was hält die Zukunft für Sie bereit?

DR: Ich möchte mich neuen Herausforderungen stellen und z.B. in einem anderen Land als Großbritannien leben. Mit einer weltweit vertretenen Agentur wie Getty Images wird es dafür immer eine Gelegenheit geben.

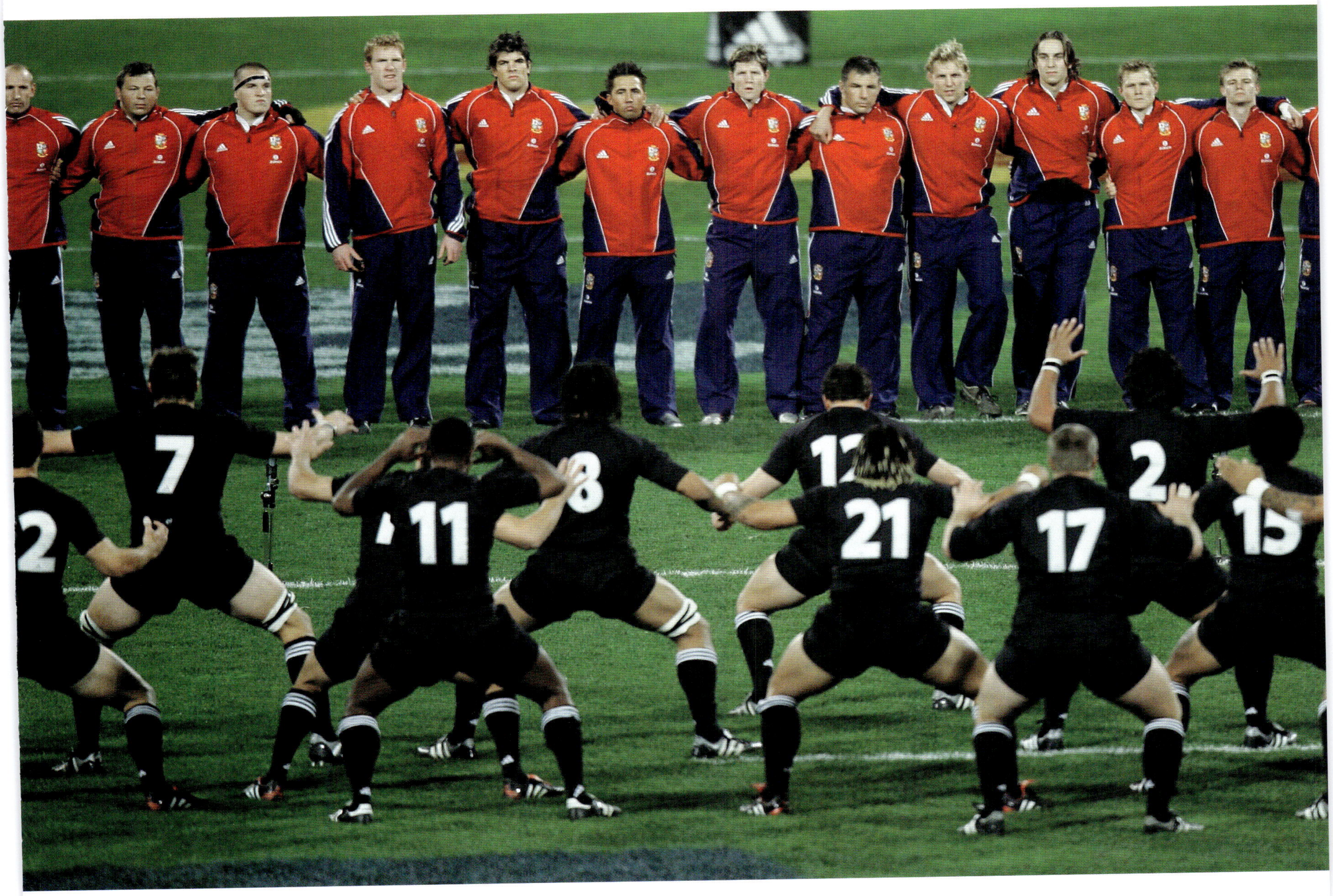

Neuseeland gegen British & Irish Lions, Westpac Stadion
Die Lions von Angesicht zu Angesicht mit dem berühmten „Haka“ der All Blacks vor dem zweiten Spiel beider Mannschaften während der Lions-Tour 2005. Die nahezu symmetrische Bildkomposition zeigt die Anspannung schon während der Aufwärmphase. Rogers befand sich hinter dem Tor am Ende des Stadions und fotografierte mit dem 400 mm-Objektiv und einem 1.4 x Telekonverter, um die Bildaussage noch mehr zu verdichten.

KAMERA: Canon EOS 1Ds MKII
OBJEKTIV: 400 mm mit 1.4 x Telekonverter
ISO: 1000
BLENDE: f/2.8
VERSCHLUSSZEIT: 1/250 s
LICHT: Kunstlicht
WETTER: Trocken

Dave Rogers

Leicester Tigers gegen Bath Rugby, Welford Road
Sam Vesty von Leicester (links) beim Tackling mit Andy Higgins von Bath. Beide Spieler sind mit ihren Füßen in der Luft – der Fotograf hat die Wucht des Zusammenstoßes in dieser Szene perfekt eingefangen. Dieses Foto gehört zu Rogers Favoriten und wurde am nächsten Tag von den meisten Tageszeitungen, die über dieses Spiel berichteten, abgedruckt.

KAMERA: Canon EOS 1Ds MKII
OBJEKTIV: 400 mm mit 1.4 x Telekonverter
ISO: 400
BLENDE: f/2.8 (f/4 mit Telekonverter)
VERSCHLUSSZEIT: 1/500 s
LICHT: Tageslicht
WETTER: Wolkig

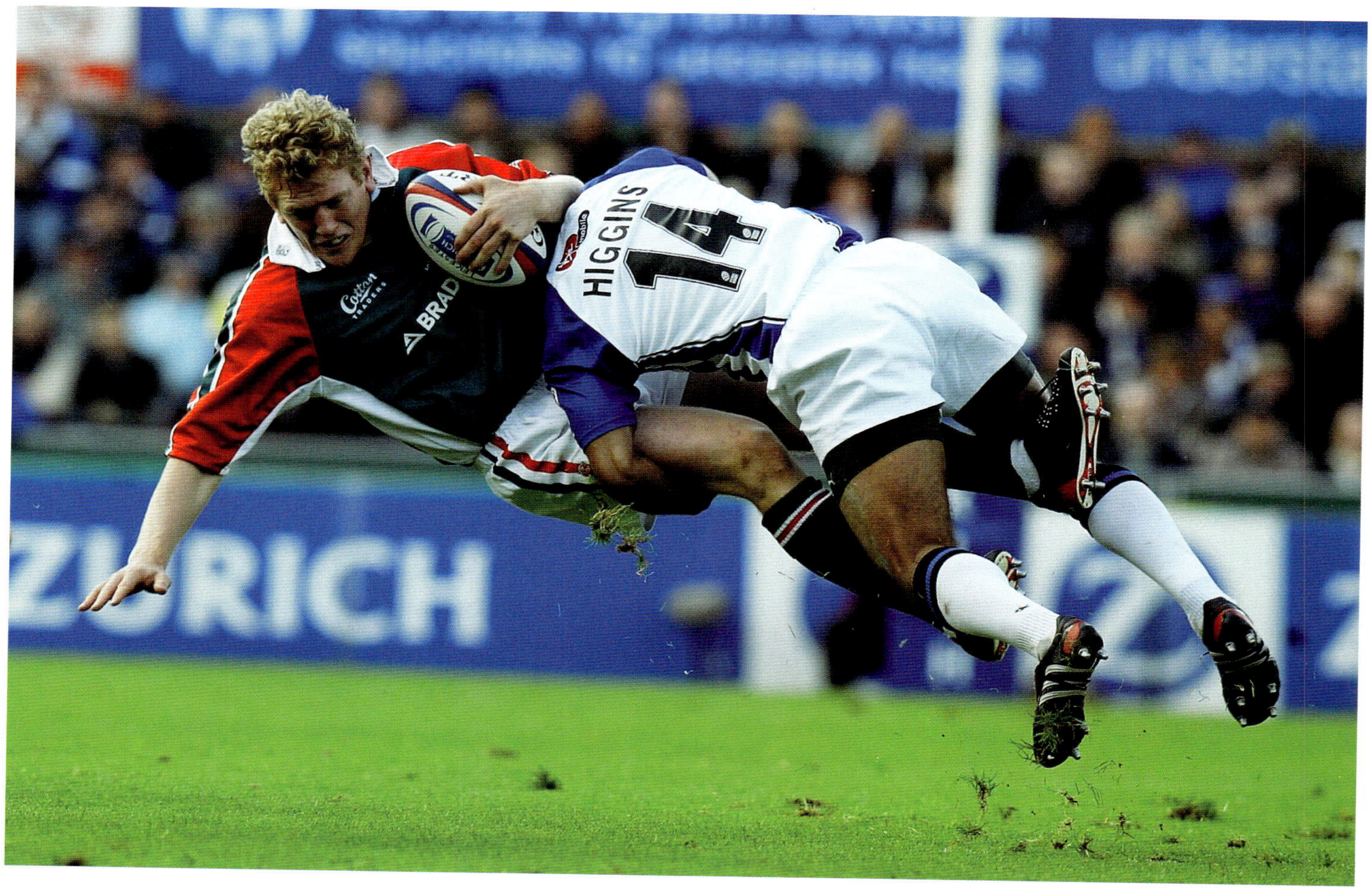

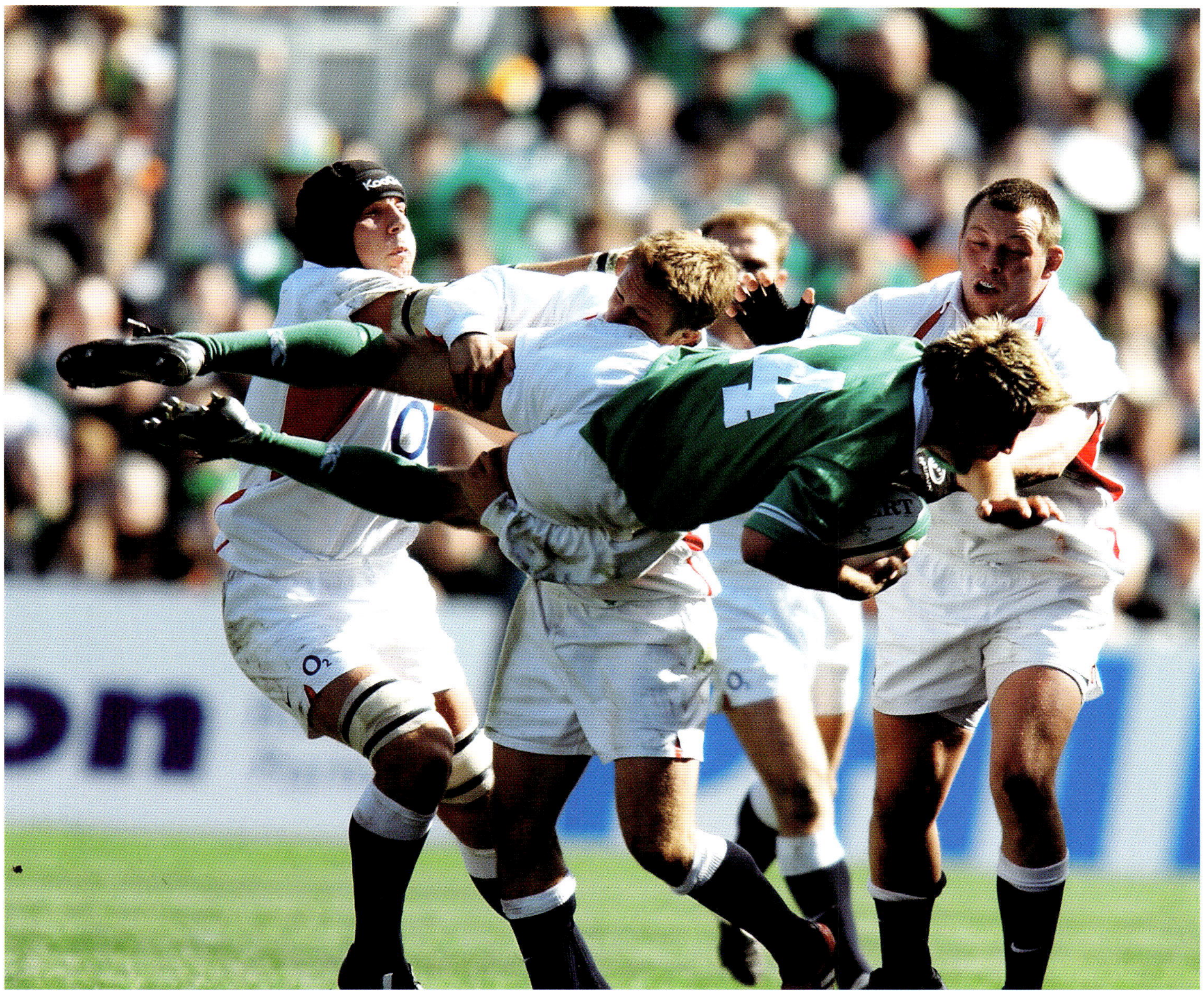

Irland gegen England, Lansdowne Road
Justin Bishop (Irland) wird von Jonny Wilkinson (England) im Entscheidungsspiel beim Six Nations Championship Grand Slam aufgemischt. Die horizontale Position des angegriffenen Spielers steht im Kontrast zum restlichen Bild. Rogers erinnert sich: „Diese Aufnahme war verdammt schwierig, da ich aus dem Schatten heraus fotografieren musste, die Action aber im grellen Sonnenlicht ablief."

KAMERA: Canon EOS 1Ds MKII
OBJEKTIV: 400 mm
ISO: 200
BLENDE: f/4
VERSCHLUSSZEIT: 1/100 s
LICHT: Tageslicht, Schatten
WETTER: Sonnig, teilweise bedeckt

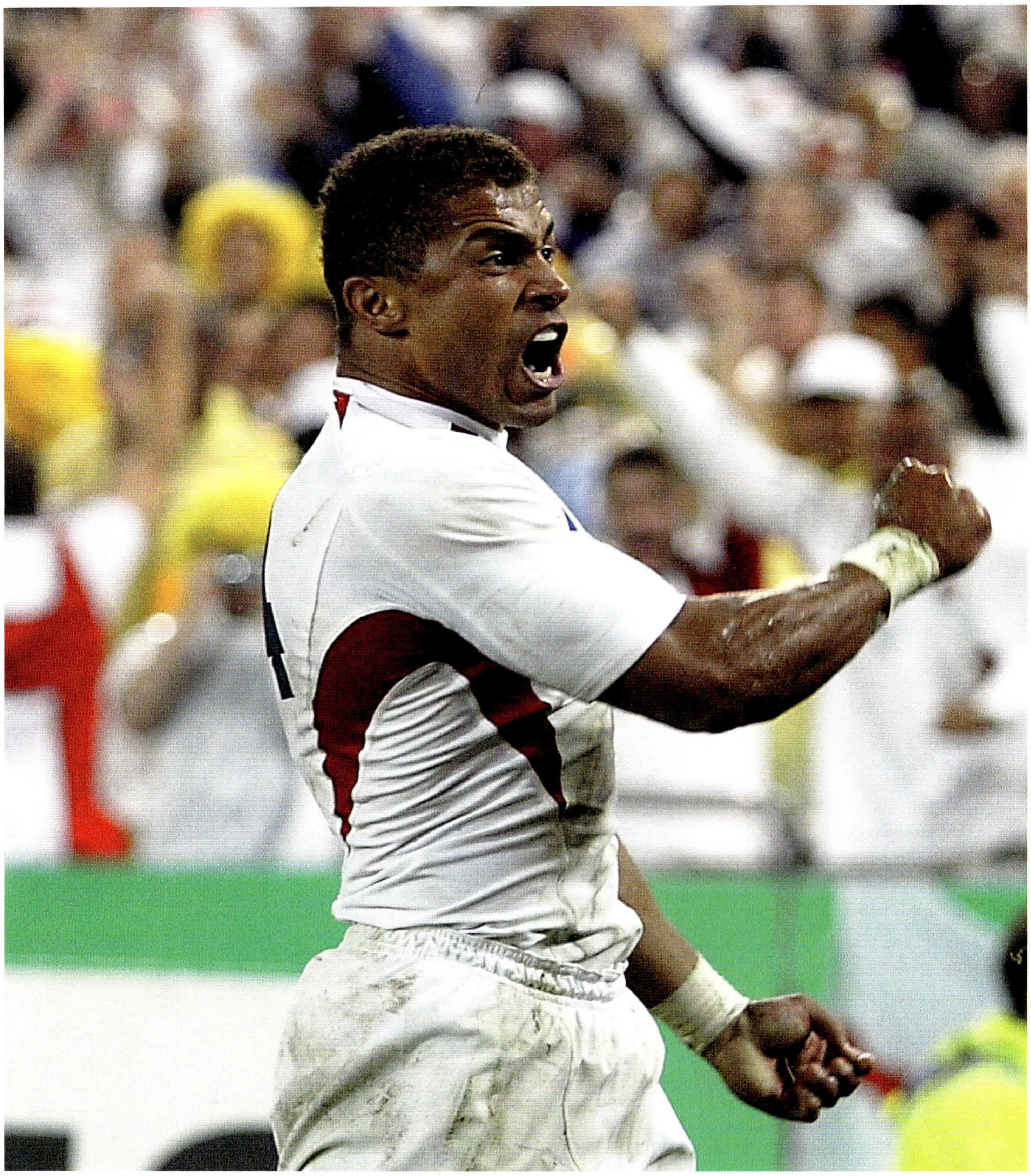

Jason Robinson, Australien gegen England, Endspiel Rugby World Cup, Telstra Dome
Jason Robinson (England) mit einem Freudenschrei beim Endspiel zwischen Australien und England während des Rugby World Cups. Rogers fängt die Emotionen des Spielers ein, kurz nachdem dieser über die Linie hechtete und Punkte mit Englands einzigem Try in diesem Spiel machte. Das Stadion war hell mit Flutlicht ausgeleuchtet – eine Situation, die häufig den Belichtungsmesser der Kamera irren lässt.

KAMERA: Canon EOS 1Ds MKII
OBJEKTIV: 70–200 mm
ISO: 800
BLENDE: f/2.8
VERSCHLUSSZEIT: 1/500 s
LICHT: Kunstlicht
WETTER: Nieselregen

Erfolgstipps

1) Techniken langsam entwickeln
Erwarten Sie nicht, dass Sie gleich zu Anfang Ihrer Karriere mit einem Spitzenspiel in einem Top-Stadion beginnen werden. Beginnen Sie bei einem lokalen Rugby-Verein, wo Sie meist dichter an der Action sind und nicht mit extremen Teleobjektiven arbeiten müssen – kürzere Brennweiten sind einfacher in der Handhabung.

2) Nach dem Ungewöhnlichen suchen
Rugby dreht sich nicht nur um 30 Leute, die auf dem Platz herumlaufen. Manchmal sind es z.B. auch die Emotionen der Fans, die zu großartigen Bildern führen.

3) Den Schirm nicht vergessen
Rugby ist überwiegend ein Wintersport, achten Sie also auf wetterfeste Kleidung. Ich habe oft einen großen Golfschirm dabei, den ich in meine Jacke schiebe und dicht über meinen Kopf platziere. Auf diese Weise habe ich beide Hände für die Kamera frei und bleibe trotzdem trocken – einfach und sehr effektiv.

4) Früh zur Veranstaltung kommen
Oft gibt es mehrere Spiele während einer Veranstaltung, z.B. ein Junioren-Spiel vor dem eigentlichen Spiel – ideal zur Vorbereitung auf das Hauptereignis. Ein guter Platz ist Grundvoraussetzung für gute Bilder.

5) Mit der Ausrüstung vertraut sein
Machen Sie viele Probeaufnahmen, und auch Fehler – Sportfotografie ist häufig nicht mehr als instinktive Reaktion. Je mehr Sie über, desto besser werden Sie.

6) Die Spielregeln kennen
Eine Grundvoraussetzung für gute Bilder, denn nur so können Sie den Spielablauf vorhersehen. Das Wissen um die Regeln bringt mehr Abwechslung in die Bilder und mehr Zeit, um sie aufzunehmen.

7) Verschiedene Aufnahmewinkel ausprobieren
Wenn möglich, suchen Sie eine erhöhte Aufnahmeposition. Der Blick hinunter aufs Spielfeld gibt Ihnen einen besseren Aufnahmewinkel, besonders bei Line-Outs und Scrums.

8) Ersatzausrüstung dabei haben
Reserveakkus sind ein absolutes Muss. Rugby ist hauptsächlich ein Wintersport und Akkus verlieren bei Kälte schnell ihre Leistung. Auch Speicherkarten kann man nie genug haben, es sei denn, die Bilder werden bereits vor Ort hochgeladen bzw. verschickt.

9) Keine Angst vor Experimenten
Probieren Sie lange Verschlusszeiten für Bewegungsunschärfe aus und ziehen Sie die Kamera mit dem Objekt mit, um die Geschwindigkeit der Spieler zu demonstrieren – besonders bei den schnelleren Läufern wie den Backs (der Hintermannschaft). Versuchen Sie Gegenlichtaufnahmen – der Hintergrund wird oft dunkler, man unterdrückt störende Werbetafeln, die Schatten in den Gesichtern der Spieler werden weicher und isoliert sie von der Menge der Zuschauer.

10) Das Spiel genießen
Ich kann das nur betonen – mein bester Tipp ist, dass Sie das Fotografieren eines Spiels genießen. Wenn nicht, verlieren Sie schnell das Interesse, was dann auch Ihren Bildern anzusehen ist.

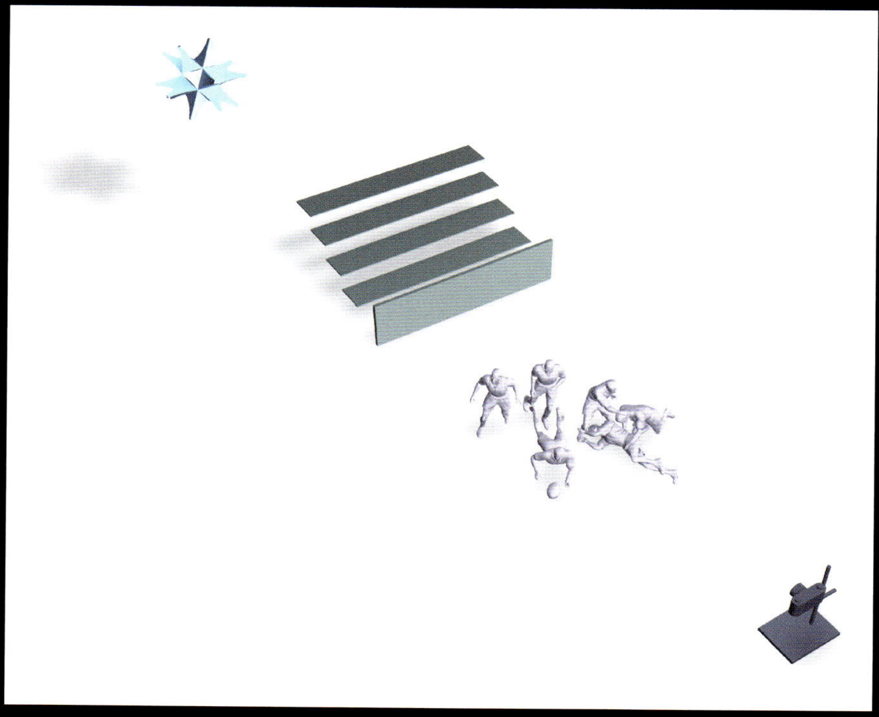

Südafrika gegen Australien, Newlands Stadion

Joost van der Westhuizen, der Scrum-Half von Südafrika, hechtet nach vorn, um in einem hart umkämpften Drei-Nationen-Spiel einen Pass zu werfen. Der saubere Hintergrund, Ergebnis einer direkten Gegenlichtaufnahme, lässt im Foto die Spielergesichter losgelöst von der Zuschauermenge wirken.

Technische Daten

KAMERA: Canon EOS 1Ds MKII

OBJEKTIV: 400 mm

ISO: 200

BLENDE: f/2.8

VERSCHLUSSZEIT: $1/1000$ s

LICHT: Tageslicht

WETTER: Hell und sonnig

Ausrüstung

- Zwei Canon EOS 1Ds MKII- Kameras
- 16–35 mm f/2.8 Objektiv
- 24–70 mm f/2.8 Objektiv
- 70–200 mm f/2.8 Objektiv
- 300 mm f/2.8 Objektiv
- 400 mm f/2.8 Objektiv
- Gegenlichtblenden für alle Objektive
- Zwei Blitzgeräte
- Zwei Reserveakkus
- CF-Speicherkarten
- Fensterleder
- Laptop
- Sonnenblende für Laptop

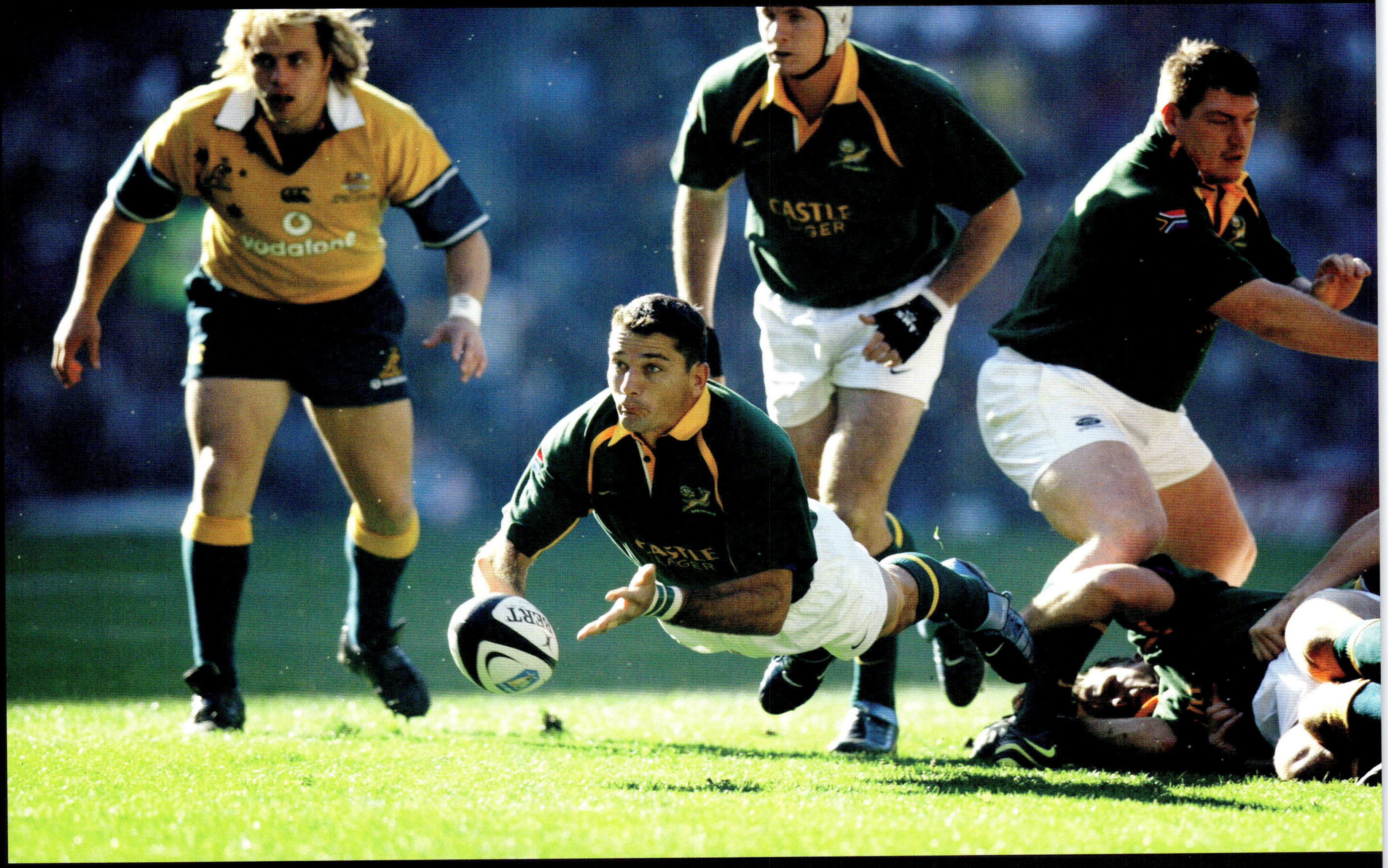

Dave Rogers

Seb Rogers

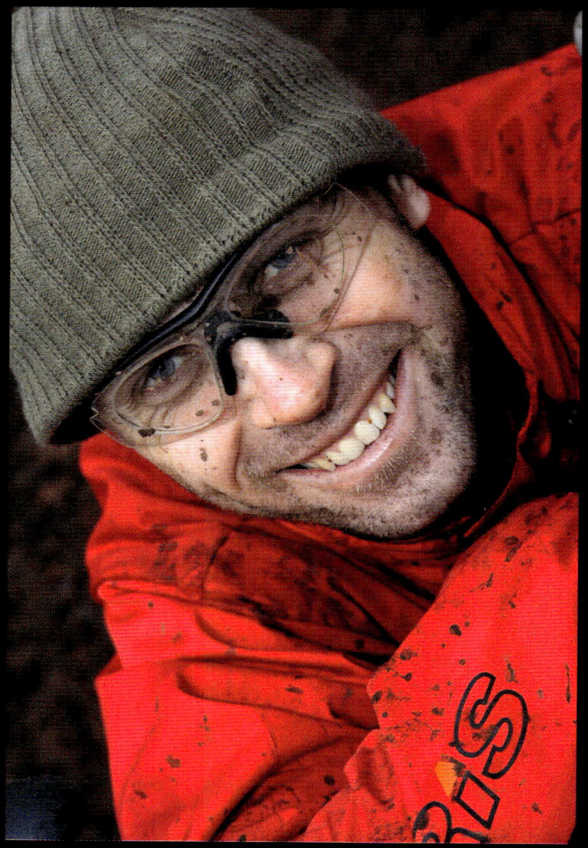

Radfahren

Seb Rogers fährt seit fast zwei Jahrzenten Mountainbike. In dieser Zeit hat er Reifenspuren in der ganzen Welt hinterlassen, von Borneo in Malaysia über Moab in den USA bis nach Chamonix in Frankreich. Doch es ist seine Kamera, die einige wirklich beeindruckende Rekorde der weltbesten Mountainbiker aufgezeichnet hat – eine Berufung, in die er im wahrsten Sinne des Wortes hineingeradelt ist. Obwohl Seb das Glück hatte, auf dem Rad Fotos von spektakulären Kulissen zu machen, befinden sich seine favorisierten Kurse direkt vor seiner Tür im ländlichen Somerset. „Ich empfinde es als besonderes Privileg, den Wechsel der Jahreszeiten zu erleben. Das würde ich gegen keinen anderen Ort eintauschen.“ Obwohl Sport in den vergangenen Jahren zu einem beliebten Betätigungsfeld für Fotografen wurde, haben nur wenige die Erfahrung und Kompetenz, einen Auftrag mit Flair und Originalität umzusetzen oder überzeugende Actionfotos unter Zeitdruck zu machen. Rogers gehört zu den renommierten Fotografen, er bekommt Aufträge von den auflagenstärksten Zeitschriften und führenden Herstellern. Dies ermöglicht ihm, seine einzigartigen Vorstellungen einem weltweit verteilten Publikum mitzuteilen.

Interview

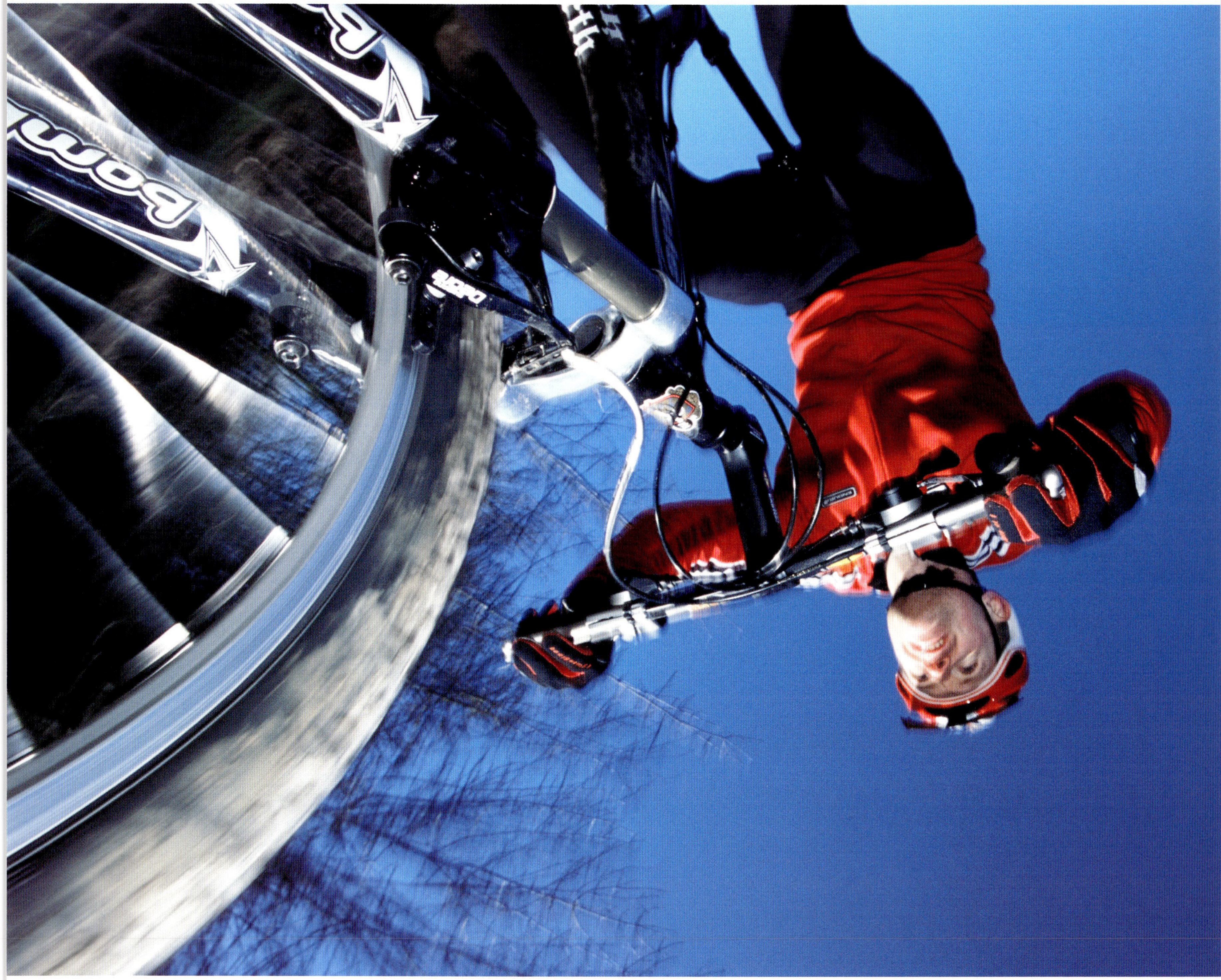

AS: Was war Ihre erste Kamera überhaupt?

SR: Eine alte Olympus Trip 35 mit Film. Später bekam ich dann eine Spiegelreflexkamera, die ich zusammen mit zwei Blitzen für Aufnahmen von Stillleben verwendete.

AS: Was sind Ihre größten fotografischen Erfolge?

SR: Rechnungen bezahlen zu können, indem ich etwas mache, was ich liebe. Der Wettbewerb ist immens geworden und ein erfolgreicher Fotograf zu sein, ist an sich schon eine Leistung. Bereits als Teenager war ich in verschiedenen Wettbewerben erfolgreich. Auf diese Weise konnte ich das Geld für Filme und Entwicklung aufbringen.

AS: Kann man also wie bei vielen erfolgreichen Fotografen sagen, dass es zu einem bestimmten Zeitpunkt einen „glücklichen Umstand" gab?

SR: Ich glaube, in diesem Beruf muss man sein Glück selber machen. Ich habe den größten Teil eines Jahres damit verbracht, in meiner Freizeit Zeitschriftenredakteure zu belästigen und mit Ideen für Fotostrecken zu bombardieren. Ich war eine ziemliche Plage, doch schließlich bekam ich einen Anruf und damit einen Fotoauftrag. Ich hatte meinen Fuß in der Tür und es gab kein Zurück.

AS: Warum haben Sie sich nicht mit anderen Fotothemen beschäftigt, wie beispielsweise Mode oder Studio?

SR: Nach der Fotografie gilt dem Mountainbike meine zweite große Liebe. Es lag also auf der Hand, beides miteinander zu kombinieren – zumal die Welt sicher nicht auf einen weiteren Porträt-oder Modefotografen wartet.

AS: Fotografieren Sie das, was Sie möchten, oder reden Dritte bei Ihren Fotos mit?

SR: Ich fotografiere lange genug, um meine Motive und auch die Auftraggeber selbst zu bestimmen. Ich befinde mich also in einer beneidenswert guten Position. Trotzdem denke ich aber auch immer an den Markt für meine Fotos. Großartige Bilder sind etwas Schönes, doch meine erste Priorität ist der Verkauf meiner Bilder. Ich frage meine Kunden, was sie suchen und bespreche die speziellen Wünsche mit ihnen – auf diese Weise gibt es keine unangenehmen Überraschungen. Die meisten Kunden sind wirklich froh, wenn sie das bekommen, was sie sehen wollen.

AS: Wo sind Sie zuhause? Wo arbeiten Sie am liebsten?

SR: Ich lebe in der Nähe von Bristol im Südwesten von England. Ich habe großartige Radfahrmöglichkeiten direkt vor meiner Tür und die Mendip Hills, nur zehn Minuten entfernt, finden sich in vielen meiner Aufnahmen wieder. Aber ich komme auch schnell in den Süden von Wales, die Quantock Hills, und nach Exmoor. Natürlich mag ich auch den Lake District Nationalpark und das Fahren in der Gegend von Chamonix in den französischen Alpen. British Columbia in Kanada ist ideal für großartige Fotos und einige der weltweit besten Mountainbike-Fahrer sind hier zuhause.

AS: Was mögen Sie am liebsten an Ihrem Job?

SR: Das Gefühl von Unabhängigkeit, die Möglichkeit der eigenen Zeiteinteilung und die Vielfalt der Aufträge und Orte.

Bike von vorn
Die Kamera wurde am unteren Ende der Vorderradgabel mit einer Klammer aus dem Studiobereich befestigt, um diese ungewöhnliche Sicht von Fahrer und Bike zu erhalten. Das Rad war allerdings nur schwierig zu steuern und im Gleichgewicht zu halten – also nur etwas für erfahrene Fahrer!

KAMERA: Nikon F801
OBJEKTIV: 17–35 mm
FILM: Fuji Provia 100 Diafilm
BLENDE: f/16
VERSCHLUSSZEIT: 1/30 s
BELICHTUNG: Blitzgerät, Belichtungsautomatik
WETTER: Niedrige Wintersonne

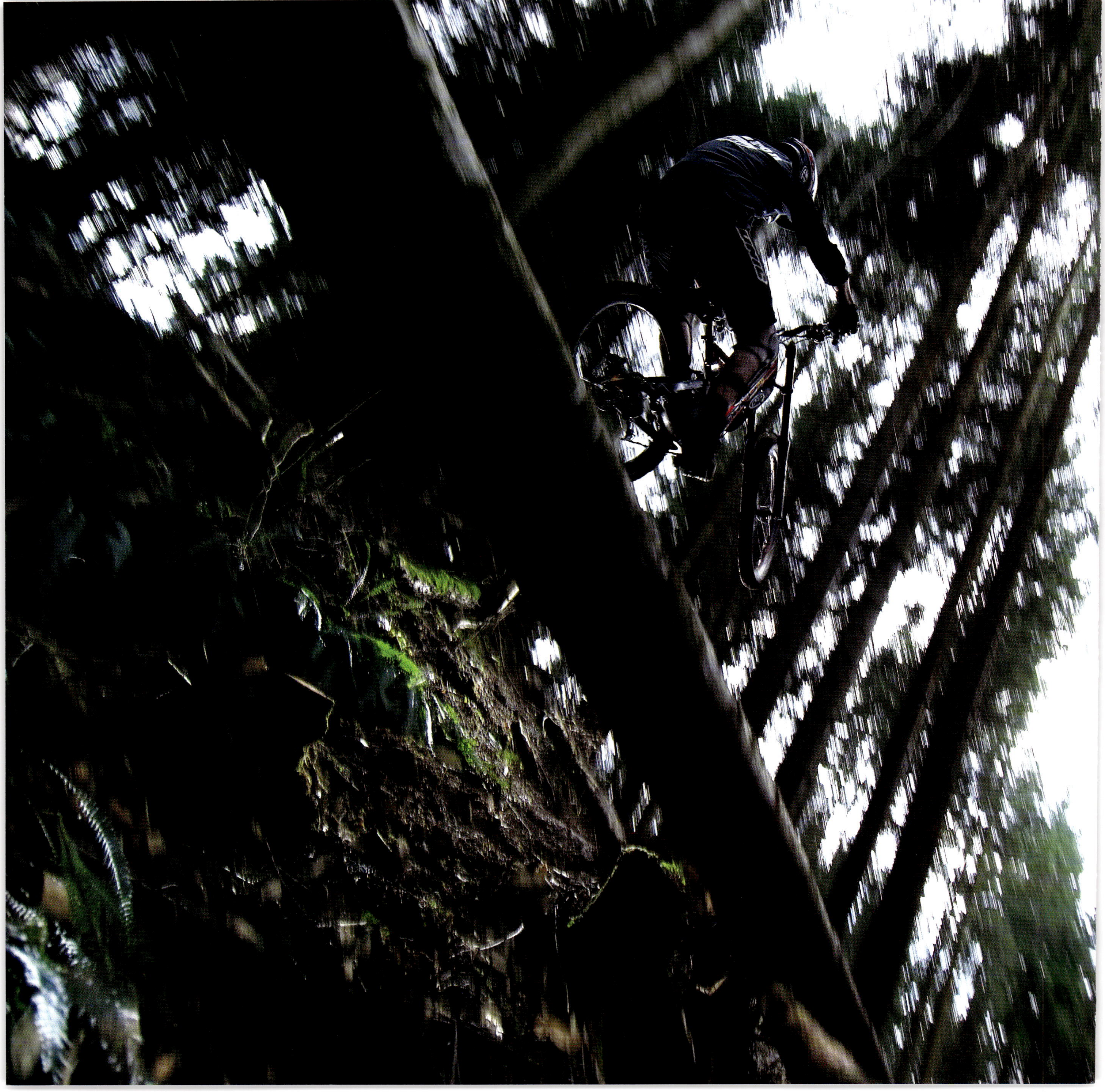

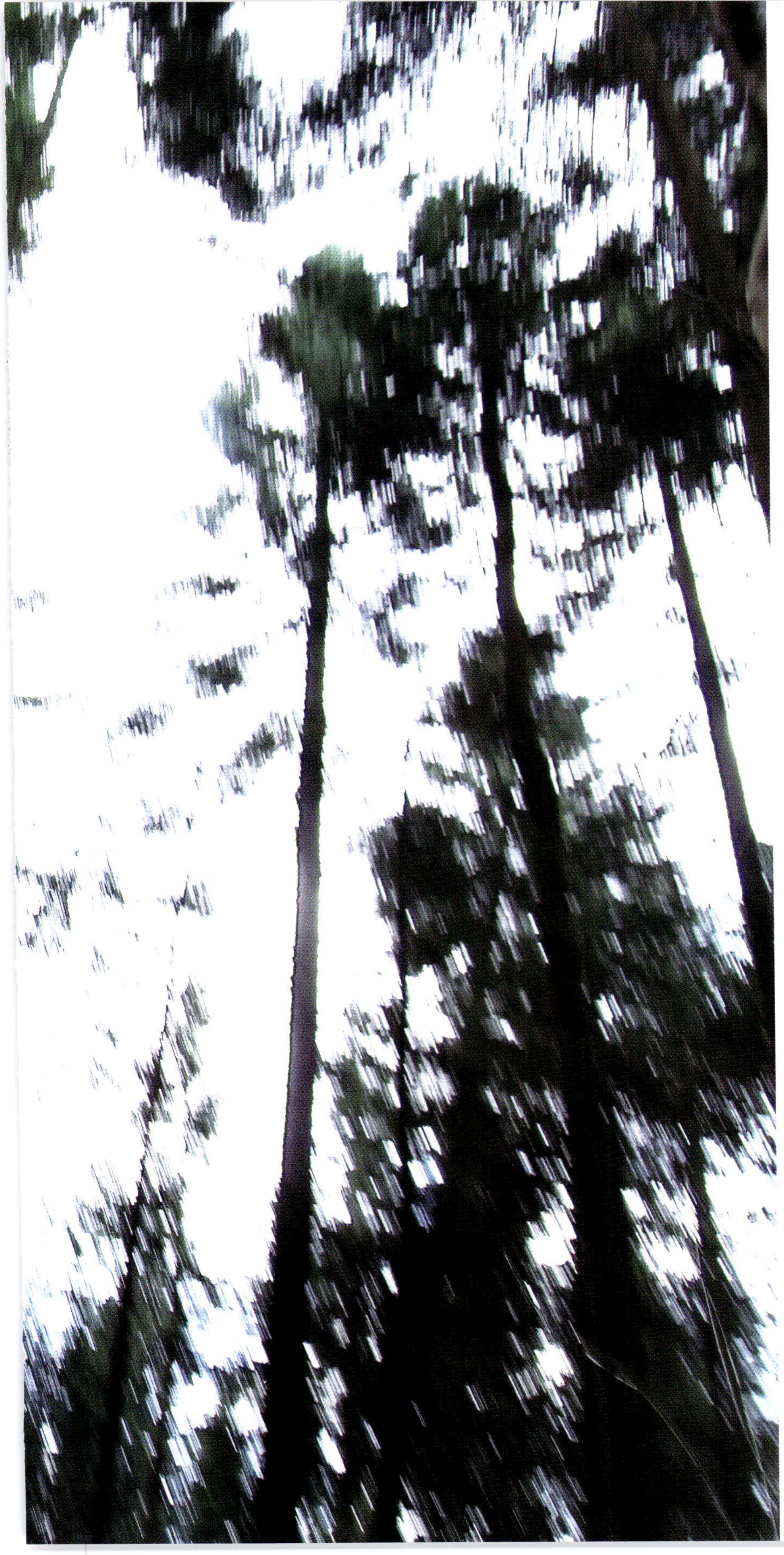

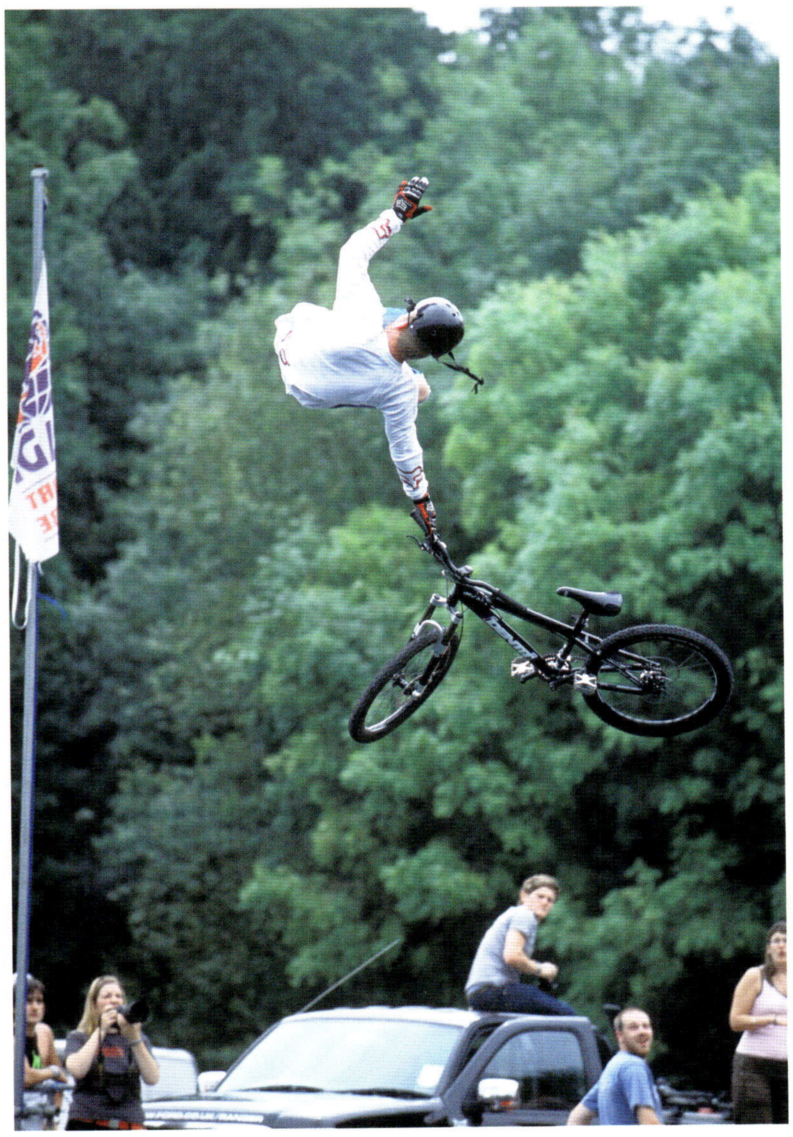

Links: **Freerider**
Natürliche Hindernisse auf einem Trail sind bei erfahrenen Freeridern beliebt. Hier betont Rogers die Länge und Höhe des liegenden Baums mit einem Weitwinkel und einer niedrigen Aufnahmeposition. Der unerwartete Wheely des Fahrers ist das Tüpfelchen auf dem i der Aufnahme.

KAMERA: Nikon D2X
OBJEKTIV: 12–24 mm
ISO: 400
BLENDE: f/5.6
VERSCHLUSSZEIT: 1/60 s
BELICHTUNG: Blitzgerät mit Funkauslösung, Belichtungsautomatik, -1 EV
WETTER: Wolkig

Oben: **Stunt-Fahrer**
Der Fahrer wollte einen Backflip ausführen, brach aber ab und löste sich von seinem Bike, um die Verletzungsgefahr zu verringern. Die Geschichte ist in den Gesichtern der Zuschauer abzulesen, obwohl Rogers die Leute im Bild gern weniger beschnitten hätte.

KAMERA: Nikon F5
OBJEKTIV: 80–200 mm
FILM: Fuji Provia 100 Diafilm (belichtet mit ISO 200)
BLENDE: f/4
VERSCHLUSSZEIT: 1/500 s
BELICHTUNG: Belichtungsautomatik, -1 EV
WETTER: Wolkig

Seb Rogers

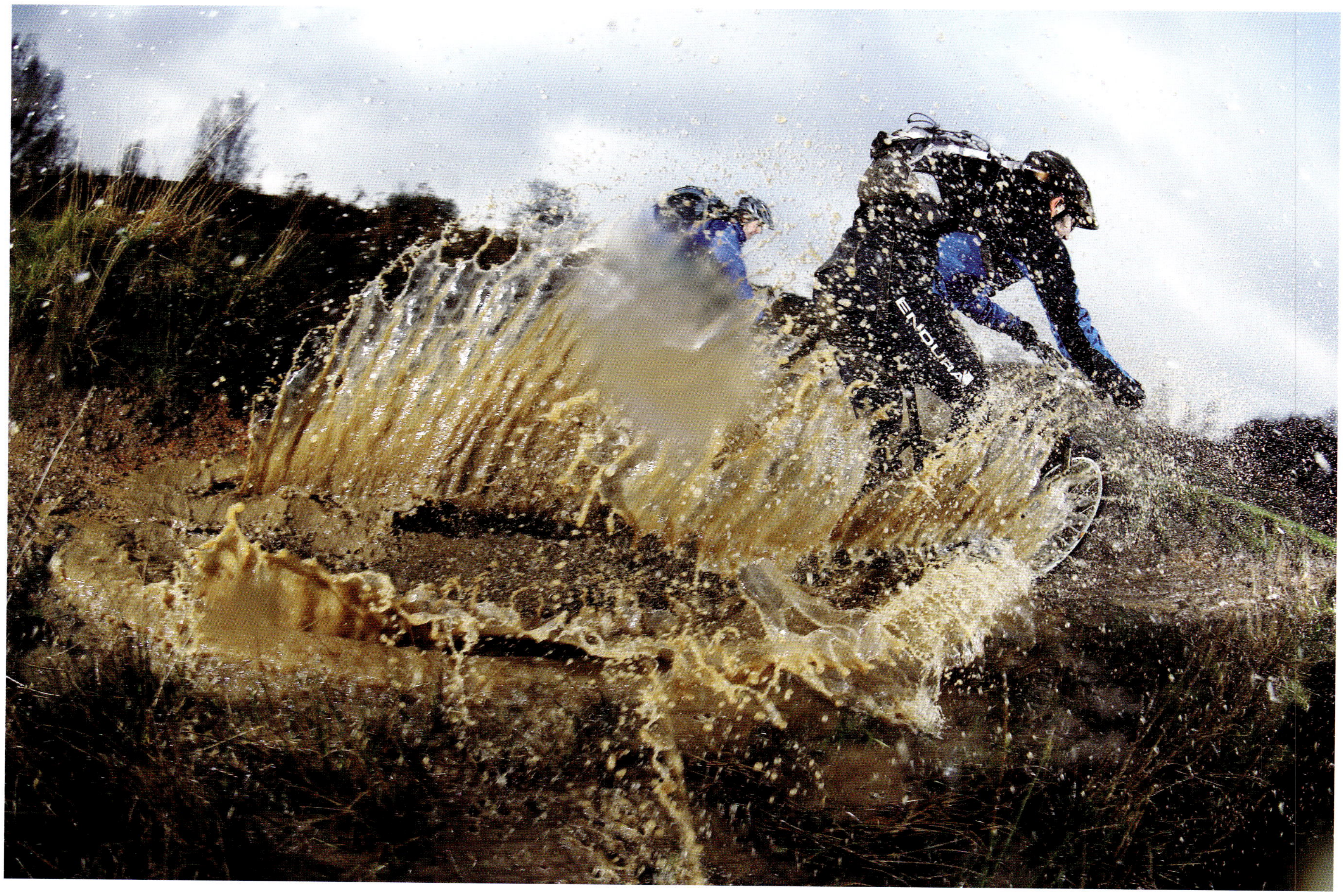

Biker im Winter
Diese Fahrer fuhren für einen Zeitschriftenbericht über Biken im Winter durch eine tiefe Pfütze – Rogers erkannte sofort, wie wirkungsvoll die Szene war. „Ich ging ganz dicht mit meinem Fisheye an die Pfütze ran, fotografierte die Szene … und bekam eine volle Ladung ins Objektiv!"

KAMERA: Nikon D2X
OBJEKTIV: 10.5 mm-Fisheye
ISO: 200
BLENDE: f/7.1
VERSCHLUSSZEIT: 1/250 s
BELICHTUNG: Zwei abgesetzte Blitzgeräte mit Funkauslösung, Belichtungsautomatik, -1 EV
WETTER: Wolkig

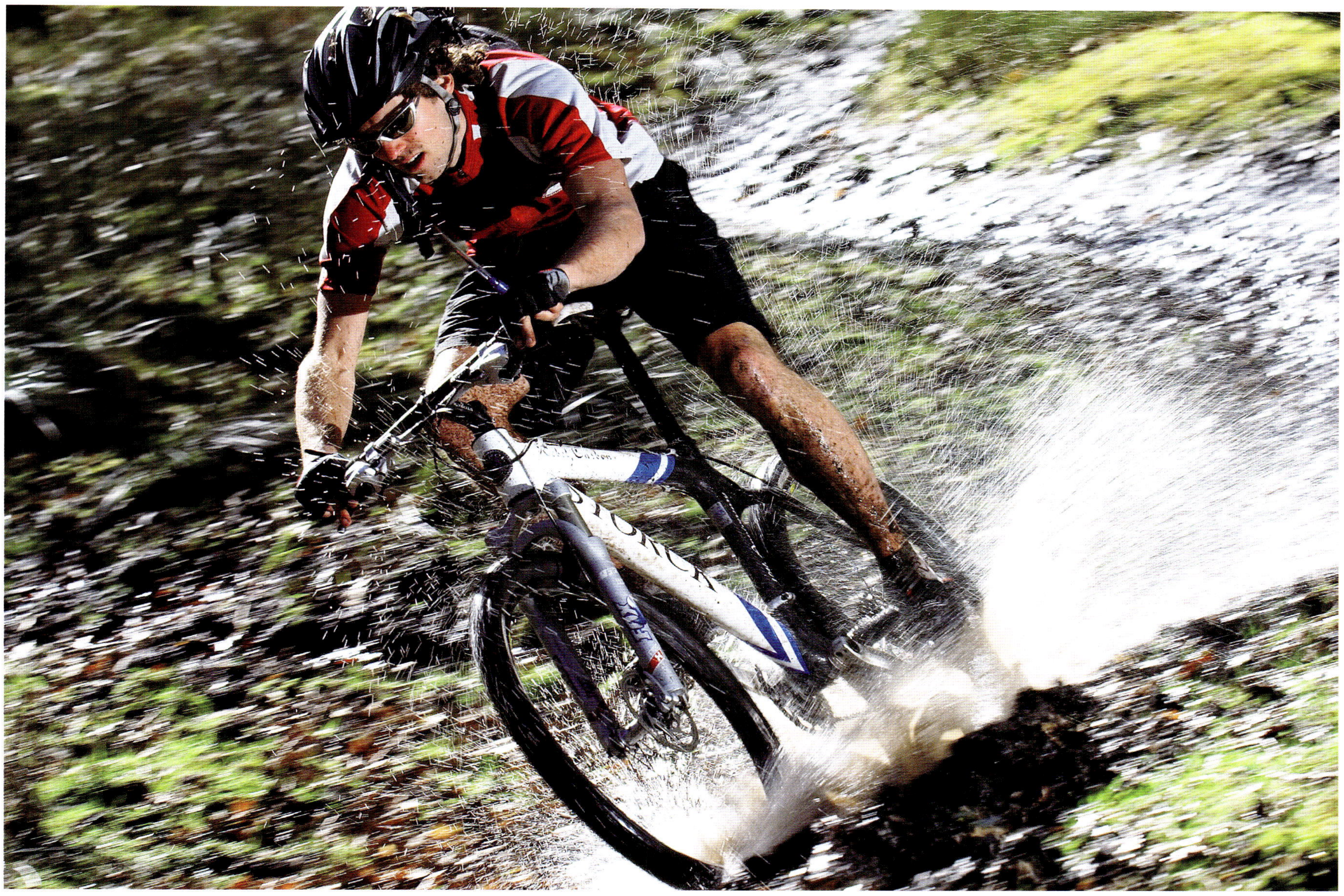

Mountainbiker auf einem nassen Trail
Rogers hatte den strikten Auftrag, dieses sehr teure Bike (eine Einzelanfertigung) nicht schmutzig zu machen. „Aber die Strecke im Gegenlicht und das herunterlaufende Wasser waren einfach zu verlockend. Die vielen Wasserspritzer und das hochkonzentrierte Gesicht des Fahrers taten ihr Übriges."

KAMERA: Nikon D2X
OBJEKTIV: 80–200 mm
ISO: 100
BLENDE: f/7.1
VERSCHLUSSZEIT: 1/125 s
BELICHTUNG: Abgesetztes Blitzgerät mit Funkauslösung, Belichtungsautomatik, -1 EV
WETTER: Sonnig

AS: Was ist aus technischer Sicht bei Ihrer Art von Fotografie am schwierigsten?

SR: Die Fotoausrüstung auf dem Bike mit sich zu führen, ist eine der logistischen Hürden, die man überwinden muss. Ich bevorzuge schon aus diesem Grund wo es geht, zu Fuß zu arbeiten. Und dann muss man die teuren Kameras und Objektive vor Schlamm, Wasser und Staub schützen. Mountainbikes sind nicht besonders schwer zu fotografieren – es sind eben sich bewegende Objekte. Sie folgen meist einer vorgegebenen Richtung und bewegen sich mit einer relativ geringen Geschwindigkeit. Die Herausforderung ist, sie so abzubilden, dass die Begeisterung für diese Sportart zu spüren ist.

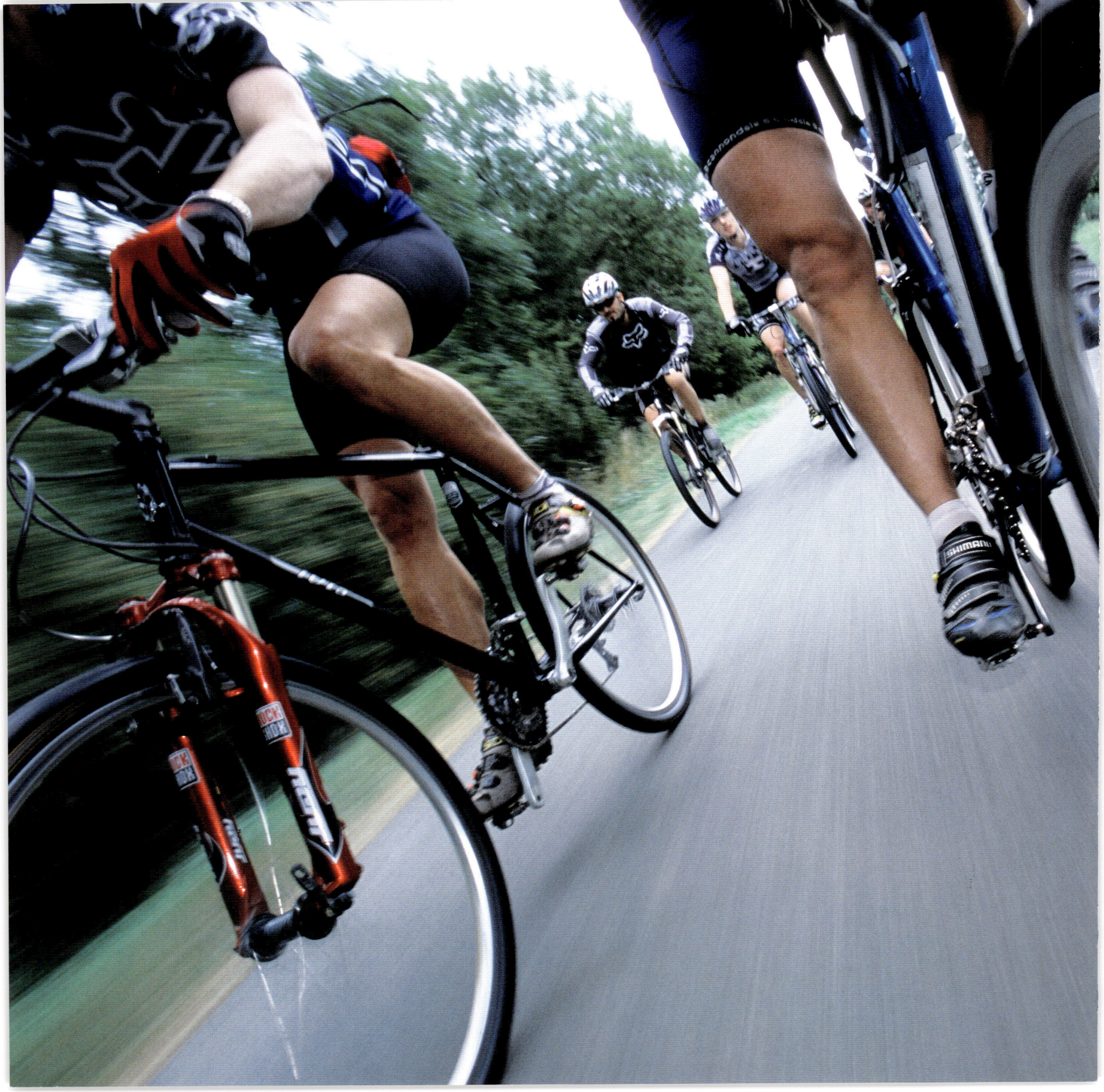

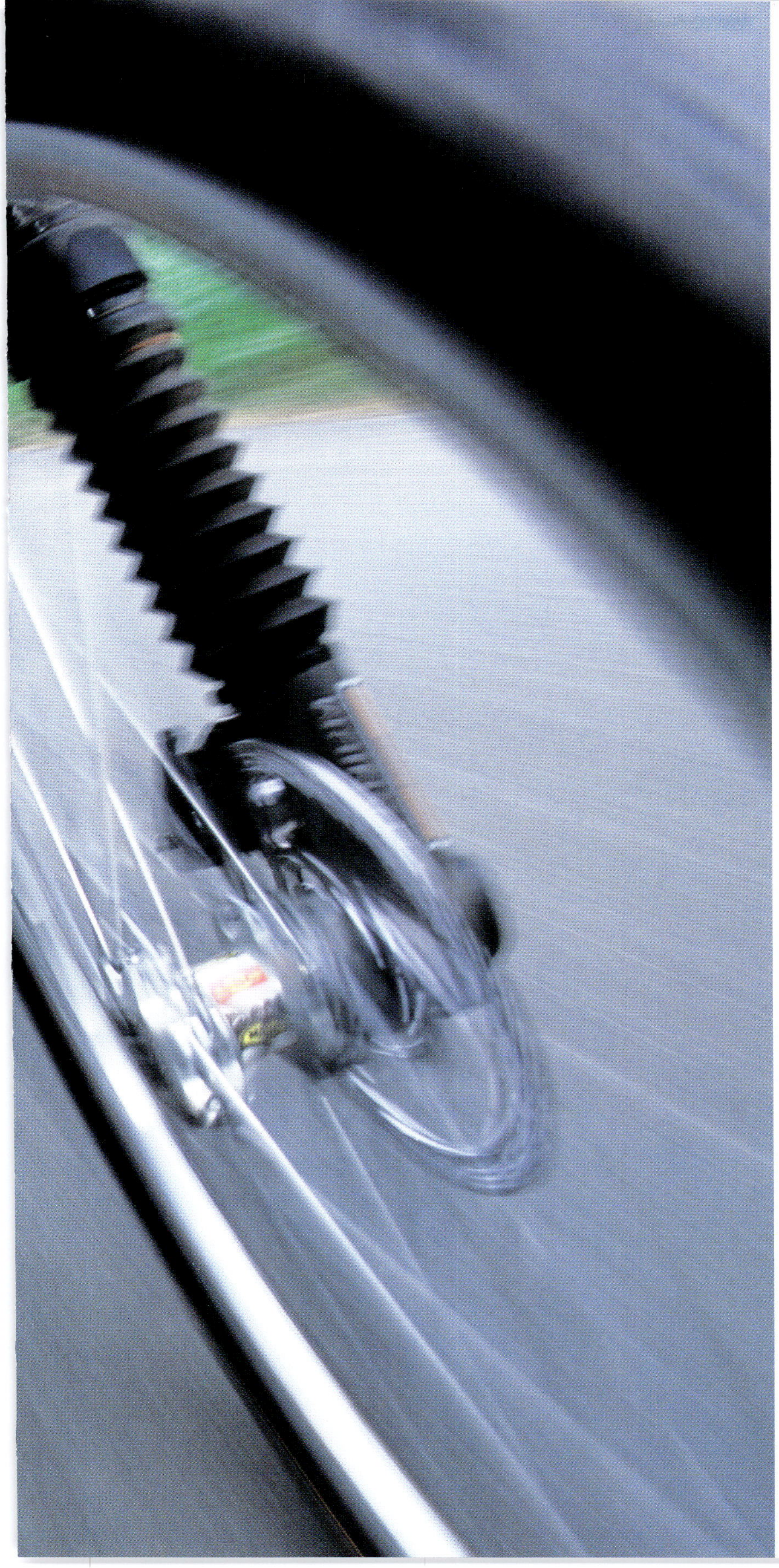

AS: An welchem Ort bzw. Veranstaltungsort arbeiten Sie am liebsten ?

SR: Ich bewundere stets die Szenerie und das Fahren in der Gegend von Chamonix. Das Fahren ist technisch gesehen sehr anspruchsvoll und fotografisch ist es eine visuelle Überdosis. Um also mit einer brauchbaren Ausbeute zurückzukommen, muss man sich schon ein paar Gedanken machen. Ich glaube, dass ich immer wieder gern an diesen Ort zurückkommen werde.

AS: Wie würden Sie Ihren persönlichen Fotostil bzw. Ihre Fototechnik beschreiben?

SR: Ich versuche, Dinge zu vereinfachen und Störendes zu reduzieren. Ich fotografiere entweder mit sehr weiten oder sehr engen Aufnahmewinkeln. In letzter Zeit arbeite ich auch häufig mit zwei Blitzgeräten, um die Bildteile aufzuhellen, die etwas betont werden sollen.

AS: Erzählen Sie etwas über Ihre Ausrüstung. Mit welchem Kamerasystem arbeiten Sie und warum?

SR: Ich wechselte 1989 zu Nikon, als klar wurde, dass sich Olympus nicht mehr für seriöse Fotografen interessierte. Die F801 überzeugte mich mit dem brillenfreundlichen Spiegelreflexsucher, der intuitiven Anordnung der Bedienungselemente und einem manuellen Modus für die Belichtungsmessung. Jede Nikon, die ich mir von nun an zulegte, war ein logischer Schritt nach vorn. Ich kann heute jede meiner Kameras in die Hand nehmen und fühle mich damit sofort vertraut – extrem wichtig, wenn man für ein Foto schnell reagieren muss.

AS: Mit welchen Objektiven/Brennweiten arbeiten Sie besonders häufig?

SR: Mein 12–24 mm-Weitwinkel ist immer an einer Kamera und meist auf die kürzeste Brennweite (also extrem weitwinklig) eingestellt. Das 10,5 mm-Fisheye ist ebenfalls ein nützliches Objektiv – es erweitert im wahrsten Sinne des Wortes meinen Gesichtskreis. Wenn ich nicht weitwinklig fotografiere, nehme ich das 50–150 mm-Zoom oder die Festbrennweite 85 mm. Längere Brennweiten brauche ich dagegen nicht, zumal lichtstarke Teleobjektive mit langen Brennweiten für mich auf dem Rad einfach zu schwer und unhandlich sind.

Straßenbikes
Für einen Zeitschriftenartikel über das Training auf der Straße lag Rogers flach auf der Ladefläche eines Trucks, festgezurrt mit Klettergurten und Seilen, und konnte so aus geringster Entfernung die rasenden Mountainbikes fotografieren.

KAMERA: Nikon F5
OBJEKTIV: 17–35 mm
FILM: Fuji Provia 100 Diafilm (belichtet mit ISO 200)
BLENDE: f/16
VERSCHLUSSZEIT: 1/30 s
LICHT: Blitzgerät auf Kamera, Belichtungsautomatik, -1 EV
WETTER: Wolkig

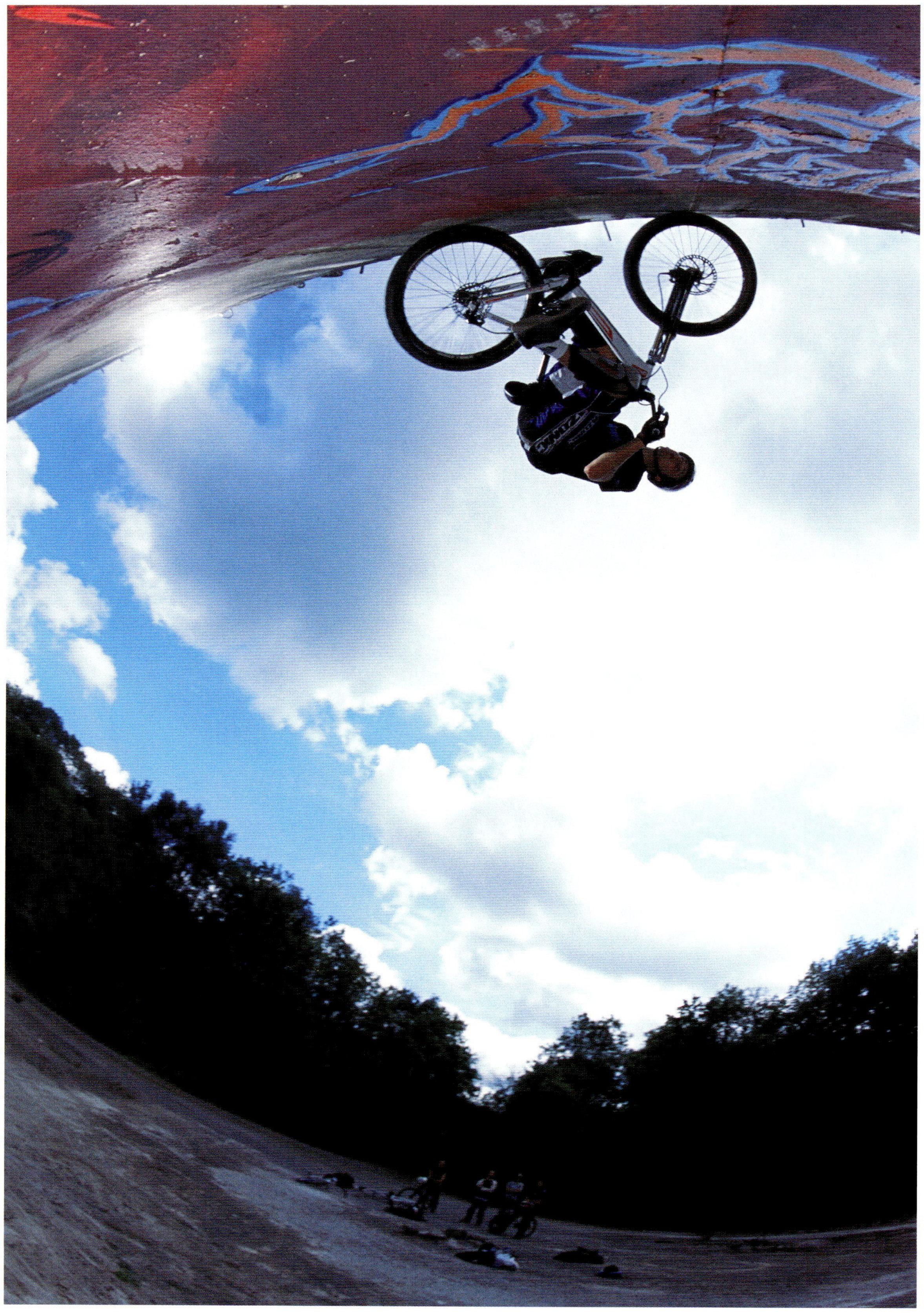

Fisheye-Sicht eines Wallrides
Ich stand am Boden dieses Wallrides, richtete die Kamera mit dem Fisheye-Objektiv nach oben, und konnte so die Höhe des Fahrers und gleichzeitig seine Freunde unten als Zuschauer und als Maßstab einfangen. Ein einzelner, fernausgelöster Blitz oben an der Wand hellt etwas auf und sorgt für zusätzlichen Kontrast.

KAMERA: Nikon F5
OBJEKTIV: 16 mm-Fisheye
FILM: Fuji Provia 100 Diafilm
BLENDE: f/8
VERSCHLUSSZEIT: 1/250 s
LICHT: Abgesetzer einzelner Blitz mit Funkauslösung
WETTER: Sonnenschein, Wolken

Trail mit tiefer Aufnahmeposition
Manchmal reicht eine Detailaufnahme oder eine eng beschnittene Aufnahme zur Übermittlung der Botschaft. Bei diesem Foto lief ich mit zum Boden gerichteter Kamera und Weitwinkel neben dem Bike her, um die Geschwindigkeit des Bikes auf diesem staubigen Trail im Sonnenlicht zu vermitteln.

KAMERA: Nikon F5
OBJEKTIV: 17–35 mm
FILM: Fuji Provia 100 Diafilm
BLENDE: f/14
VERSCHLUSSZEIT: 1/40 s
LICHT: Blitzgerät auf Kamera, Belichtungsautomatik
WETTER: Niedrigstehende Sonne

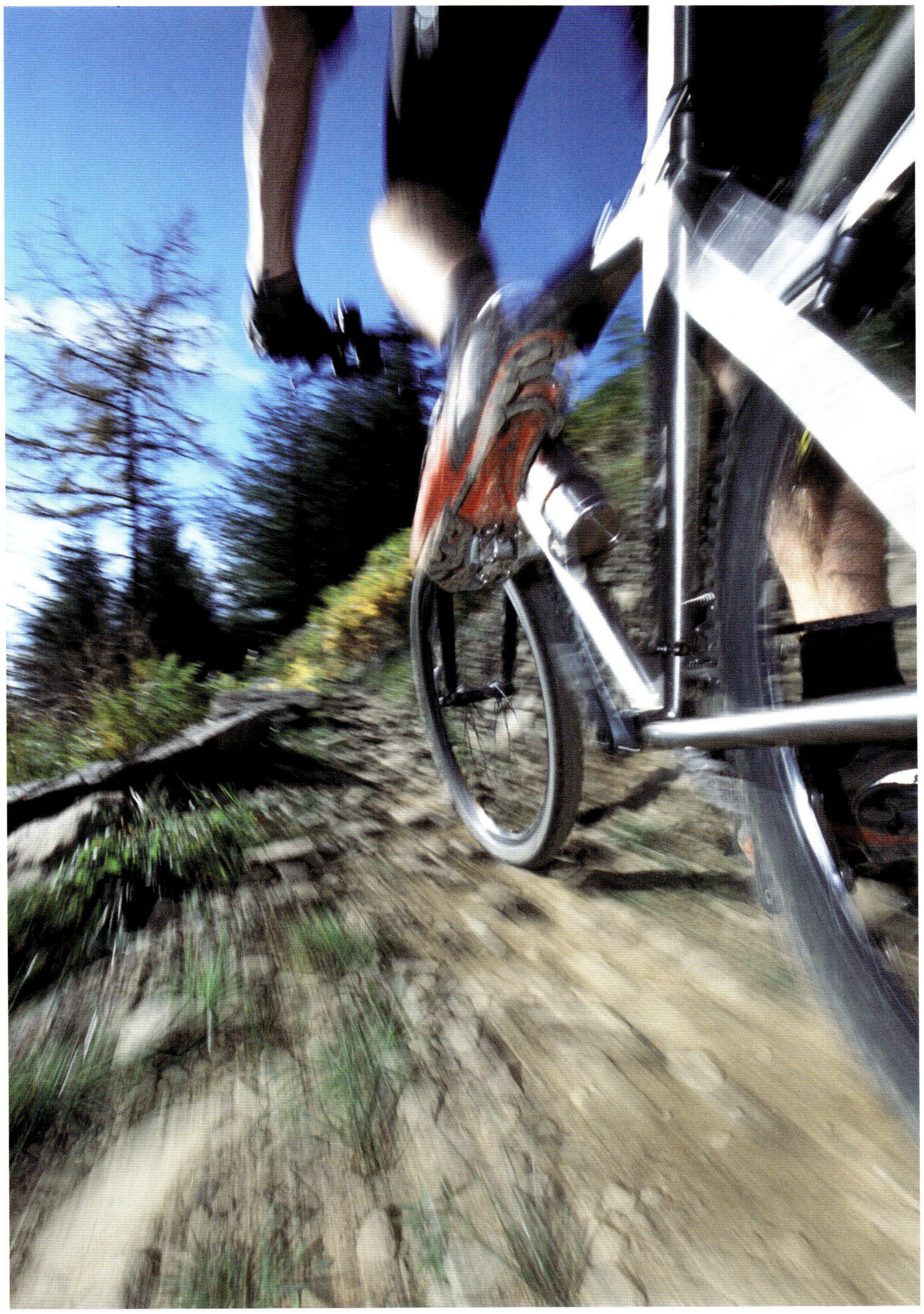

AS: Welche Bilder sind besonders schwierig aufzunehmen?

SR: Fotos für Titelseiten, da die Verleger extrem wählerisch geworden sind. Sobald ich den Ort, den Hintergrund, den Fahrer, die Kleidung und das Bike organisiert habe, ende ich häufig mit einem Foto, bei dem die Action in einer Ecke des Bildausschnitts stattfindet. Grund: Das Coverlogo und die Titelzeilen. Dennoch soll das Ganze spontan und natürlich aussehen – obwohl von Anfang an arrangiert und viele Male hintereinander aufgenommen.

AS: Bevorzugen Sie Film oder Digital und warum?

SR: Ich war ein unerschütterlicher Verfechter von Film so lange ich durchhalten konnte. Ich sah einfach keinen Grund für Digital – auch, weil ich durch das jahrelange Fotografieren mit Diamaterial mit der Filmbelichtung vertraut war. Die irrsinnigen Kosten für eine digitale Profiausrüstung hielten mich ebenfalls von einem schnellen Wechsel ab. Doch irgendwann wechselte ich dann doch ins digitale Lager und bin heute sehr froh darüber. Ich kann viel kreativer mit Licht bzw. Bildkomposition umgehen und habe schon am Aufnahmeort die Gewissheit, dass die Fotos etwas geworden sind. Zuhause kann ich die Ergebnisse noch optimieren, indem ich RAW-Dateien verarbeite. Das ist so, als hätte man für jede Aufnahme ein Polaroid. Müsste ich morgen wieder mit Film arbeiten, wäre das in Ordnung. Allerdings würde ich die totale Kontrolle vermissen, die mir nur Digital ermöglicht.

AS: In welchem Umfang werden Ihre Arbeiten von der digitalen Bildbearbeitung beeinflusst?

SR: Das hängt davon ab, was Sie unter Bildbearbeitung verstehen. Ich fotografiere ausschließlich im RAW-Format, nie mit JPEG. Deshalb ist jede Aufnahme, die zum Kunden geht, individuell mit Weißabgleich, Tonwert- und Gradationskurven, Kontrast, Sättigung usw. bearbeitet. Meine Bilder sehen damit fast wie Film aus. Noch mehr Photoshop-Bearbeitung, wie das gelegentliche Einfügen eines blauen Himmels für ein Titelfoto, ist dann Sache des Auftraggebers.

AS: Wie entstehen die Ideen für Ihre Bilder?

SR: Ein Kollege erzählte mir mal, es gäbe nur sechs verschiedene Möglichkeiten, ein Mountainbike zu fotografieren. Natürlich hat er recht – aber genau darin liegt auch die Herausforderung. Ich kenne das Gefühl, hinunter durch einen engen Trail zu schlittern – es kommt einem wie Überschallgeschwindigkeit vor. Und eben dieses Feeling möchte ich in meinen Bildern zum Ausdruck bringen.

AS: Was hält die Zukunft für Sie bereit?

SR: Noch mehr von demselben. Ich möchte Bike fahren und fotografieren, so lange es Bikes und neue Trails gibt.

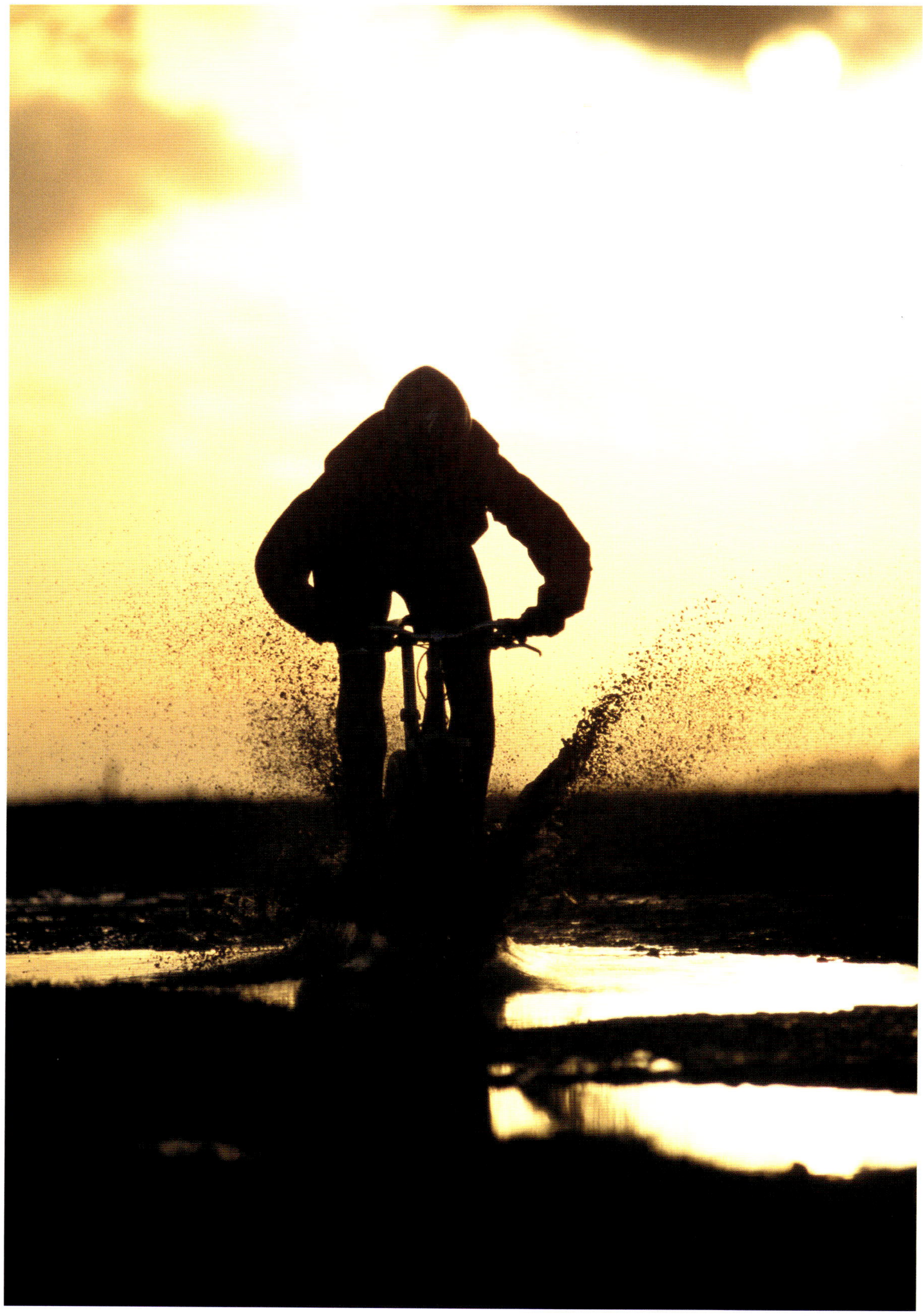

Fahrersilhouette
Ein Mountainbiker fährt vor der untergehenden Sonne durch eine aufspritzende Pfütze. Da es schwierig ist, den richtigen Augenblick für das Einfangen der Spritzer abzupassen, fotografierte Rogers mit 8 Bildern pro Sekunde und wählte anschließend das beste Foto aus der Serie.

KAMERA: Nikon F5
OBJEKTIV: 80–200 mm
FILM: Fuji Provia 100 Diafilm
BLENDE: f/4
VERSCHLUSSZEIT: 1/2000 s
LICHT: Belichtungsautomatik, -1 EV
WETTER: Abendsonne, Wolken

Erfolgstipps

1) Nicht zu sehr vom Zubehör abhängig werden
Obwohl richtiges Zubehör durchaus hilft, noch eine Aufnahme hinzubekommen, ist der Nutzen meist nicht so groß und entscheidend, wie einem viele glauben machen wollen. Viel wichtiger dagegen ist, dass Sie die von Ihnen benutzten Geräte und das Zubehör so gut kennen, um „blind" damit arbeiten zu können. Bevor Sie also neue Sachen anschaffen, sollten Sie erst einmal alles aus den vorhandenen Gerätschaften herausholen.

2) Die Kamera sicher beherrschen
Kamerahersteller legen Wert auf komplexe Autofokus- und Belichtungssysteme, doch auch das beste System kann noch irren. Um korrekte Ergebnisse zu erhalten, müssen Sie herausfinden, unter welchen Bedingungen die Automatiken falsche Werte liefern. Erst dann können Sie entsprechend entgegenwirken. Wie viele andere Fotografen auch, arbeite ich mit meiner Kamera im manuellen Modus. Auf diese Weise erhalte ich bei konstantem Licht die besten Resultate, denn man lernt schnell zu beurteilen, wann sich das Licht geändert hat, auch ohne das Belichtungsmesssystem der Kamera.

3) Den Finger vom Auslöser lassen
Das klingt ziemlich ungewöhnlich im Zeitalter großer und preiswerter Speicherkapazitäten auf Speicherkarten und Festplatten. Eine der besten Möglichkeiten für bessere Aufnahmeresultate liegt jedoch in der strengen Bildauswahl während der Aufnahme – weniger kann häufig mehr sein. Überlegen, planen und erahnen Sie ... aber schießen Sie ein Motiv auch nicht mit nur einem einzigen Foto ab. Für mich ist Fotografieren kein Zahlenspiel.

4) Den richtigen Augenblick erahnen
Eine Fotoserie mit hoher Geschwindigkeit bei bewegtem Motiv aufgenommen ist durchaus nützlich, aber selbst bei 8 Bildern pro Sekunde kann der Höhepunkt der Action noch immer genau zwischen zwei Bildern stattfinden. Oft empfiehlt es sich eher zu beobachten, die Action zu erahnen und das Foto genau zum richtigen Zeitpunkt zu schießen.

5) Die Action verfolgen
Ein bewegtes Objekt fotografieren? Ziehen Sie die Kamera mit – immer. Wenn Sie die Aufnahme vorher geplant haben, können Sie das Objekt im Sucher an einem imaginären Fokuspunkt platzieren (nun Ihr Bezugspunkt). Sobald das im Sucher verfolgte Objekt diesen Punkt erreicht, drücken Sie den Auslöser und ziehen die Kamera noch etwas weiter mit.

6) Nah heran
So erzielen Sie die Aufmerksamkeit des Betrachters durch enges Beschneiden oder nahes Herangehen mit dem Weitwinkelobjektiv. Man benötigt Übung und Zuversicht, um ein bewegtes Objekt in einem äußerst engen Bildausschnitt einzufangen – die Wirkung ist aber sicher.

7) Vorausplanen
Das Wissen um Ihr Aufnahmeobjekt ist extrem wichtig bei der Planung des ferigen Bildes. Falls Sie mit einer Sportart nicht vertraut sind, sollten Sie einige Zeit als Zuschauer verbringen und erst dann fotografieren. Danach sollten Sie die Höhepunkte der Action vorhersehen und auch eine gute Aufnahmeposition einnehmen können. Die Zeit, die Sie für die Planung Ihrer Fotos aufwenden, ist alles andere als vergeudet, sondern ein wichtiger Schritt, um genau die Bilder aufzunehmen, die Sie und Ihre Kunden haben wollen.

8) Aus der Höhe oder von unten
Die meisten Leute sehen die Welt aus einer Höhe zwischen 1,50 und 1,80 m. Zeigen Sie ihnen Fotos aus einer anderen Höhe und die Aufmerksamkeit ist Ihnen gewiss. Ich fotografiere kaum aus aufrecht stehender Postion, es sei denn von einer Mauer oder einem Baum aus. Meistens finden Sie mich hockend, kniend oder flach auf dem Boden liegend.

9) Nicht der Herde folgen
Bei den meisten Sportveranstaltungen gibt es bestimmte Bereiche, in denen sich die Fotografen drängeln – oft aus gutem Grund. Es sind die besten Aufnahmepositionen oder es gibt aus Sicherheitsaspekten keine anderen. Wenn ich solche Ansammlungen von Fotografen sehe, gehe ich sofort in die entgegengesetzte Richtung und suche hier nach einer anderen Aufnahmeposition. Warum sollte ich die Fotos aufnehmen, die jeder macht? Denken Sie einfach nach, vertrauen Sie Ihrem Instinkt und suchen Sie das Unerwartete – nur so hebt sich Ihre Arbeit von anderen Bildern ab.

10) Kritisch auswählen
Es ist ein großer Fehler, im Hinblick auf die technische Qualität der Bilder relativ unkritisch zu sein. Geben Sie sich (nur weil digital) nicht in dem Irrglauben hin, dass Photoshop schon alles richten wird. Manche Dinge lassen sich zwar noch nach der Aufnahme korrigieren, doch ein von Anfang an korrektes Foto sieht besser aus. Achten Sie bei der Aufnahme auf Belichtung und Weißabgleich, das erspart Ihnen viel Zeit am Rechner. Und noch etwas: Unscharfe Fotos sollten Sie sofort löschen, da sie eh nicht zu retten sind.

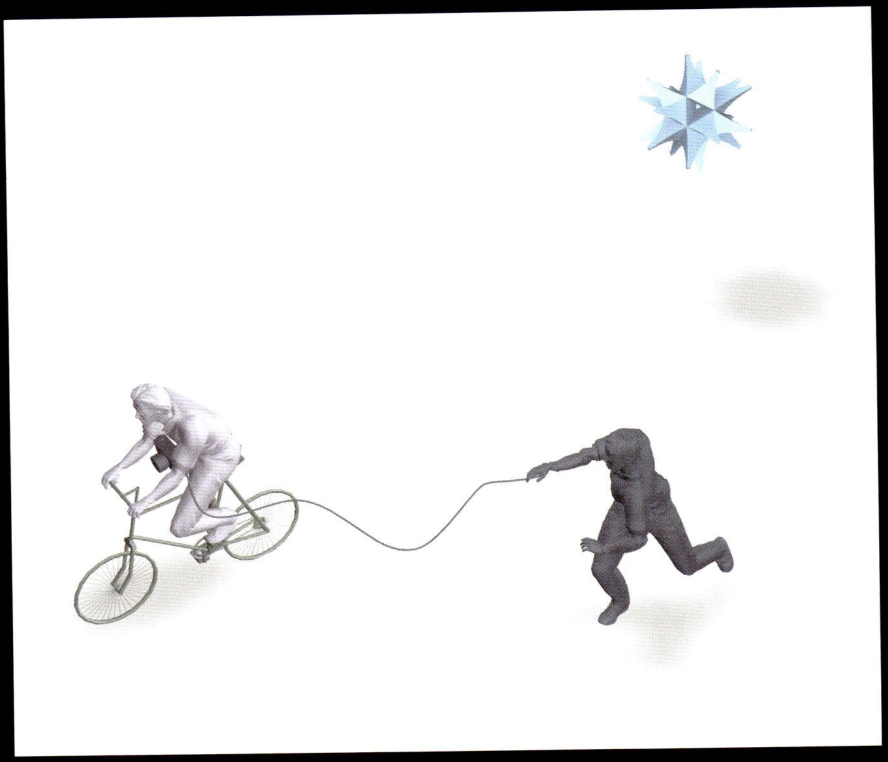

Peak-District-Nationalpark
Aufnahme aus Fahrersicht auf einem schmalen einspurigen Trail. Die Kamera war an der Sattelstütze des Bikes fixiert, während Rogers mit dem daran befestigten Kabelfernauslöser in der Hand hinterher rannte. Er achtete darauf, dass sein Schatten nicht im Foto zu sehen war.

Technische Daten

KAMERA: **Nikon F801**

OBJEKTIV: **16 mm-Fisheye**

FILM: **Fuji Provia 100 Diafilm**

BLENDE: **f/16**

VERSCHLUSSZEIT: **1/30 s**

BELICHTUNG: **Blitz auf Kamera, Belichtungsautomatik**

WETTER: **Abendsonne**

Ausrüstung

- Nikon D200-Kamera
- Nikon D2X-Kamera
- 10.5 mm f/2.8 Fisheye
- 12–24 mm f/4
- 50 mm f/1.8
- 85 mm f/1.4
- 50–150 mm f/2.8
- Zwei Nikon SB 800 Blitzgeräte
- Quantum 4i Funkauslöser
- CF-Speicherkarten
- Reserveakkus
- Akku-Zellen (AA) für die Blitzgeräte
- Objektiv-Reinigungstücher, Staubpinsel
- Zwei Mini-Stative für die Blitzgeräte
- Apple Mac Pro-Laptop mit RAW-Verarbeitung und Kartenleser

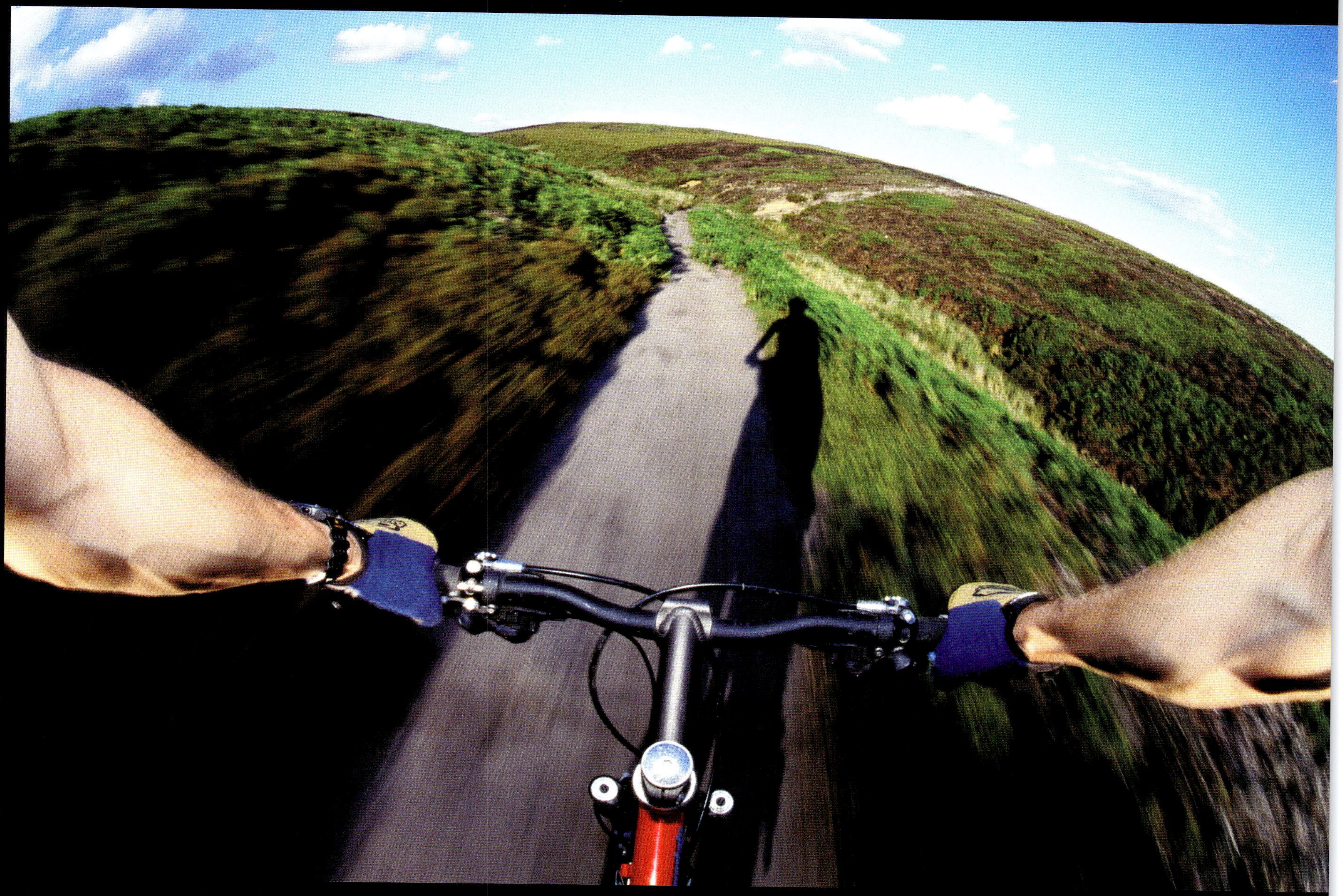

Seb Rogers

Andy Rouse

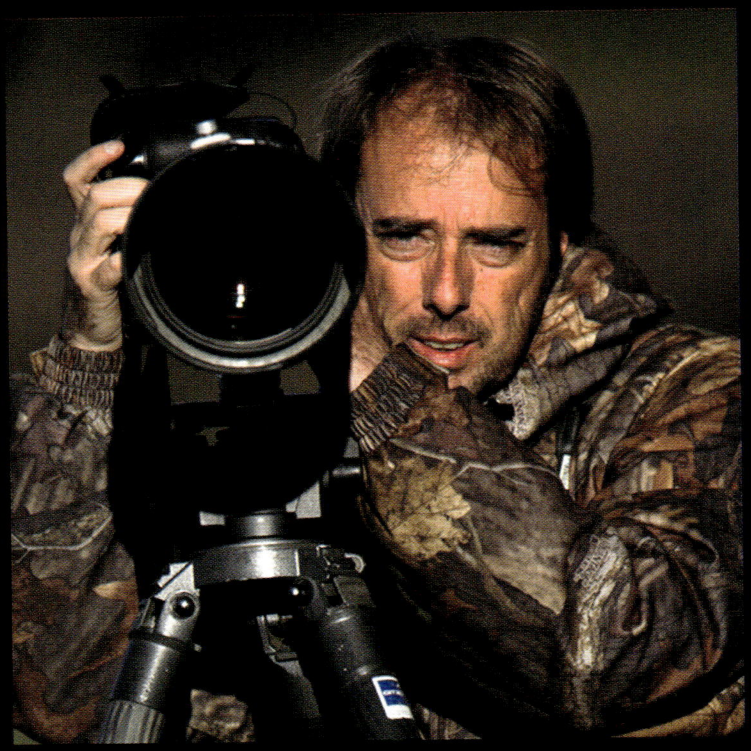

Wildlife

Der weltbekannte Wildlife- bzw. Naturfotograf Andy Rouse hat von jeher eine Vorliebe für wilde Dinge. Er hat sich einen Ruf dafür erworben, dass er nah an das Objekt herangeht – auf diese Weise hat er schon einige der größten und gefährlichsten Tiere der Welt fotografiert. Seine Fotos von Wildlife-Action gehören heute zu den Bildern, die am meisten begeistern, aber auch tief bewegen. Rouse hat einen ganz eigenen Stil und will mit seinen Bildern eine leidenschaftliche Botschaft vermitteln. Er sieht seine Arbeit als Beitrag zur allgemeinen Wertschätzung der in freier Wildbahn lebenden Tiere und hofft, dadurch auch andere Menschen für ihre Belange zu interessieren.

Rouse hat seine Kamera immer dabei, spielt die Hauptrolle in einer eigenen Fernsehserie und ist in diversen Sendungen aufgetreten einschließlich den beiden Serien *Wildlife Photographer* und *Animal Planet* für den britischen Fernsehsender Channel 5. Rouse schreibt außerdem regelmäßig Artikel für Fotozeitschriften auf der ganzen Welt und Internet-Seiten (z.B. *www.andyrouse.co.uk*). Seine Arbeit veröffentlichen verschiedene Bildagenturen wie Corbis und Getty Images. Andy Rouse hat in seiner abwechslungsreichen Karriere Vorträge auf Festivals in Frankreich, Finnland, Neuseeland und Deutschland gehalten. Als Fotograf hat er bereits viele Preise gewonnen und ist immer wieder erfolgreicher Teilnehmer im Wettbewerb *BBC Wildlife Photographer of the Year.*

AS: Was war Ihre erste Kamera überhaupt?

AR: Eine Canon AE1-Spiegelreflexkamera, 1987 folgte dann die Canon A1.

AS: Was sind Ihre größten fotografischen Erfolge?

AR: In meinem Bereich erfolgreich und weltweit ein Markenbegriff zu sein. Für einen britischen Fotografen ist das sehr bedeutsam, da die meisten Firmen in Großbritannien tendenziell eher Bilder bei ausländischen Fotografen einkaufen. Es ist verdammt hart, in diesem Beruf erfolgreich zu sein.

AS: Kann man also wie bei vielen erfolgreichen Fotografen sagen, dass es zu einem bestimmten Zeitpunkt einen „glücklichen Umstand" gab?

AR: Ja, das erste Bild von mir, das einige Aufmerksamkeit erzeugte, war ein Fuchs, der einen Gartenzwerg zerkaute – damit gewann ich einen Preis im Wettbewerb *BBC Wildlife Photographer of the Year.* Natürlich konnte ich hier meine starke Technik zeigen, doch viel mehr zählte, dass ich die richtigen Leute zum richtigen Zeitpunkt traf.

AS: Warum haben Sie sich nicht mit anderen Fotothemen beschäftigt, wie beispielsweise Mode oder Studio?

AR: Wildlife ist meine Seele und ich liebe das Gefühl der Verbundenheit, das ich mit meinen Motiven schaffe. Außerdem bin ich auch nicht besonders gut in anderen Fotobereichen. Ich habe die unterschiedlichsten Dinge ausprobiert, aber dabei hatte ich das Gefühl, nur zu fotografieren, und nicht etwas zu tun, das mir Freude bereitet, wertvoll ist und eine wichtige Botschaft übermittelt. Die Tierfotografie ist hart, aber sie versetzt mich in die Lage, jeden Tag bei der Arbeit bis an meine eigenen Grenzen zu gehen. Ich mag auch die fotografische Herausforderung dabei und habe einige Male mein Leben riskiert – unter höchster Anspannung musste ich dann überlegen, wie ich aus einer brenzligen Situationen wieder herauskommen könnte.

AS: Fotografieren Sie das, was Sie möchten, oder reden Dritte bei Ihren Fotos mit?

AR: Ich bekomme nur selten Aufträge, da so etwas in der Wildlife-Fotografie eigentlich nicht vorkommt. Mein Bereich sind Stock-Fotos – ich fotografiere und muss nach meiner Rückkehr einen Markt für die Bilder finden. Manche Trips können schnell 10.000 Euro kosten und deshalb muss ich mir gut überlegen, ob sich das rechnet. Auch das ist eine meiner Motivationen für starke Bilder.

Sifaka, Madagaskar
„Die extrem kurze Verschlusszeit erforderte automatisch eine große Blendenöffnung. Die Festbrennweite mit einer relativ geringen Schärfentiefe führte zu dem unscharfen Hintergrund – der Fokus liegt ausschließlich auf dem Objekt."

KAMERA: Canon EOS 1V HS
OBJEKTIV: 300 mm
ISO: Fuji Provia 100
BLENDE: f/2.8
VERSCHLUSSZEIT: 1/750 s
LICHT: Sonnig
WETTER: Trocken

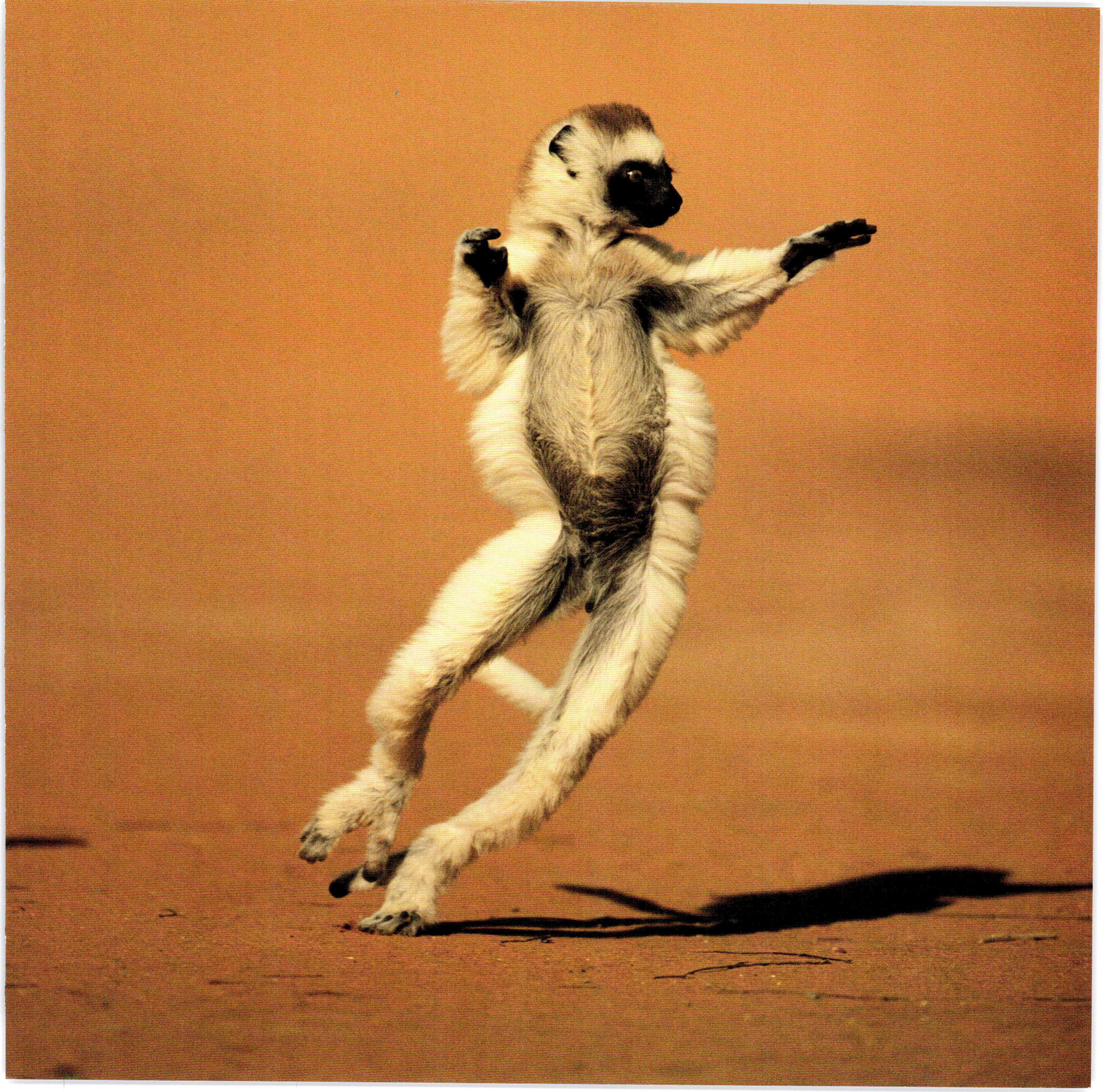

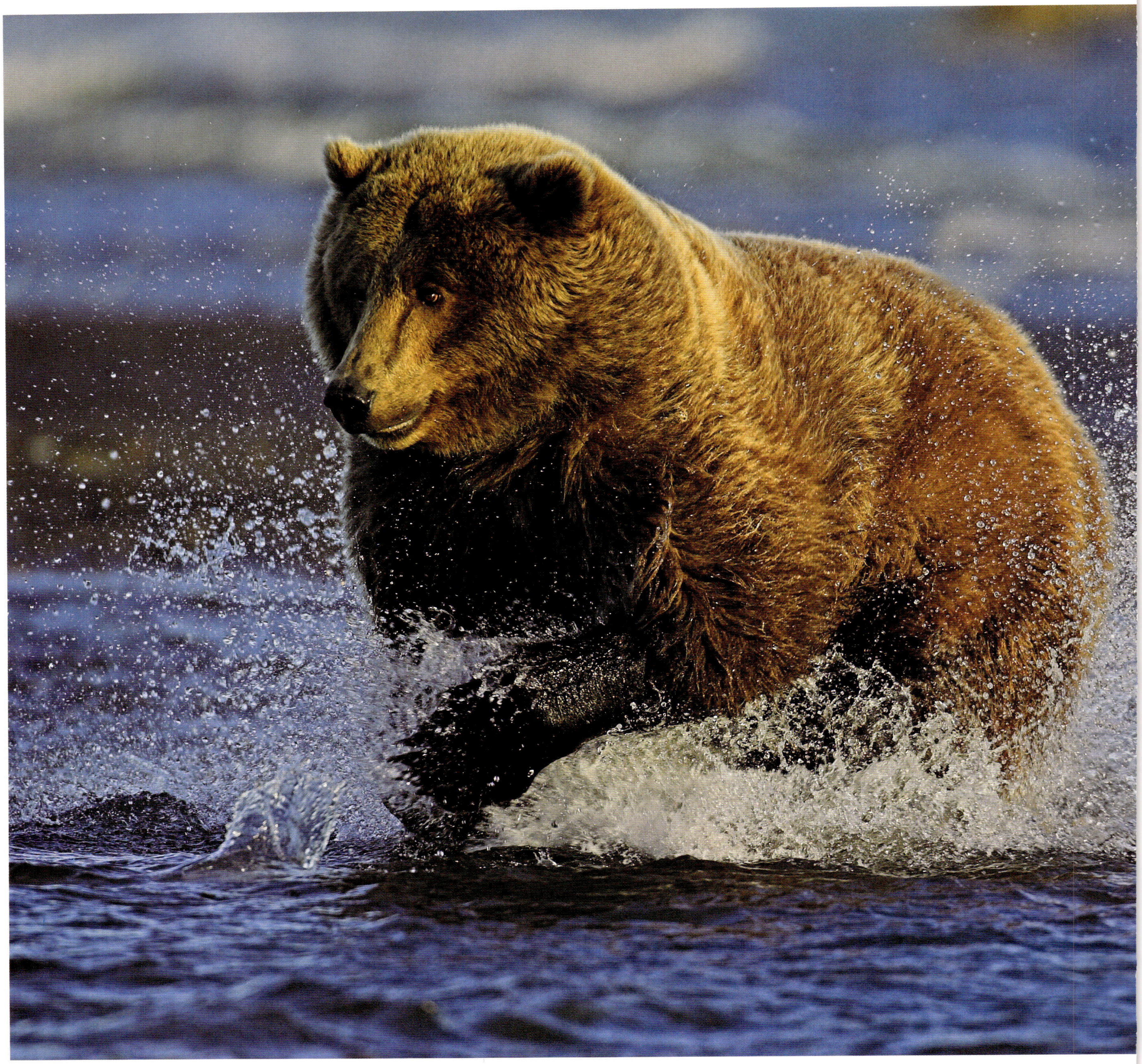

Grizzlybär, USA
„Momente wie dieser sind nicht vorhersehbar und es zahlt sich aus, gut vorbereitet zu sein. Wenn ich fischende Bären fotografiere, weiß ich, wie schnell sie ins Wasser eintauchen. Ich wechsle deshalb immer von Autofokus zu AI-Servo (Nachführ-Autofokus), stelle die Schärfe zwischen die Augen ein und hoffe, dass die Schärfenachführung in der Lage ist, mit der schnellen Bewegung des Bären mitzuhalten."

KAMERA: Canon EOS 1Ds MKII
OBJEKTIV: 500 mm
ISO: 100
BLENDE: f/4
VERSCHLUSSZEIT: 1/500 s
LICHT: Sonne
WETTER: Trocken

AS: Wo sind Sie zuhause? Wo arbeiten Sie am liebsten?

AR: Meine Arbeit dreht sich zur Hälfte um die einheimische Tierwelt: Hasen, Füchse, Eulen, Hirsche – Tiere, die den Grundstock meiner Karriere gebildet haben. Viel Zeit verbringe ich auch in Afrika, Jahr für Jahr bin ich dort – hauptsächlich in Kenia, Botswana und Zambia. Aber ich reise auch häufig in die Antarktis und zu den Falklandinseln, um Pinguine zu fotografieren. Pinguine bringen mich auch bei schlimmem Wetter zum Lächeln, ich mag sie einfach. Übrigens – Menschen sind viel schwieriger zu fotografieren.

AS: Was mögen Sie am liebsten an Ihrem Job?

AR: Mit Tieren zusammen sein. Der Schutz der Natur ist so wichtig und leider habe ich schon viele schlimme, nicht mehr umkehrbare Auswirkungen der Klimaveränderung gesehen. Meiner Meinung nach ist es jetzt zu spät und ich frage mich oft, ob der Mensch oder die Natur selbst für die Veränderung unserer Umwelt verantwortlich ist. Viele Arten sind heute bereits ausgestorben und viele weitere werden folgen, ob wir es wollen oder nicht. Ich bin mit meiner Kamera dabei, doch es gibt auf der Welt geeignetere Leute, um das zu zeigen, was um uns herum passiert. Ich bin Fotograf und kein Sprecher für den Klimaschutz.

AS: Was ist aus technischer Sicht bei Ihrer Art von Fotografie am schwierigsten?

AR: Die Verarbeitung und Auswertung der Fotografien finde ich ermüdend. Ich mache eine große Anzah Bilder, was viel Bearbeitungszeit nach sich zieht. Hinzu kommen viele Gespräche, Seminare und Vorträge. Dennoch versuche ich, dass die Fotografie nicht mein ganzes Leben in Beschlag nimmt.

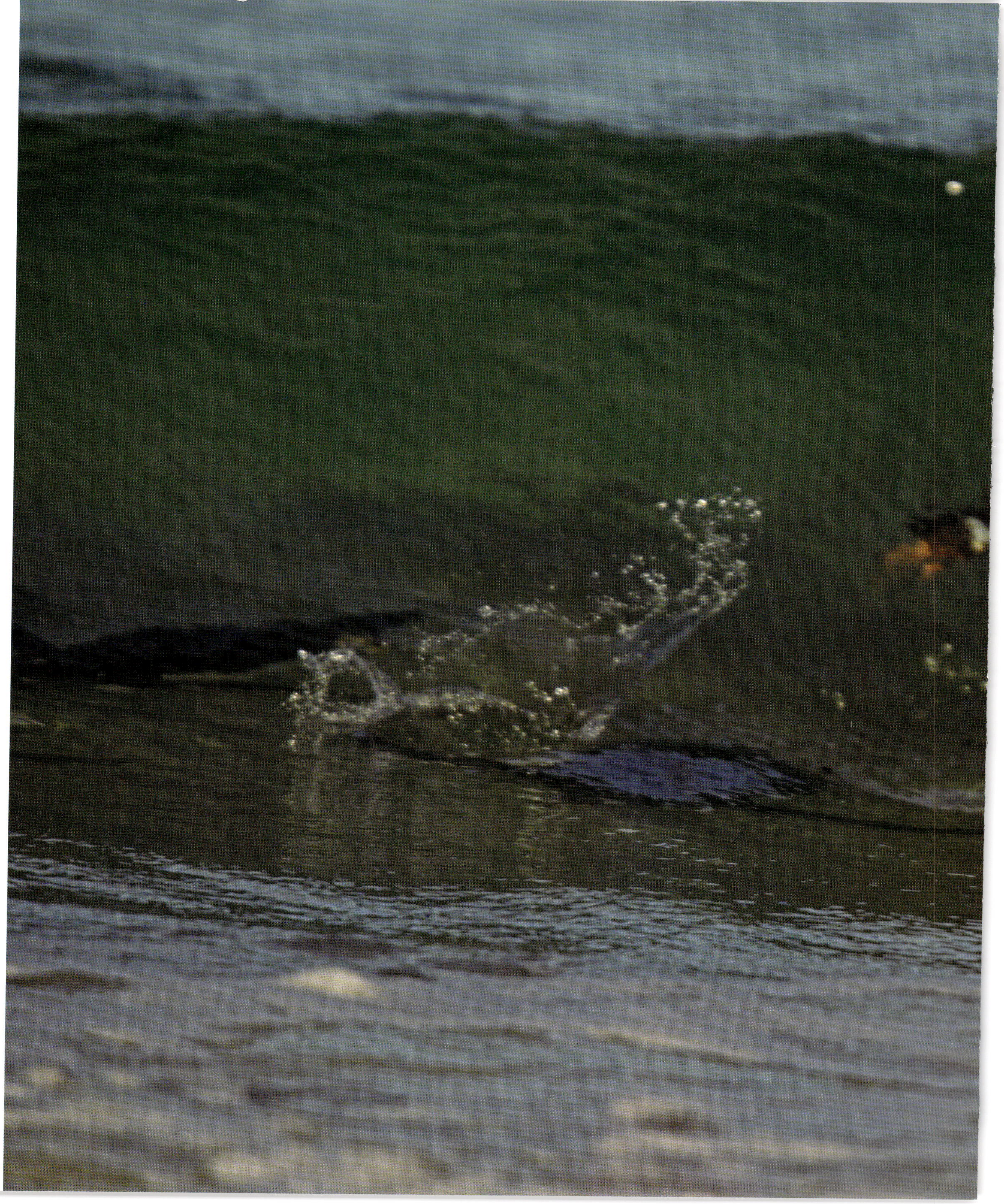

Gentoo-Pinguine, Falklandinseln
„Wenn die Bewegungen vorhersehbar sind und die Kamera genügend Zeit hat, das Objekt bis zum Auslösen zu verfolgen, überlasse ich der Kamera die völlige Kontrolle. Für dieses Bild habe ich meine Canon auf AI Servo eingestellt und alle Fokuspunkte aktiviert – die Kamera stellt auf diese Weise an jeder Position des Pinguin die Schärfe entsprechend ein. Ich brauchte nur noch den Pinguin in der Mitte des Suchers zu halten und versuchen, mein Lachen zu unterdrücken – die Possen des Pinguins waren einfach zu großartig."

KAMERA: Canon EOS 1Ds MKII
OBJEKTIV: 300 mm
ISO: 100
BLENDE: f/2.8
VERSCHLUSSZEIT: 1/2000 s
LICHT: Hell
WETTER: Trocken

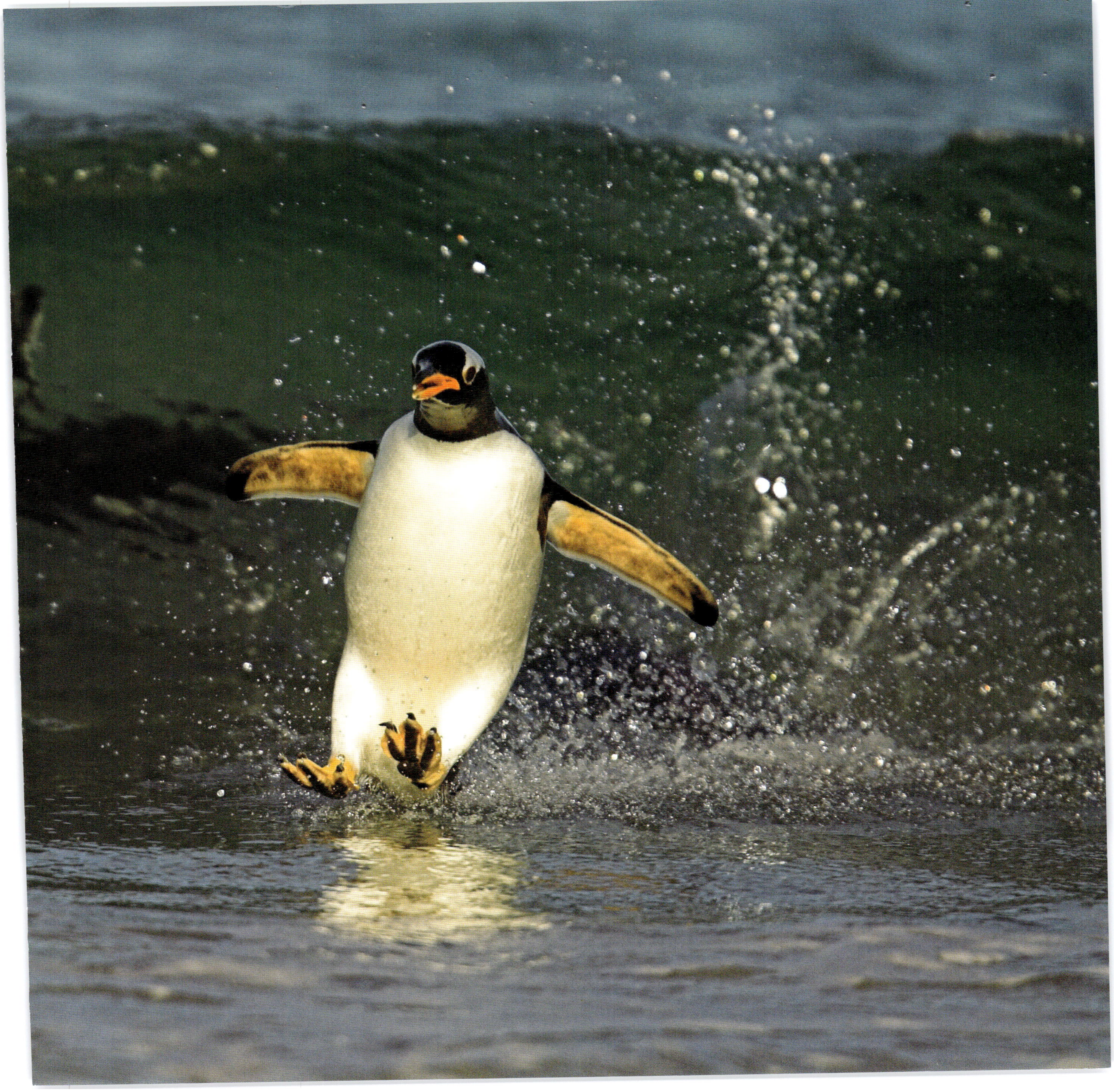

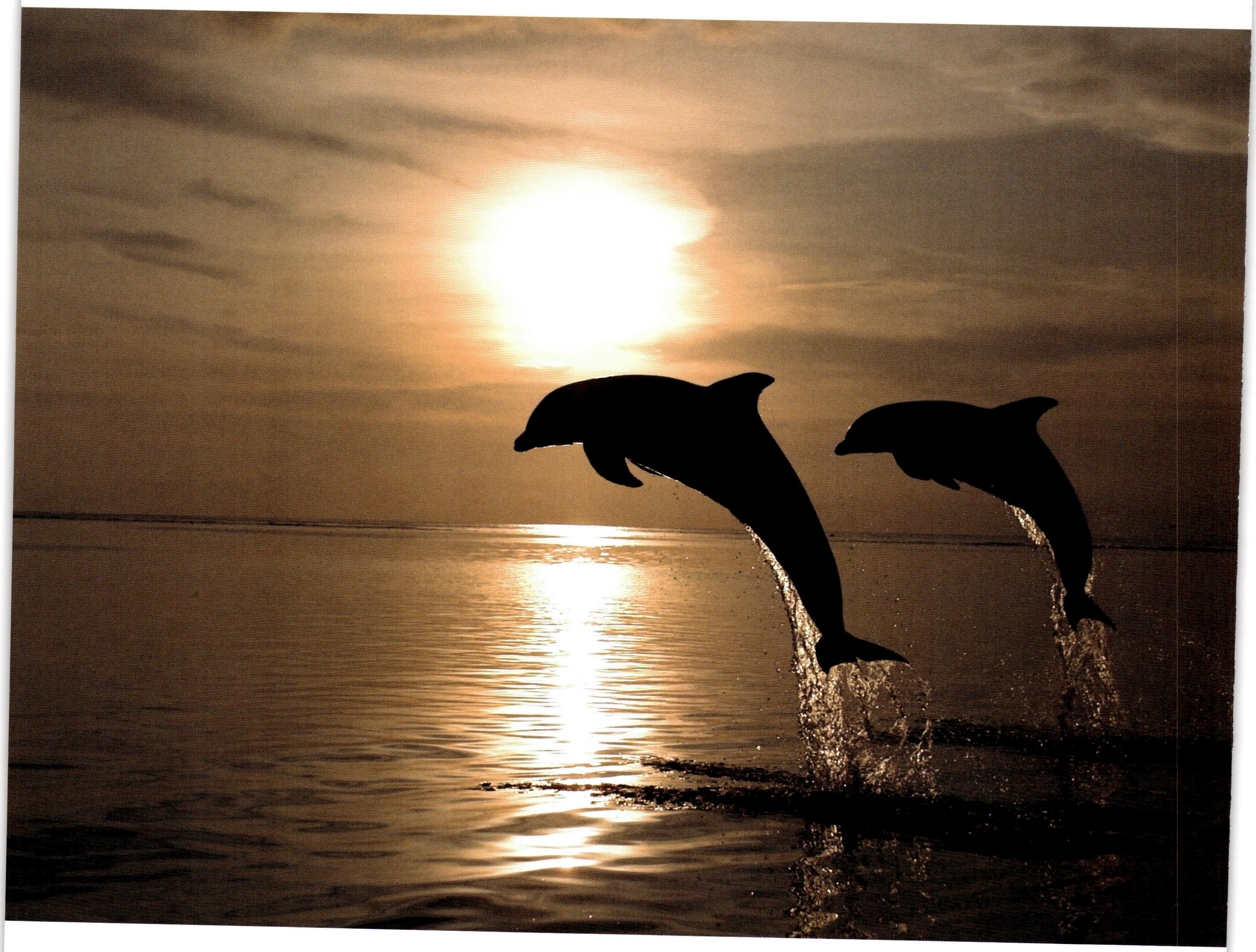

Große Tümmler, Karibik
„Man sollte manchmal nicht vergessen, dass es nicht nur darum geht, die Bewegung im Bild festzuhalten. Häufig ist auch die Umgebung des Aufnahmeobjekts hinreißend schön, wie in diesem Bild. Das Problem war der Autofokus meiner Kamera. Ich hatte keine Ahnung, in welche Richtung die Delphine springen würden, und konnte also die Schärfe nicht vorher entsprechend einstellen. Da aber der Hintergrund ruhig war und die Delphine sich gut vor ihm abhoben, vertraute ich auf den Autofokus – zum Glück tat er seine Arbeit."

KAMERA: Canon EOS D30
OBJEKTIV: 24–70 mm
ISO: 100
BLENDE: f/4
VERSCHLUSSZEIT: 1/500 s
LICHT: Blitz, Tageslicht

AS: Wie würden Sie Ihren persönlichen Fotostil bzw. Ihre Fototechnik beschreiben?

AR: Beides hat sich mit meinem Stil weiterentwickelt. Ich kenne nur wenige Profifotografen, deren Stil über die letzen 10 Jahre gleich geblieben ist. Dennoch könnte man sagen, dass ich heute näher als je zuvor an das Objekt herangehe und eher mit einem Weitwinkel als mit einem Tele fotografiere. Stürme beflügeln mich, besonders wenn ich sehe, wie Tiere darauf reagieren. Aber ich muss auch Bilder machen, die sich verkaufen. Dennoch bin ich dafür bekannt, nie ein schlechtes Bild an meine Kunden zu schicken. Ich mag freihändige Aufnahmen möglichst mit natürlichem Licht – wenn trotz wenig Licht ein Fotograf dazu nur mit Zusatzblitz und Stativ in der Lage ist, sollte er seinen Beruf aufgeben. Es gehört einfach zu den grundlegenden Voraussetzungen, mit ISO 200 und Blende f/8 ein gutes Foto zustande zu bringen.

AS: Erzählen Sie etwas über Ihre Ausrüstung. Mit welchem Kamerasystem arbeiten Sie und warum?

AR: Hauptsächlich mit einer Canon EOS 1Ds MKII, obwohl ich in letzter Zeit vermehrt mit meiner Canon EOS 5D arbeite, die über einen besseren Dynamikbereich (Kontrastumfang) verfügt und ein geringeres Bildrauschen hat.

AS: Mit welchen Objektiven/Brennweiten arbeiten Sie besonders häufig?

AR: Meist mit einem 70–200 mm f/2.8, manchmal mit einem 1.4 x-Telekonverter, da ich wenig mit mir herumschleppen und mich frei bewegen mochte. Das hängt aber auch von den fotografierten Tieren ab – das 500 mm-Objektiv ist für mich unverzichtbar, wenn das Aufnahmeobjekt scheu ist und sich schnell bewegt. Ich achte darauf, den Bildausschnitt natürlich zu füllen, das Bild so aufzunehmen, wie ich es sehe und es nicht erst später in Photoshop zu vergrößern.

AS: Welche Bilder sind besonders schwierig aufzunehmen?

AR: Ich mag keine Makroaufnahmen. Entweder man sieht ein Bild oder nicht – mit Makroobjektiven sehe ich es nicht. Makroaufnahmen zerstören das Künstlerische in meinen Bildern.

AS: Bevorzugen Sie Film oder Digital und warum?

AR: Digital. Ich kann kreativer sein, meine Produktionskosten reduzieren und fotografieren, ohne den Film zurückspulen zu müssen. Die Kamerageräusche beim Zurückspulen haben während meiner Fotokarriere schon viele Tiere verscheucht. Die Digitaltechnik hat heute ein Stadium erreicht, in dem die Qualität erstaunlich ist, und ich kann die Bilder noch stärker vergrößern. Ich habe mit der analogen Mittelformatkamera Pentax 645 gearbeitet. Zwar ist die Qualität sehr gut,doch die Kamera ist für die Wildlife-Fotografie zu laut. Wenn jemand einmal eine vollformatige digitale Mittelformatkamera anbietet, würde ich ihre Anschaffung in Erwägung ziehen

AS: In welchem Umfang werden Ihre Arbeiten von der digitalen Bildbearbeitung beeinflusst ?

AR: Ich retuschiere, achte aber streng darauf, nicht zu manipulieren. Ich denke, es ist in Ordnung, Farben so zu ändern, dass sie genau das widerspiegeln, was ich bei der Aufnahme gesehen habe. Manchmal sorge ich auch für etwas mehr Sättigung, so lange die Grundelemente des Bildes erhalten bleiben. Wildlife ist das, was man sieht. Und Wildlife wurde bereits erschaffen – eine Bildmanipulation wäre nur eine Täuschung.

AS: Wie entstehen die Ideen für Ihre Bilder?

AR: Vor der eigentlichen Aufnahme mache ich mir keine Gedanken. Wenn ich plötzlich ein schnell laufendes Tier entdecke, muss ich aus der Hüfte heraus das fotografieren, was ich sehe. Ich bin nicht der Fotograf, der jeden Tag unterwegs ist, um Bilder aufzunehmen. Ich tauche in ein Projekt ein, wenn ich es ausführe. Gute Bilder entstehen, indem man Gelegenheiten nutzt und das Beste aus dem macht, was sich am richtigen Platz zur passenden Zeit ereignet. Es gibt keine festen Regeln, wie man ein preisgekröntes Foto macht.

AS: Was hält die Zukunft für Sie bereit?

AR: Ich engagiere mich immer stärker im Natur- und Umweltschutz und als Fotograf hoffe ich, dass meine Arbeiten zum Umdenken beitragen – ich werde immerhin von einem großen Publikum in der ganzen Welt wahrgenommen. Ich möchte die Menschen dazu bringen, zu verstehen, dass die Veränderungen jetzt passieren müssen – dieses Ziel werde ich stärker als bisher verfolgen. Außerdem plane ich mehr Ausstellungen.

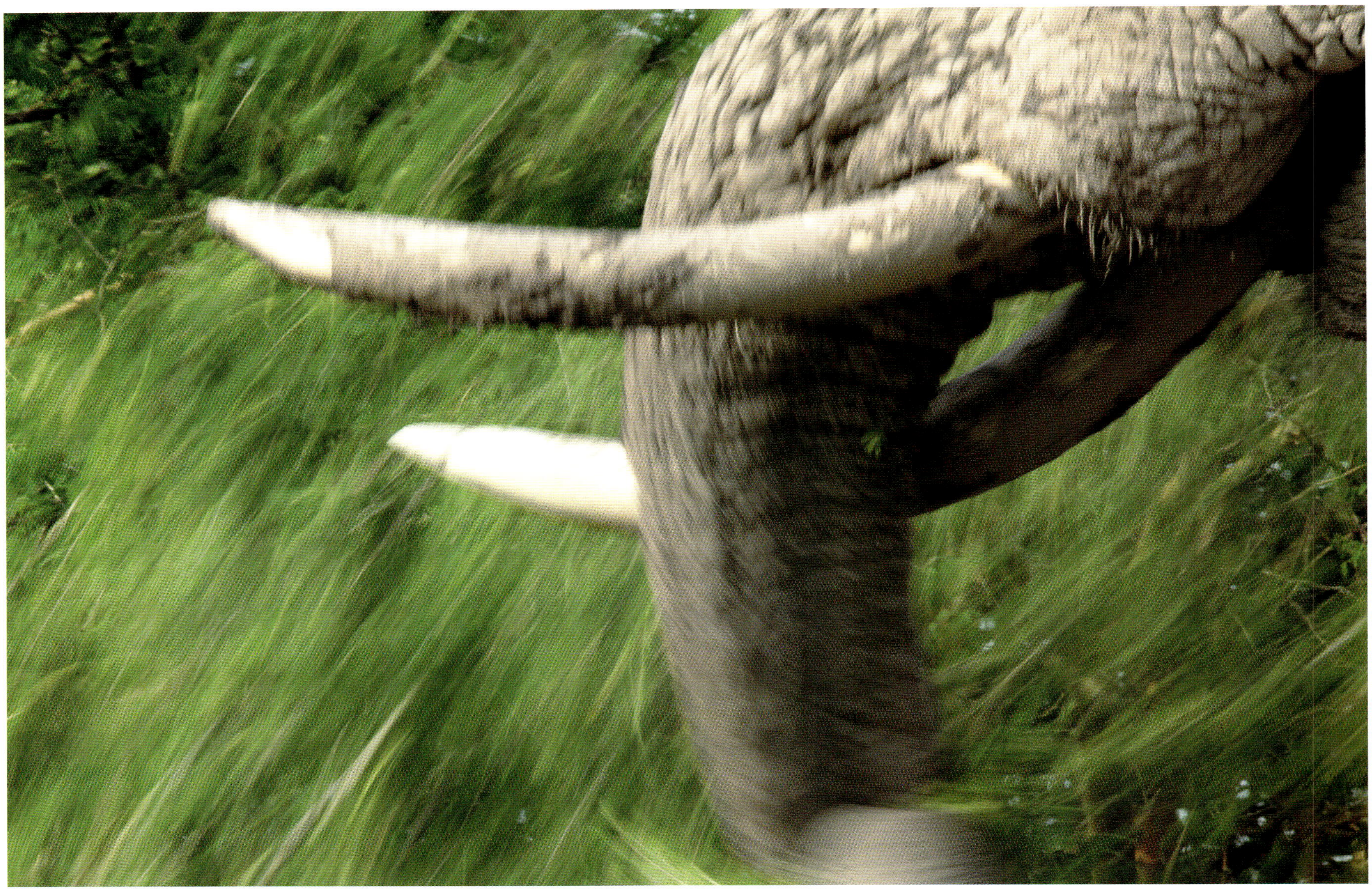

Elefantenbulle, Südafrika
„Manchmal kommt man zu anderen Bildern von oft fotografierten Motiven, indem man eine abstrakte Komposition mit Slow Motion kombiniert. Hier war die Verschlusszeit sehr lang, um die Bewegung des großen Elefantenbullen bei der Nahrungsaufnahme unscharf zu machen.“

KAMERA: Canon EOS 1Ds MKII
OBJEKTIV: 70–200 mm
ISO: 100
BLENDE: f/11
VERSCHLUSSZEIT: 1/15 s
LICHT: Hell
WETTER: Trocken

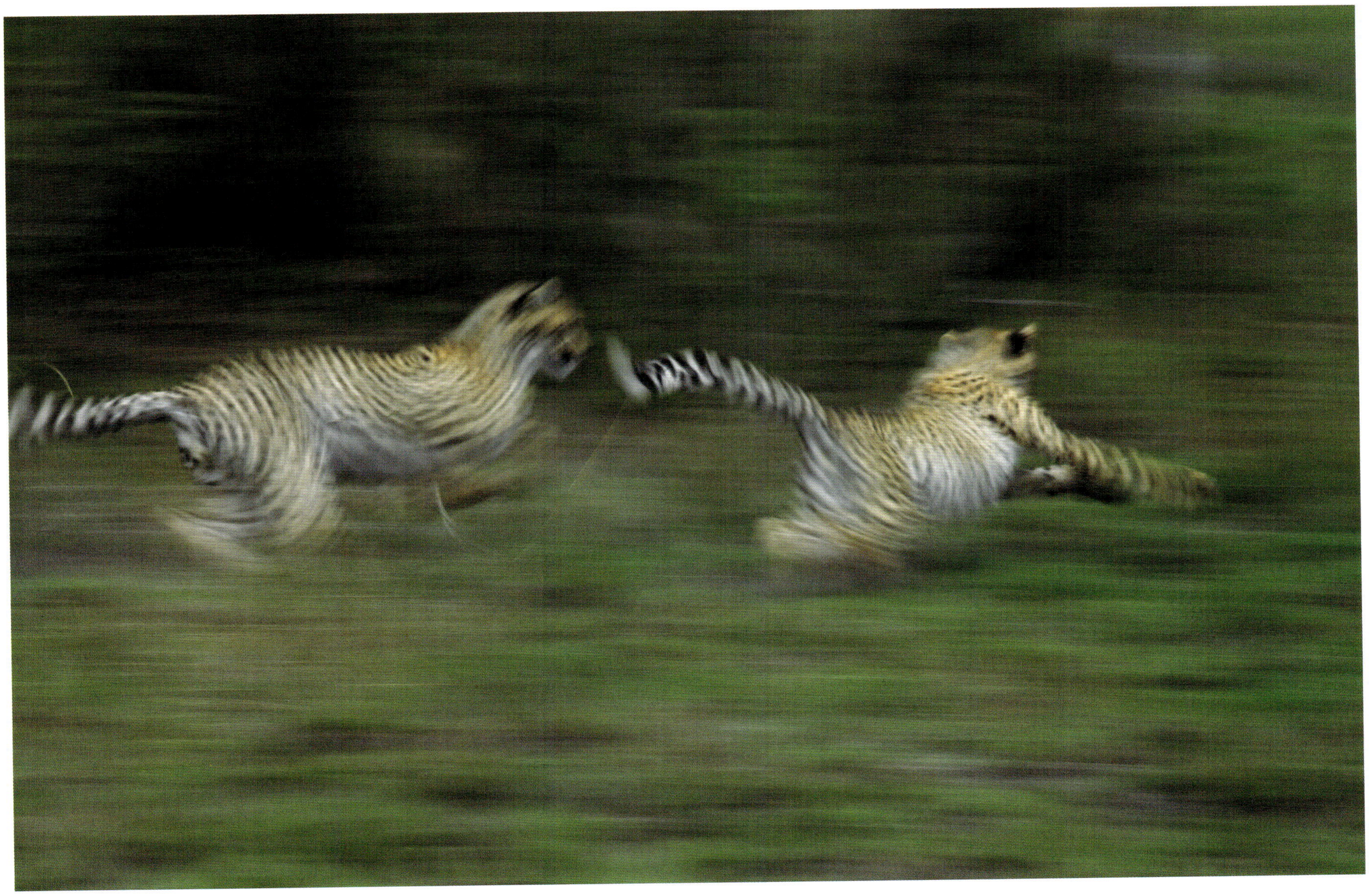

Geparde, Kenia
„Lowlight-Situationen nehmen Ihnen die Entscheidung zwischen einem eingefrorenen Bild oder Bewegungsunschärfe definitiv ab. Viele Fotografen würden auf eine Aufnahme verzichten, was ein Fehler ist. Unabhängig von den herrschenden Lichtverhältnissen sollten Sie es immer mit Bewegungsunschärfe versuchen. Gelingt das Bild nicht, wird es gelöscht. Ist es jedoch gut, bekommen Sie so etwas wie hier mit den beiden Geparden."

KAMERA: Canon EOS 1Ds MKII
OBJEKTIV: 70–200 mm
ISO: 200
BLENDE: f/5.6
VERSCHLUSSZEIT: 1/15 s
LICHT: Wolkig
WETTER: Trocken

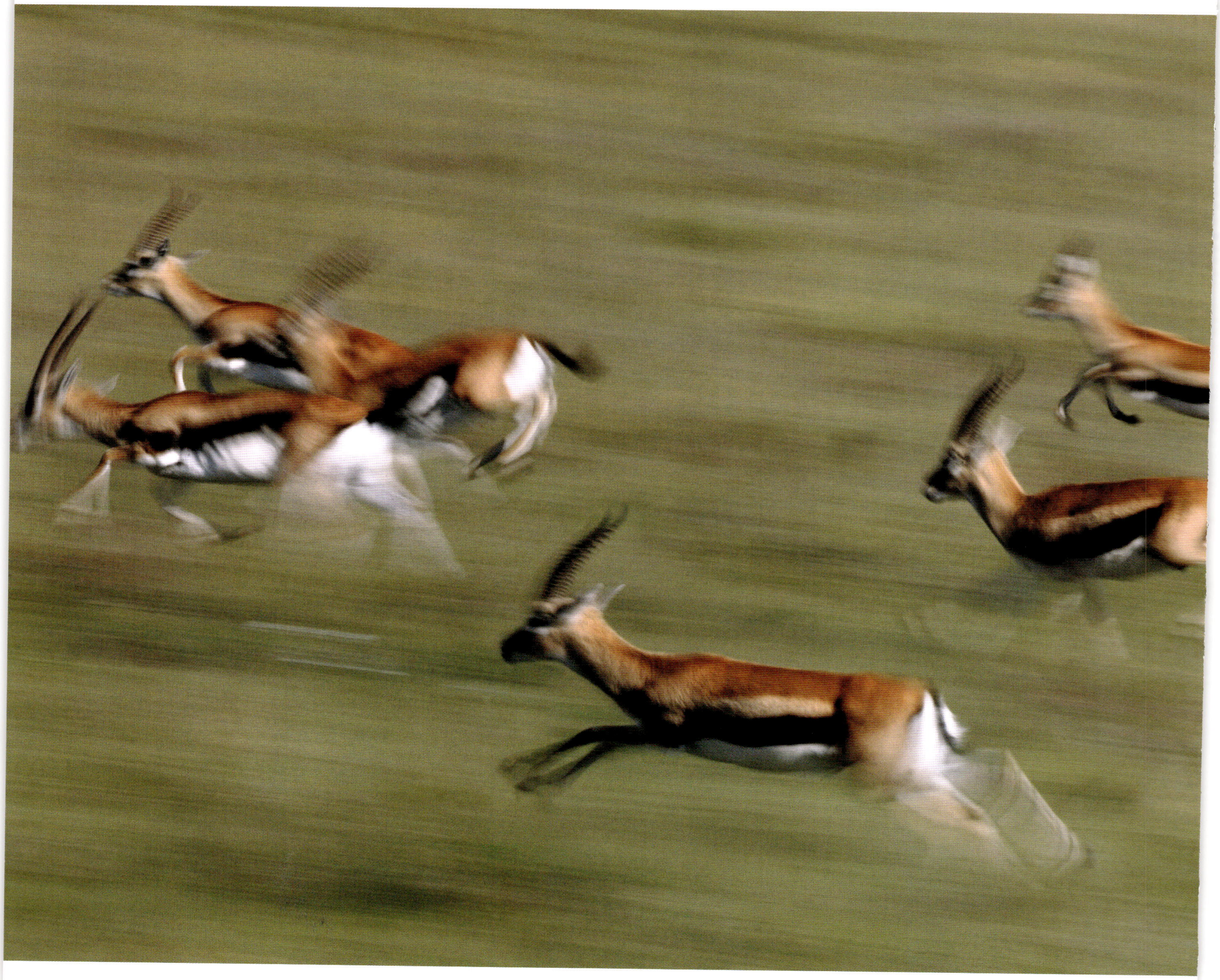

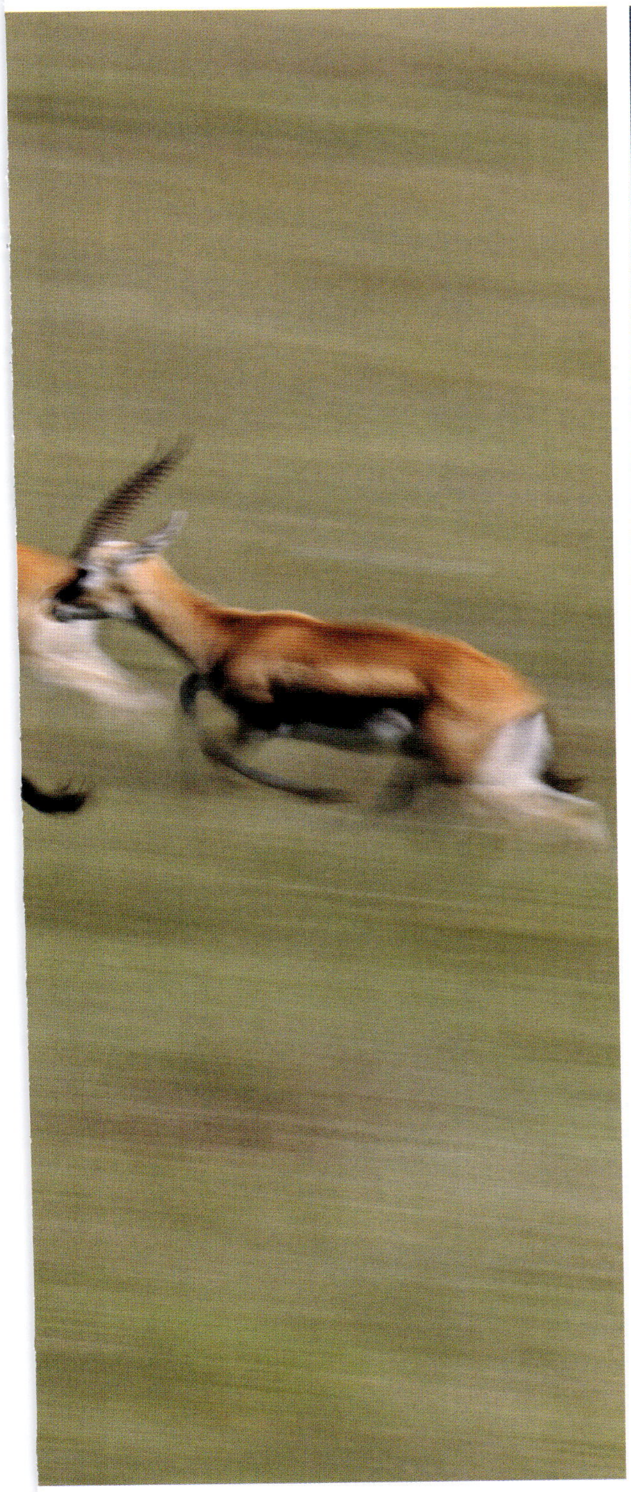

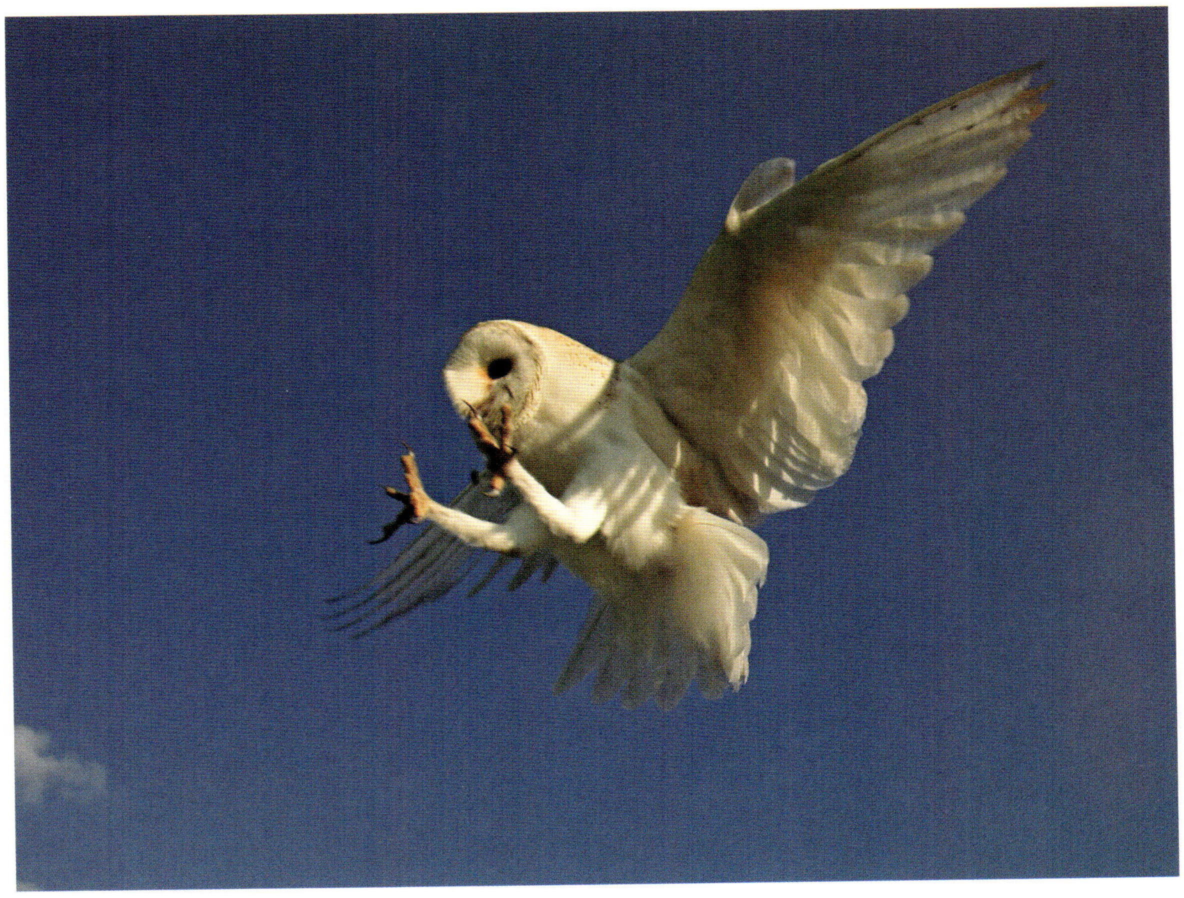

Thomson-Gazellen, Kenia
„Lange Verschlusszeiten reichen manchmal nicht aus. Dann müssen Sie die Kamera bei geöffnetem Verschluss mitziehen, um den Eindruck von Bewegung zu verstärken. Ich arbeite oft mit dieser bekannten Actiontechnik um zu zeigen, wie schnell ein Objekt rennt. Die Thomson-Gazelle flüchteten vor einem Geparden – ich musste die Entscheidung für eine sehr lange Verschlusszeit im Bruchteil eines Moments treffen und hatte Glück, dass die Technik funktionierte."

KAMERA: Canon EOS 1Ds MKII
OBJEKTIV: 70–200 mm
ISO: 100
BLENDE: f/11
VERSCHLUSSZEIT: 1/10 s
LICHT: Heller Sonnenschein
WETTER: Trocken

Schleiereule, Großbritannien
„Ich arbeitete für einen Werbekunden und simulierte mit der Schleiereule eines Freundes, wie diese für eine Maus am Boden aussehen würde. Bewegungsunschärfe mit langer Verschlusszeit hätte vor dem blauen Himmel nicht gut gewirkt, deshalb stellte ich die Kamera auf automatische Schärfenachführung ein, um die Bewegung der Eule beim Angriff einzufrieren."

KAMERA: Canon EOS 1Ds MKII
OBJEKTIV: 27–70 mm
ISO: 200
BLENDE: f/2.8
VERSCHLUSSZEIT: 1/1500 s
LICHT: Heller Sonnenschein
WETTER: Trocken

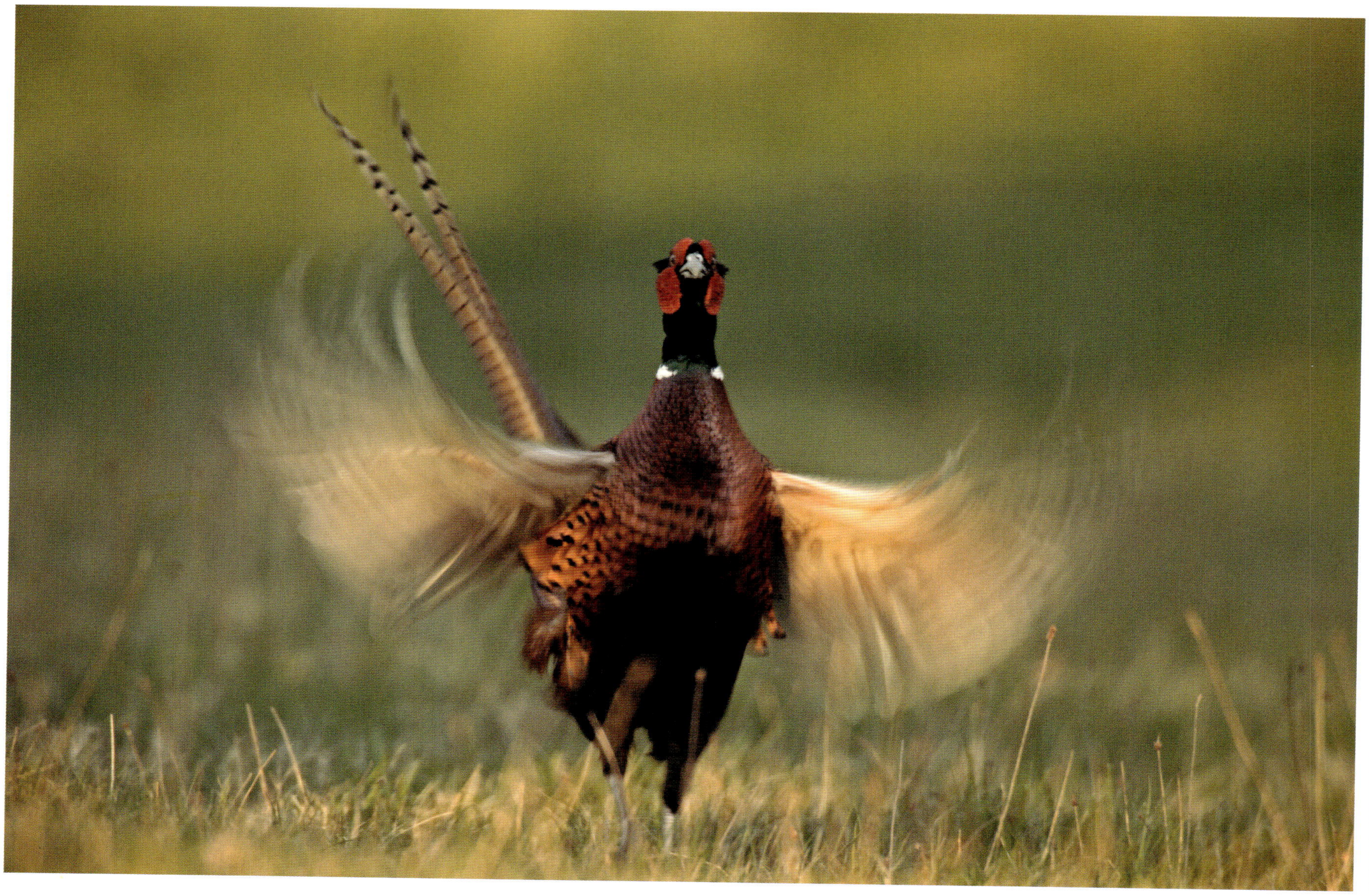

Fasan, Großbritannien
„Hier ein nützlicher Trick, wenn es um Fotos von Vögeln geht, bei denen man meist die Flügelbewegungen einfriert. Ich wollte jedoch zeigen, wie kräftig der Fasan mit seinen Flügeln schlägt, um die mögliche Braut zu beindrucken. Ich fokussierte auf die Brust, wählte eine längere Verschlusszeit als normal und erzielte so Bewegungsunschärfe.

KAMERA: Canon EOS 1Ds MKII
OBJEKTIV: 300 mm
ISO: 100
BLENDE: f/5.6
VERSCHLUSSZEIT: 1/60 s
LICHT: Hell
WETTER: Trocken

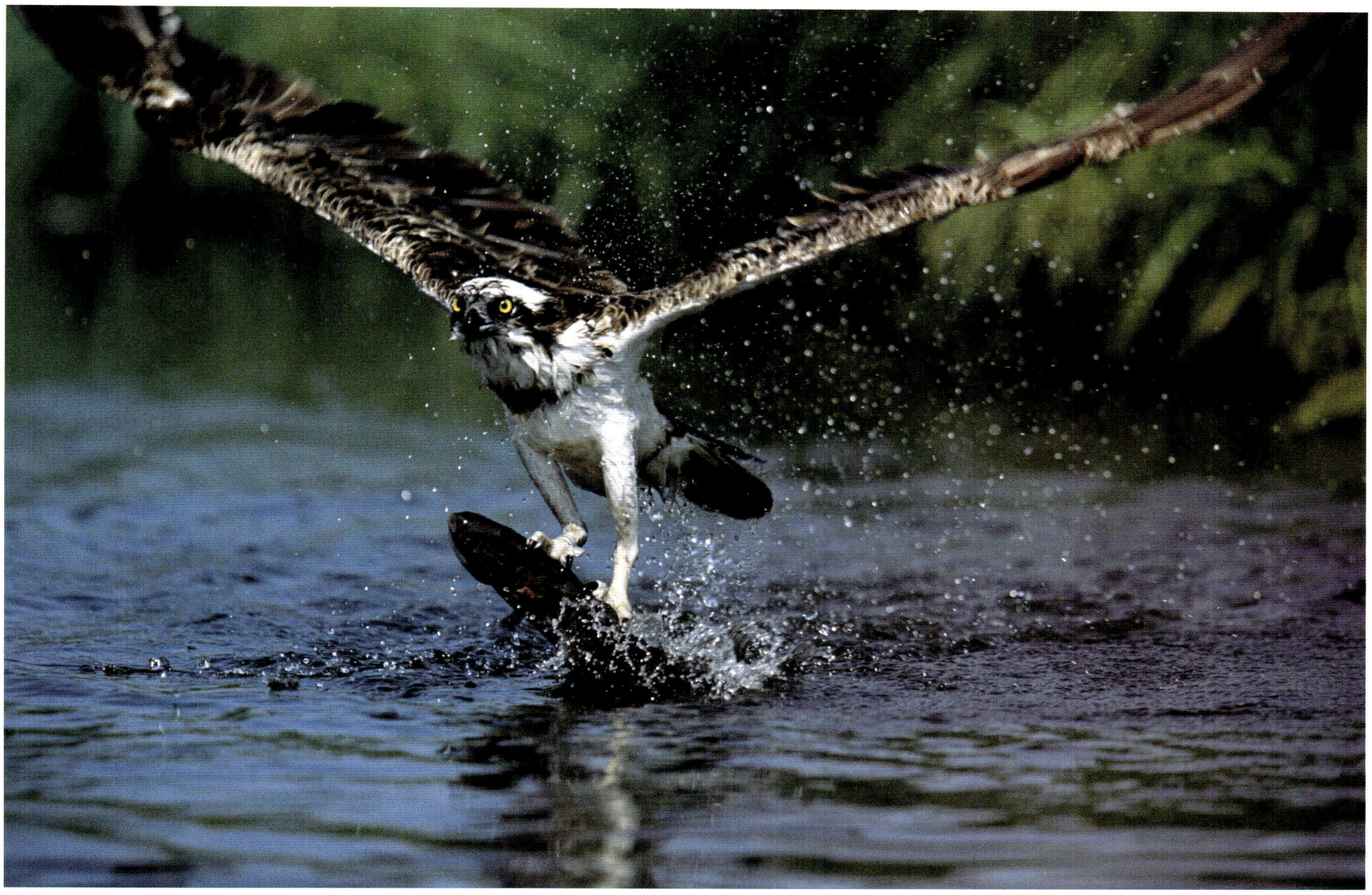

Fischadler, Finnland
„Räuber wie Fischadler lassen vorher nicht erkennen, wenn sie sich auf Beute ins Wasser stürzen. Bei Bedingungen wie hier benutze ich die automatische Schärfenachführung und fokussiere auf die Mitte des Sees. Grund: Der Drehweg des Objektivs bis zur korrekten Scharfeinstellung wird kürzer und damit schneller."

KAMERA: Canon EOS 1V HS
OBJEKTIV: 300 mm
ISO: Fuji Provia 100
BLENDE: f/2.8
VERSCHLUSSZEIT: 1/500 s
LICHT: Sonnig
WETTER: Trocken

Andy Rouse

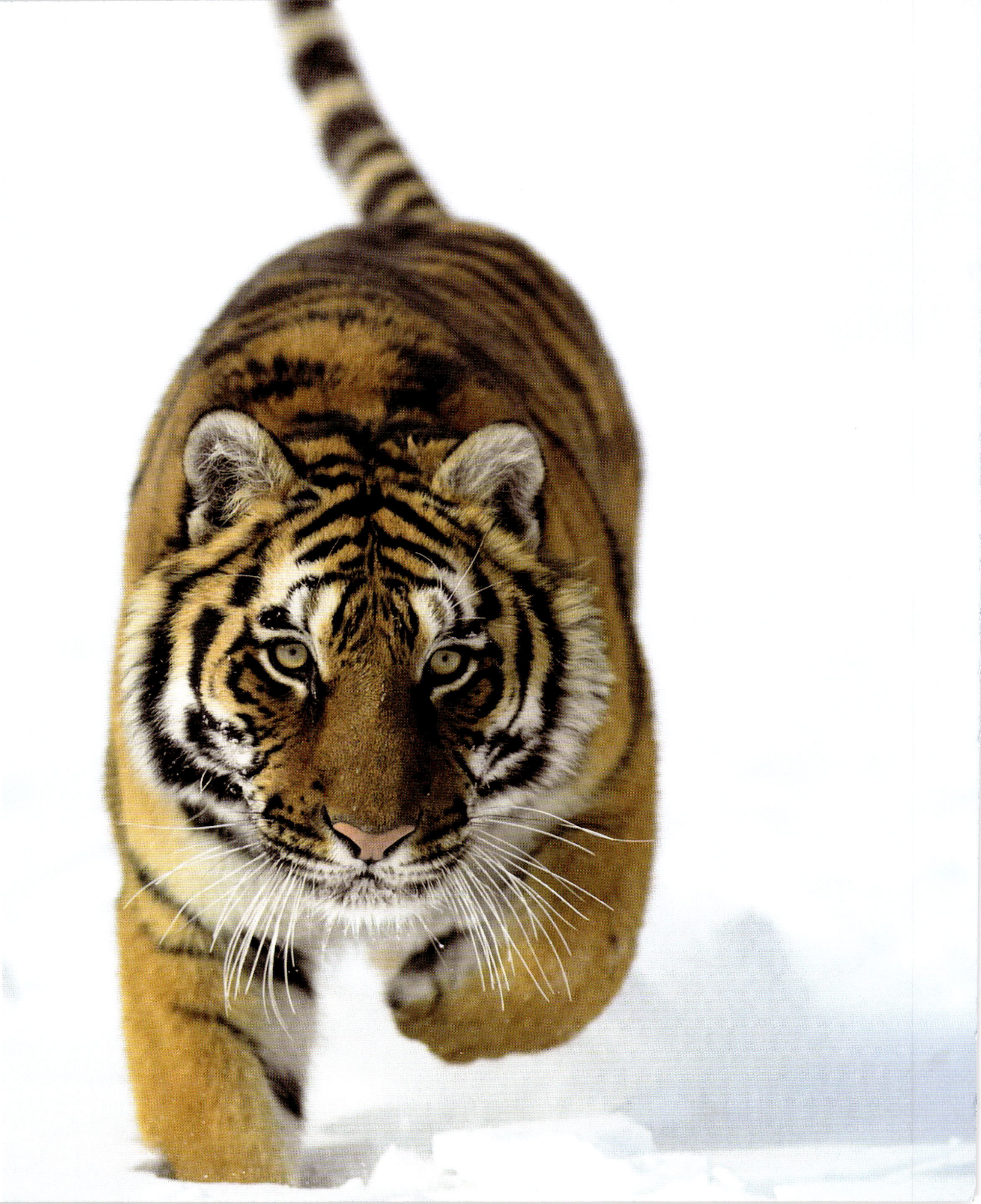

Sibirischer Tiger, USA
„Ich machte Werbefotos und mein Kunde benötigte die Aufnahme eines Tigers auf der Jagd. Zum Glück kannte ich einen Tiertrainer, dessen Katzen in allen großen Filmen arbeiteten, und der den Tiger direkt in mein Objektiv laufen lassen konnte. Ich wählte an meiner Kamera die automatische Schärfenachführung (AI Servo) und aktivierte alle Fokuspunkte. Ich wusste, dass der Autofokus nicht irren würde und stets den Tigerkopf scharf abbilden würde. Obwohl es ein zahmer Tiger war, bekam ich einen gewaltigen Adrenalinstoß, als das Tier durch den Schnee auf mich zulief – und nachdem alles vorbei war, war ich mehr als erleichtert."

KAMERA: Canon EOS 1Ds MKII
OBJEKTIV: 500 mm
ISO: 200
BLENDE: f/5.6
VERSCHLUSSZEIT: 1/500 s
LICHT: Hell, wolkig
WETTER: Schnee

Erfolgstipps

1) Einen weiten Aufnahmewinkel wählen
Die Versuchung ist stets groß, beim Fotografieren von freilebenden Tieren den Ausschnitt mit dem herrlichen Aufnahmeobjekt auszufüllen. Das ist natürlich ein guter Ausgangspunkt, doch oft ist das nicht die bestmögliche Aufnahme – arbeiten Sie einfach mit einem weiteren Aufnahmewinkel, um das Objekt in seinem Lebensraum zu zeigen. Wenn Sie zeigen, wo und wie Ihr Objekt lebt, kommen Sie meist zu einem besseren Bild als mit dem üblichen Kopf-und-Schulter-Foto.

2) Auf die Augen fokussieren
Die Augen müssen bei jedem Wildlife-Foto scharf sein – nur dann kann man über eventuelle Fehler im Bild hinwegsehen. Ich fokussiere genau auf die Augen und wähle einen Schärfepunkt direkt darüber. Anschließend warte ich mit der Aufnahme, bis die Augen voll geöffnet sind.

3) Früh aufstehen
Es mag hart klingen, aber die meisten Actionfotos in der Natur entstehen kurz nach Beginn der Morgendämmerung. Das trifft besonders für heiße Regionen zu, da jetzt die Raubtiere zur Jagd aufbrechen. Ruhe kehrt erst dann wieder ein, sobald der Tag heißer wird.

4) Sich vom Licht motivieren lassen
Licht ist entscheidend für jedes Bild und bestimmt die Bildaussage. Gutes bringt in jedem Fall das weiche Morgen- und Abendlicht, obwohl auch raue und stürmische Bedingungen etwas für sich haben. Versuchen Sie unterschiedliche Belichtungen, um das Beste aus dem vorhandenen Licht herauszuholen, und bewahren Sie die Stimmung im Bild, indem Sie bei der späteren Bildbearbeitung nicht zu stark aufhellen. Im Gegenteil: sie verdichten die Stimmung, wenn Sie das Bild ein wenig unterbelichten.

5) Mit RAW statt JPEG aufnehmen
Jeder macht Fehler, wobei sich Aufnahmen im RAW-Format auch später noch mit der entsprechenden Software korrigieren lassen. RAW hat nicht nur mit Qualität zu tun, obwohl RAW-Bilder weniger Bildrauschen und Banding (streifenförmigen Artefaktbildung) als JPEGs beinhalten, sondern auch mit Flexibilität. RAW bietet viele Möglichkeiten für Experimente und zur Farbsteuerung, ohne dass man gleich ein Bildbearbeitungsexperte sein muss.

6) Mit Blendenpriorität fotografieren
Die meisten Wildlife-Fotos werden bei sehr wenig Licht aufgenommen und benötigen daher für das Aufnehmen der Action eine kurze Verschlusszeit oder arbeiten mit geringer Schärfentiefe für den Hintergrund – fotografieren Sie also mit Blendenpriorität bei bestimmten Lichtverhältnissen und am besten auch mit der kürzest möglichen Verschlusszeit. Stellen Sie die größtmögliche Blende ein (meist f/4–f/5.6) – die Kamera wählt dann die jeweils kürzeste Verschlusszeit.

7) Mindestens zwei Backups
Es kann ganz schnell passieren, dass man seine wertvollen digitalen Bilder verliert, egal, ob durch versehentliches Löschen oder einen Festplattenabsturz – sichern Sie daher immer zweimal. Unterwegs benutze ich eine mobile Festplatt mit 80 GB Speicherkapazität, um darauf meine RAW-Bilder zu speichern. Zuhause sichere ich diese Bilder auf externe und gespiegelte 250 GB Festplatten. Wenn eine dieser Platten ausfällt, verfüge ich immer noch über eine Kopie.

8) Objektive mit Bildstabilisator verwenden
Stabilisierte Objektive sind für Actionfotografen ein Geschenk des Himmels. Sie ermöglichen Lowlight-Aufnahmen mit guten Ergebnissen. Ich fotografiere regelmäßig mit Verschlusszeiten unter 1/60 s und vertraue meinem Canon-Objektiven mit Bildstabilisator – die Chance für scharfe Fotos ist einfach größer. Dabei nehme ich immer eine starre, versteifte Haltung ein, ziehe meine Arme an die Brust und vermeide jegliche Bewegung – das hat sich für mich in zahllosen Situationen ausgezahlt.

9) Wie sieht das Objekt den Fotografen?
Die meisten wildlebenden Tiere fürchten den menschlichen Kontakt. Diese Situation kann sich durch die Art und Weise, wie Sie schauen, verschärfen, wenn Sie von dem Tier entdeckt werden. Wenn Sie helle Kleidung tragen, werden Sie nicht nur eher entdeckt (oder das Tier flüchtet), sondern Ihr Objekt kann auch aggressiver werden. Der Geruch ist ebenfalls wichtig, da die meisten Mitglieder des Tierreichs über einen hochentwickelten Geruchssinn verfügen und Ihnen aus dem Weg gehen, bevor Sie selbst diese wahrgenommen haben. Tragen Sie daher immer dunkle Kleidung beim Fotografieren, eventuell auch Tarnfarben, und verzichten Sie auf jede Art von Duftwässerchen.

10) Respekt vor der Natur
Sie arbeiten im Reich der Tiere, die mehr ums Überleben kämpfen als Sie. Gehen Sie nicht zu nah heran oder bleiben Sie nicht zu lange, besonders wenn es sich um ein weibliches Tier mit Jungen handelt. Ziehen Sie sich zurück, sobald Sie fühlen, dass Ihr Objekt gestresst ist. Wenn Sie diese Signale nicht erkennen, machen Sie sich schlau. Dieses Wissen kann in bestimmten Situationen Ihr Leben retten.

Workshop

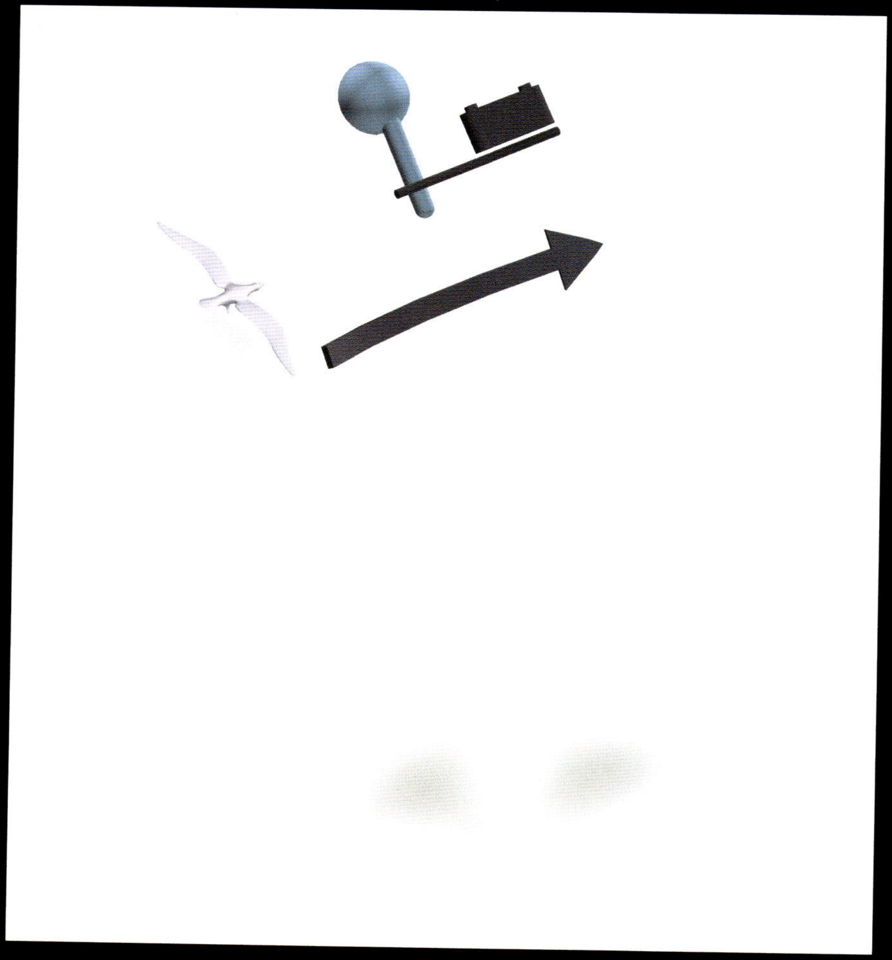

Schwarzbrauenalbatros, Falklandinseln

„Für diese künstlerische Aufnahme kombinierte ich eine lange Verschlusszeit mit der Synchronzeit meines Blitzgerätes. Ich verfolgte den Albatros im Flug, drückte den Auslöser und verfolgte den Vogel weiter, solange der Verschluss offen war. Der Blitz hellte den Albatros auf und der Schwenk sorgte für die Streifen – ein schönes Foto eines herrlichen Vogels.“

Technische Daten

KAMERA: Canon EOS 1Ds

OBJEKTIV: 70–200 mm

ISO: 100

BLENDE: f/5.6

VERSCHLUSSZEIT: 1/15 s

WETTER: Blitz/Tageslicht

Ausrüstung

- Canon EOS 5D-Kamera
- Canon EOS 1D- Kamera
- Canon EOS 1Ds MKII-Kamera
- 24–70 mm f/2.8 Objektiv
- 70–200 mm f/2.8 Objektiv
- 300 mm f/2.8 Objektiv
- 500 mm f/4 Objektiv
- Canon 580-EX Speedlite Blitzgerät
- Wetterfester Rucksack von Kata
- Stativ Gitzo 15–48
- Stativ Manfrotto 501
- Kirk-Stativkugelkopf
- Jobo GigaVu PRO Mobiler Datenspeicher 80 GB
- CF-Speicherkarten
- Aquatech-Regenschutz für Kamera
- Gore-Tex-Kleidung von Paramo
- Sensorreiniger
- Polfilter

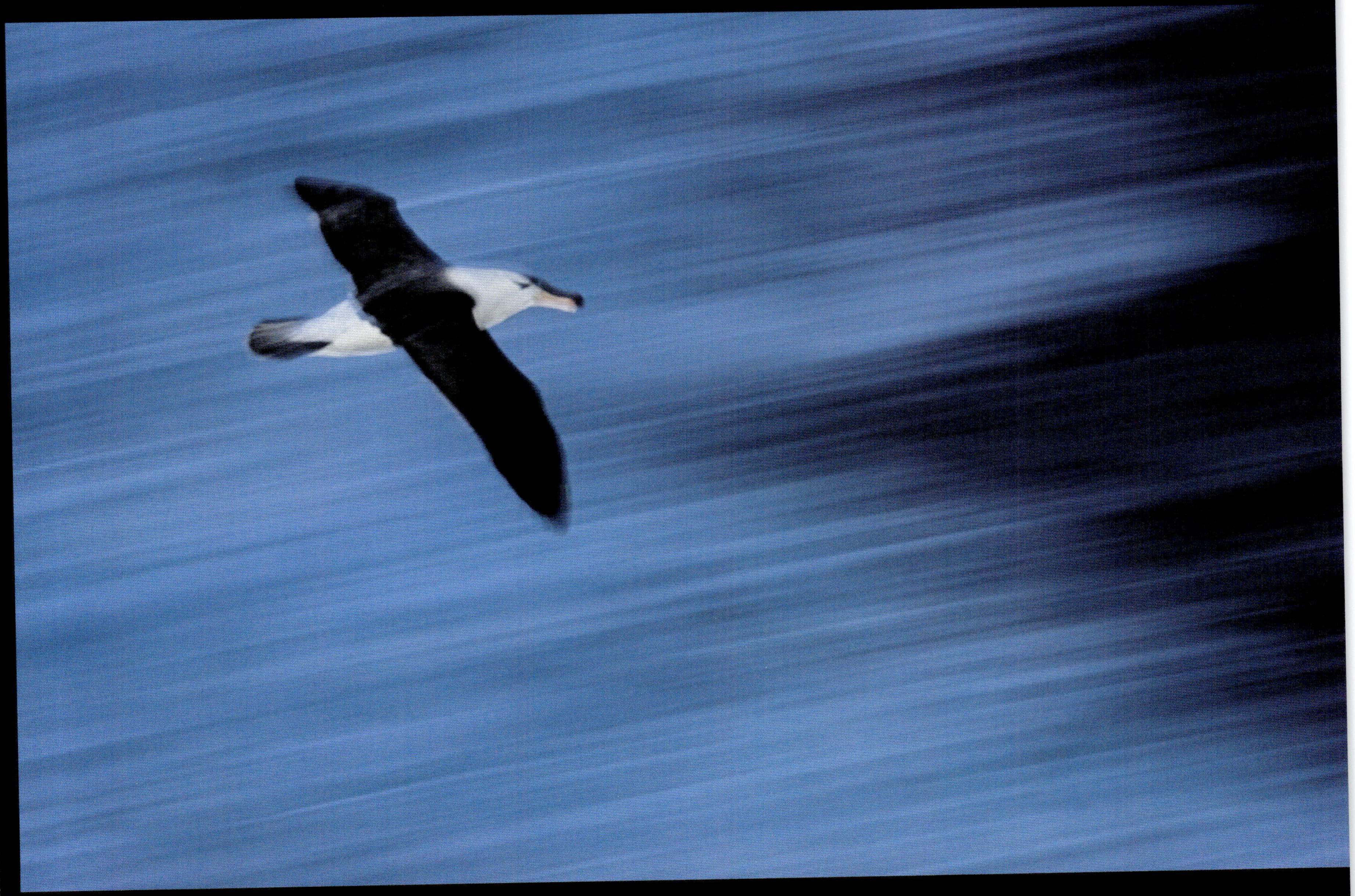

Andy Rouse

Ezra Shaw

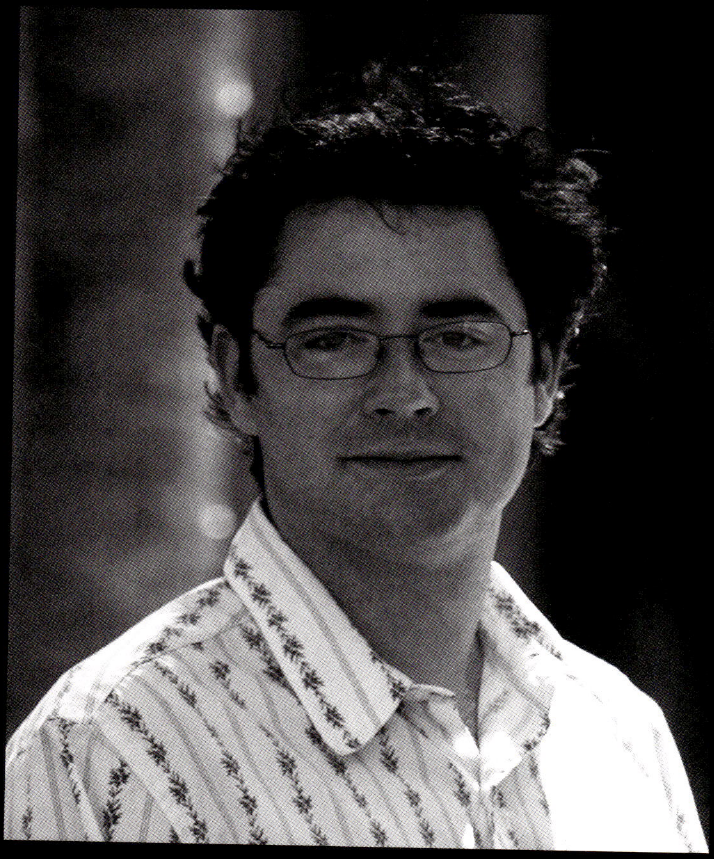

Basketball und Sport

Der kürzlich nach Australien übergesiedelte New Yorker Ezra Shaw ist um die ganze Welt gereist, um die wichtigsten Sportereignisse zu fotografieren. Seine Liebe gehört aber weiterhin dem Basketball. Bald nachdem er 1998 zu Allsport Photography gestoßen war, wurde die Agentur von Getty Images übernommen und dort arbeitet Shaw jetzt als Senior-Fotograf. Zu seinen Aufträgen gehört das Fotografieren der Olympischen Winter- und Sommerspiele, der Baseball World Series, der Basketball-Endspiele der NBA und des Super Bowl. Hinzu kommen noch diverse andere Veranstaltungen. Shaw hat in letzter Zeit eng mit der Feature-Abteilung bei Getty Images zusammengearbeitet, um Boulevard-Geschichten zum Thema Sport zu entwickeln und zu produzieren – vom Kickboxen in Bangkok bis zum Iditarod-Hundeschlittenrennen in Alaska.

AS: Was war Ihre erste Kamera überhaupt?

ES: Eine Konica, die ich als Achtjähriger bekam und die kurz danach bei einem Familienausflug nach Washington DC gestohlen wurde. Danach kaufte mir mein Vater eine gebrauchte Nikon FE2 Kleinbild-Spiegelreflexkamera.

AS: Was sind Ihre größten fotografischen Erfolge?

ES: Ich wurde kurz vor Ende meiner Studienzeit mit dem ersten Platz beim Wettbewerb der Alexia-Stiftung ausgezeichnet. Diese Stiftung unterstützt Fotografen, die mit ihren Bildern für die Idee des Weltfriedens und des gegenseitigen Verständnis der Kulturen werben. Auf diese Weite konnte ich an einer Geschichte über die Kinder von Tschernobyl arbeiten, was mir sonst nie möglich gewesen wäre. Der Kreis schloss sich, als ich viele Jahre später wieder zurück nach Weißrussland kam, um die Veränderungen 20 Jahre nach der nuklearen Katastrophe zu dokumentieren.

AS: Kann man also wie bei vielen erfolgreichen Fotografen sagen, dass es zu einem bestimmten Zeitpunkt einen „glücklichen Umstand" gab?

ES: Während meines letzten Studienjahrs stellte mir ein Freund jemanden vor, der bei *Sports Illustrated* arbeitete, und der wiederum mich mit anderen Leute bei der Zeitschrift bekanntmachte. Das öffnete mir viele Türen und ich begann als Assistent für einen der *Sports Illustrated*-Fotografen – eine unschätzbare Erfahrung und gleichzeitig das Sprungbrett für meine Karriere.

AS: Warum haben Sie sich nicht mit anderen Fotothemen beschäftigt, wie beispielsweise Mode oder Studio?

ES: Ich habe von Kindheit an Sport betrieben. Als ich dann erkannte, dass ich es nie bis Wimbledon schaffen würde, musste ich eine andere Möglichkeit finden, um an diesen Ort zu kommen. Und obwohl ich immer noch nicht in Wimbledon fotografiert habe, konnte ich in der ganzen Welt bei vielen fantastischen Sportereignissen dabei sein.

AS: Fotografieren Sie das, was Sie möchten, oder reden Dritte bei Ihren Fotos mit?

ES: Im Allgemeinen fotografiere ich das, was ich möchte. Allerdings gibt es immer die Verpflichtung, bestimmten Einsätzen nachzukommen. Getty Images fordert dabei seine Fotografen jedoch stets auf, neue und andere Wege auszuprobieren. Das kann einen langweiligen Auftrag interessanter machen, da ich immer nach neuen Aufnahmewinkeln suche und Bilder aufnehmen möchte, die andere Fotografen noch nicht gemacht haben.

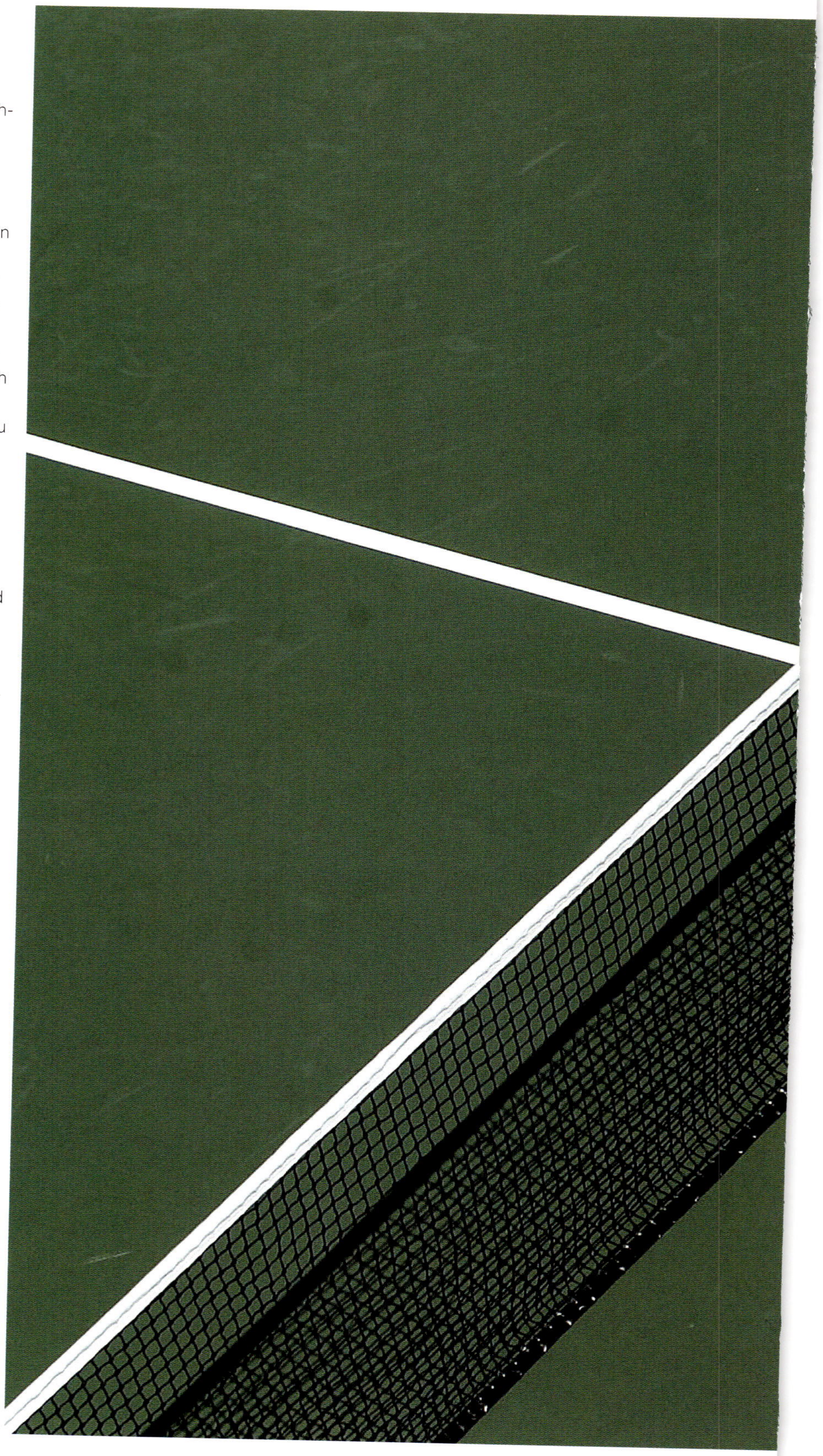

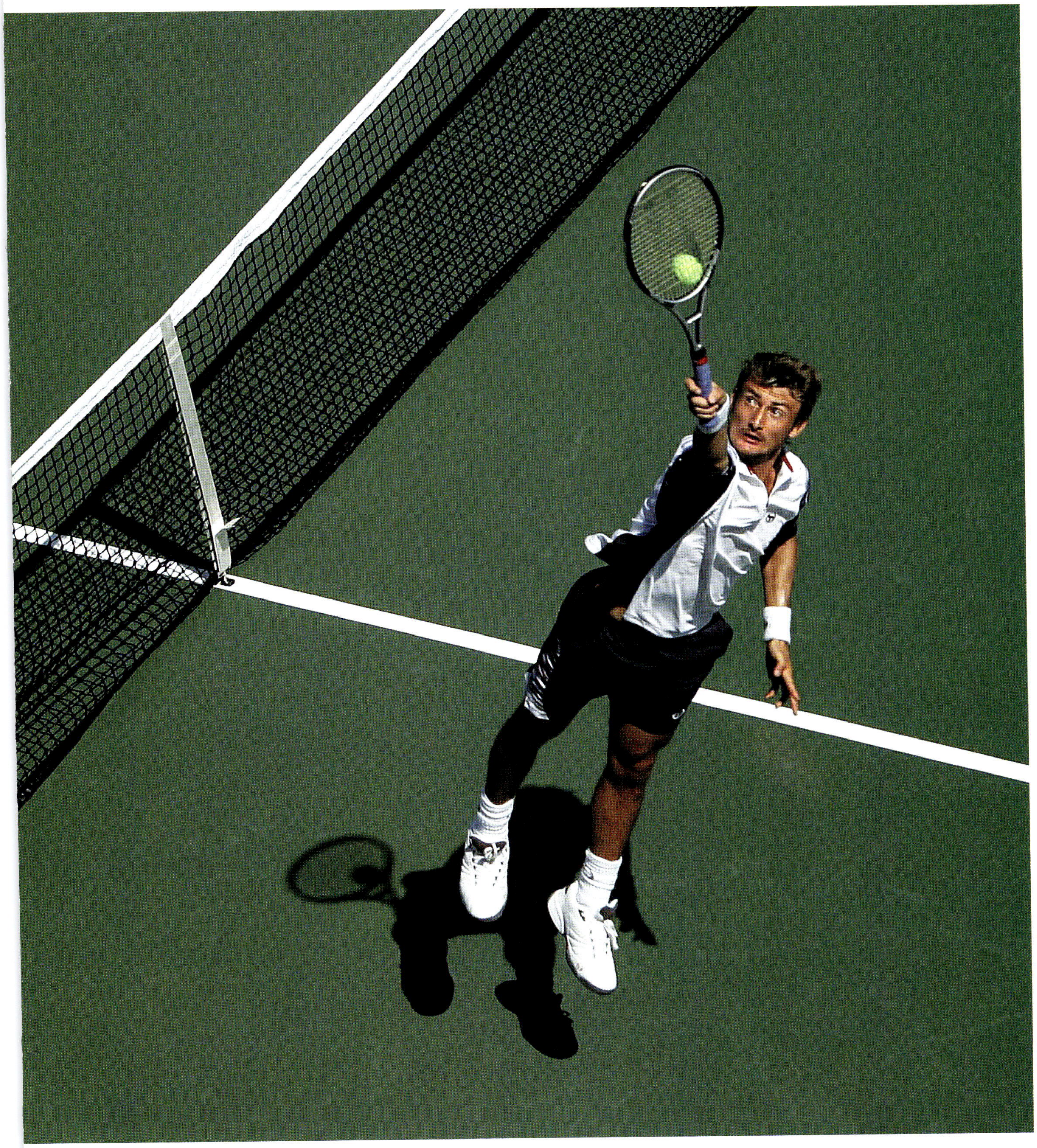

Juan Carlos Ferrero, US Open
„Tennis lässt sich großartig fotografieren, da nie im Regen gespielt wird, ich mich frei bewegen und Bilder aus verschiedenen Aufnahmepositionen schießen kann.“ Hier springt Juan Carlos Ferrero für einen Return nach oben, aufgenommen im Grandstand Court. Fotografen lieben diesen Platz, da sie von einem Steg fast direkt über dem Geschehen fotografieren können.

KAMERA: Canon EOS 1D MKII
OBJEKTIV: 70–200 mm
ISO: 200
BLENDE: f/7.1
VERSCHLUSSZEIT: 1/1600 s
LICHT: Helles Sonnenlicht

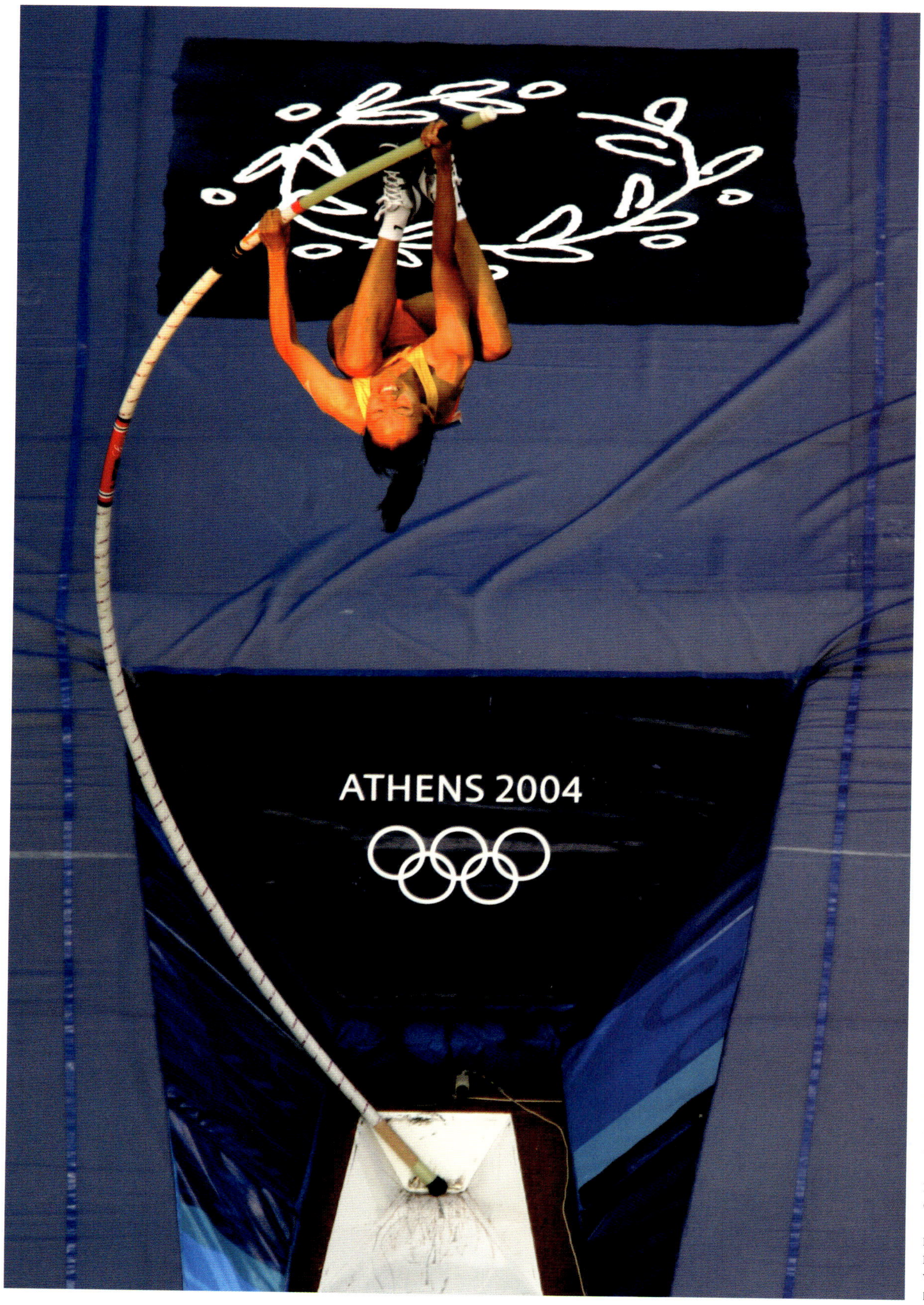

Shuying Gao, Qualifikationsrunde Stabhochsprung der Frauen, Olympische Sommerspiele, Athen
„Ich fotografierte von einem Wartungslaufsteg im Stadion und musste bis dahin durch zahllose Tunnel kriechen und viele Leitern hochklettern. Aber es hat sich gelohnt, da ich einen völlig anderen Aufnahmewinkel als die übrigen Fotografen bekam. Als ich den Steg erreichte, ging gerade die Sonne unter. Das Bild hier war eines der ersten und besten der Serie, da kurz danach die Sonne verschwand."

KAMERA: Canon EOS 1D MKII
OBJEKTIV: 400 mm mit 1.4 x Telekonverter
ISO: 500
BLENDE: f/6.3
VERSCHLUSSZEIT: 1/640 s
LICHT: Tageslicht

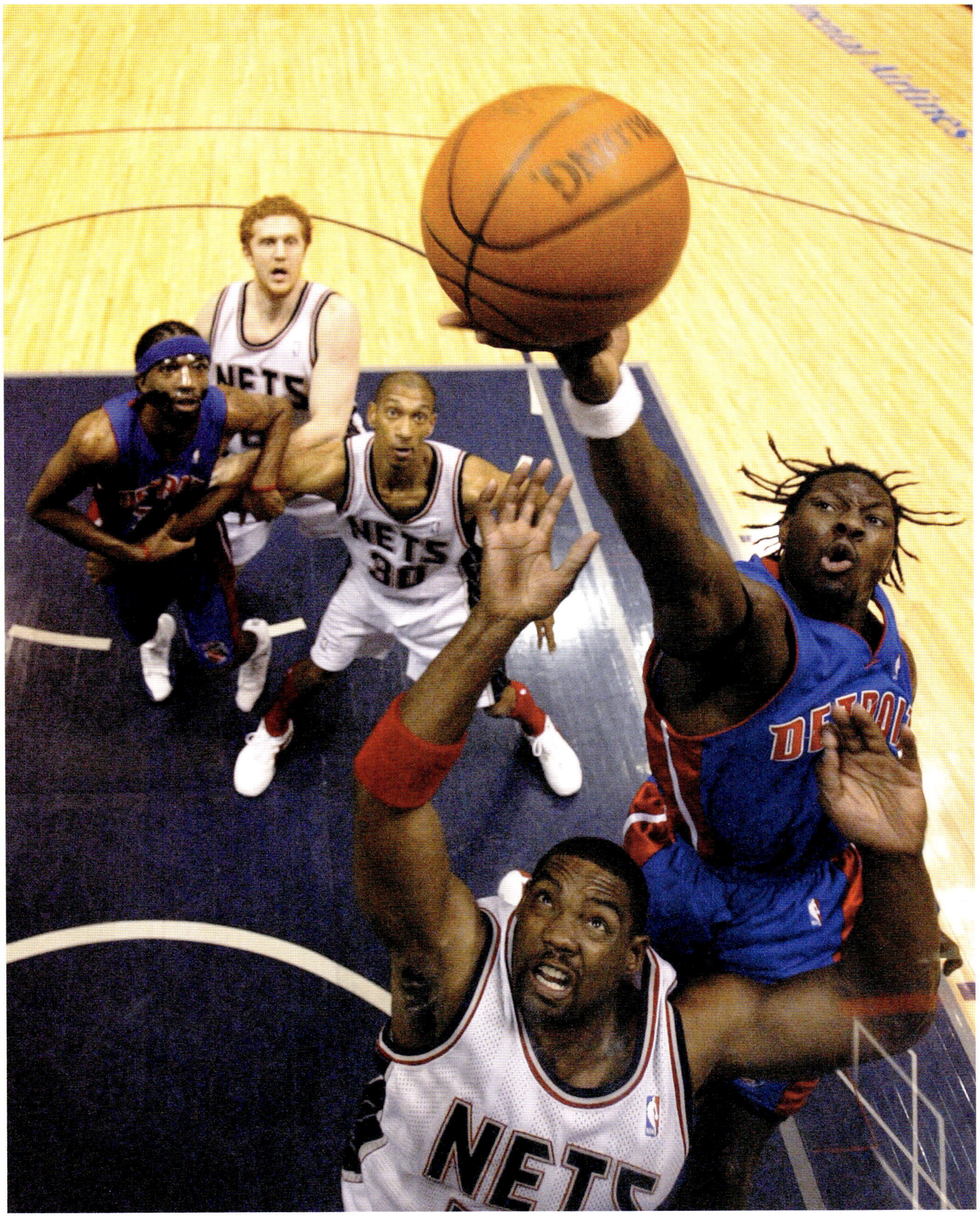

New Jersey Nets gegen Detroit Pistons, Continental Airlines Arena
Ben Wallace springt über Rodney Rogers von den New Jersey Nets für einen Rebound in Spiel sechs der Eastern Conference Semifinals 2004. „Ben Wallace von den Detroit Pistons war vier Mal Abwehrspieler des Jahres und ist immer einer der Top-Rebounder in der NBA-Liga. Speziell in diesem Spiel wollte ich ihn bei einem seiner so berühmten Rebounds aufnehmen. Ich baute deshalb eine Kamera mit Fernauslöser hinter dem Backboard auf, um das Foto mit all seiner Intensität aufzunehmen."

KAMERA: Canon EOS 1D
OBJEKTIV: 16–35 mm
ISO: 1000
BLENDE: f/3.5
VERSCHLUSSZEIT: 1/400 s
LICHT: Kunstlicht

AS: Wo sind Sie zuhause? Wo arbeiten Sie am liebsten?

ES: Ich lebe seit kurzem in Sydney. Die letzten zehn Jahre habe ich von New York aus gearbeitet. Zu meinen Lieblingsländern gehört Kuba – man hat das Gefühl, hier sei die Zeit die letzten vierzig Jahre stehen geblieben. Nicht zuletzt deshalb ist Kuba ein toller Platz zum Fotografieren.

AS: Was mögen Sie am liebsten an Ihrem Job?

ES: Leute zu treffen und Dinge zu sehen, für die andere nicht die kleinste Chance bekommen. Würde ich in einem Büro arbeiten, hätte ich diese Gelegenheit definitiv nicht.

AS: Was ist aus technischer Sicht bei Ihrer Art von Fotografie am schwierigsten?

ES: Für mich ist technisch gesehen die richtige Beleuchtung schwierig. Ich staune manchmal, wie einige Fotografen in der Lage sind, bestimmte Motive auszuleuchten und die Fotos natürlich und schön aussehen zu lassen.

AS: Wie würden Sie Ihren persönlichen Fotostil bzw. Ihre Fototechnik beschreiben?

ES: Ich denke immer an den Auftrag und das einmalige Bild. Ich versuche, im fertigen Foto die Atmosphäre und die Zuschauer einzufangen – das ist für mich ein absolutes Muss. Das ist natürlich besonders wichtig bei großen Ereignissen mit vielen Zuschauern und dem Moment, wenn das Ergebnis feststeht – wie der feierliche Ausklang eines wichtigen Turniers, zu dem auch die Endspiele der NBA zählen.

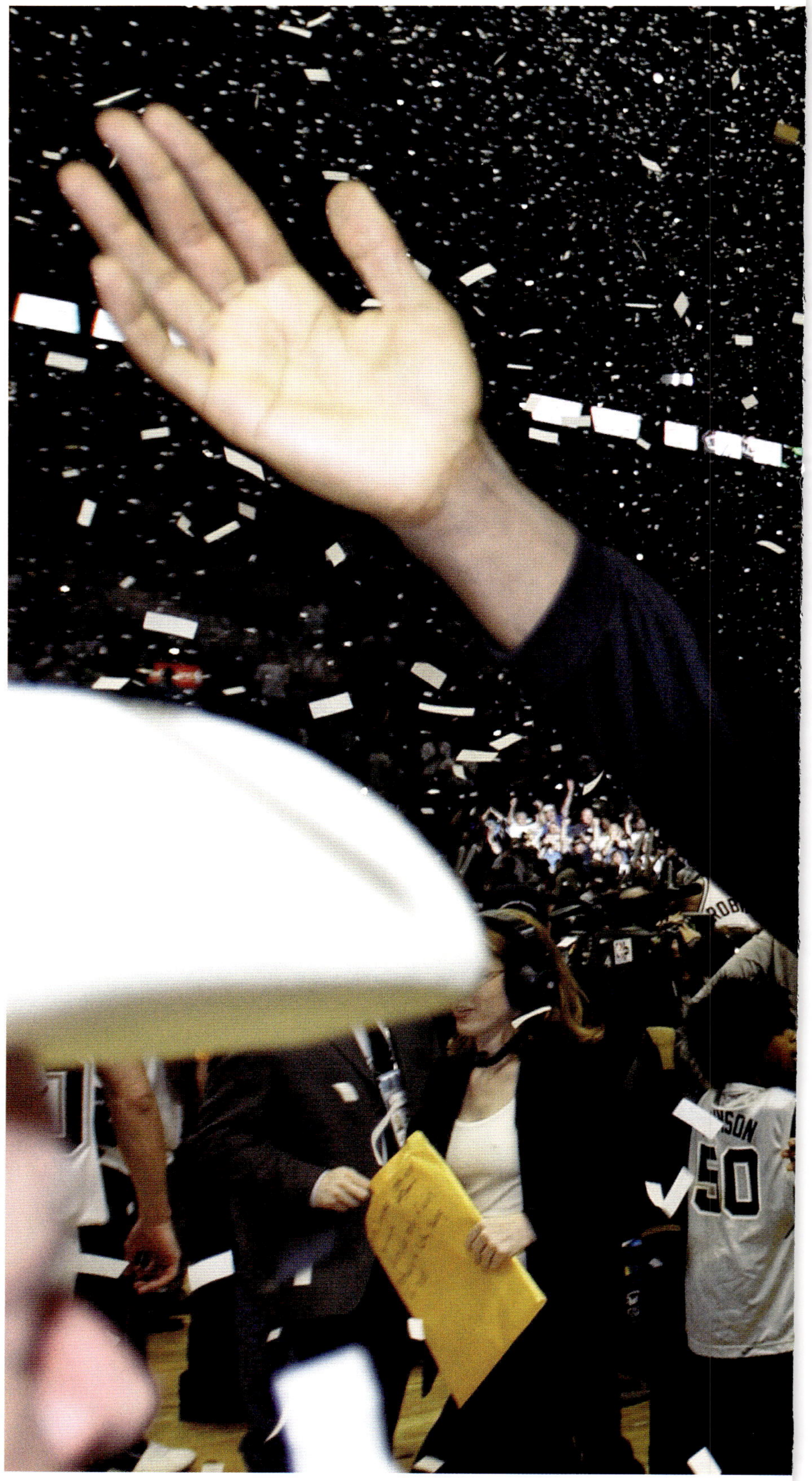

San Antonio Spurs gegen New Jersey Nets, NBA-Finale im SBC Center
„Aus Sicht des Fotografen hoffe ich immer, dass das Spiel um die Meisterschaft auf heimischem Boden gewonnen wird. Die Begeisterung der Fans und Spiele ist extrem und daher ideal für großartige Fotos." Hier feiern Malik Rose und Kevin Willis von den San Antonio Spurs mit den Fans in ihrer Heimarena nach dem Sieg über die New Jersey Nets in Spiel sechs des NBA-Finales 2003.

KAMERA: Canon EOS 1D
OBJEKTIV: 16–35 mm
ISO: 1000
BLENDE: f/2.8
VERSCHLUSSZEIT: $1/125$ s
LICHT: Kunstlicht, Blitz

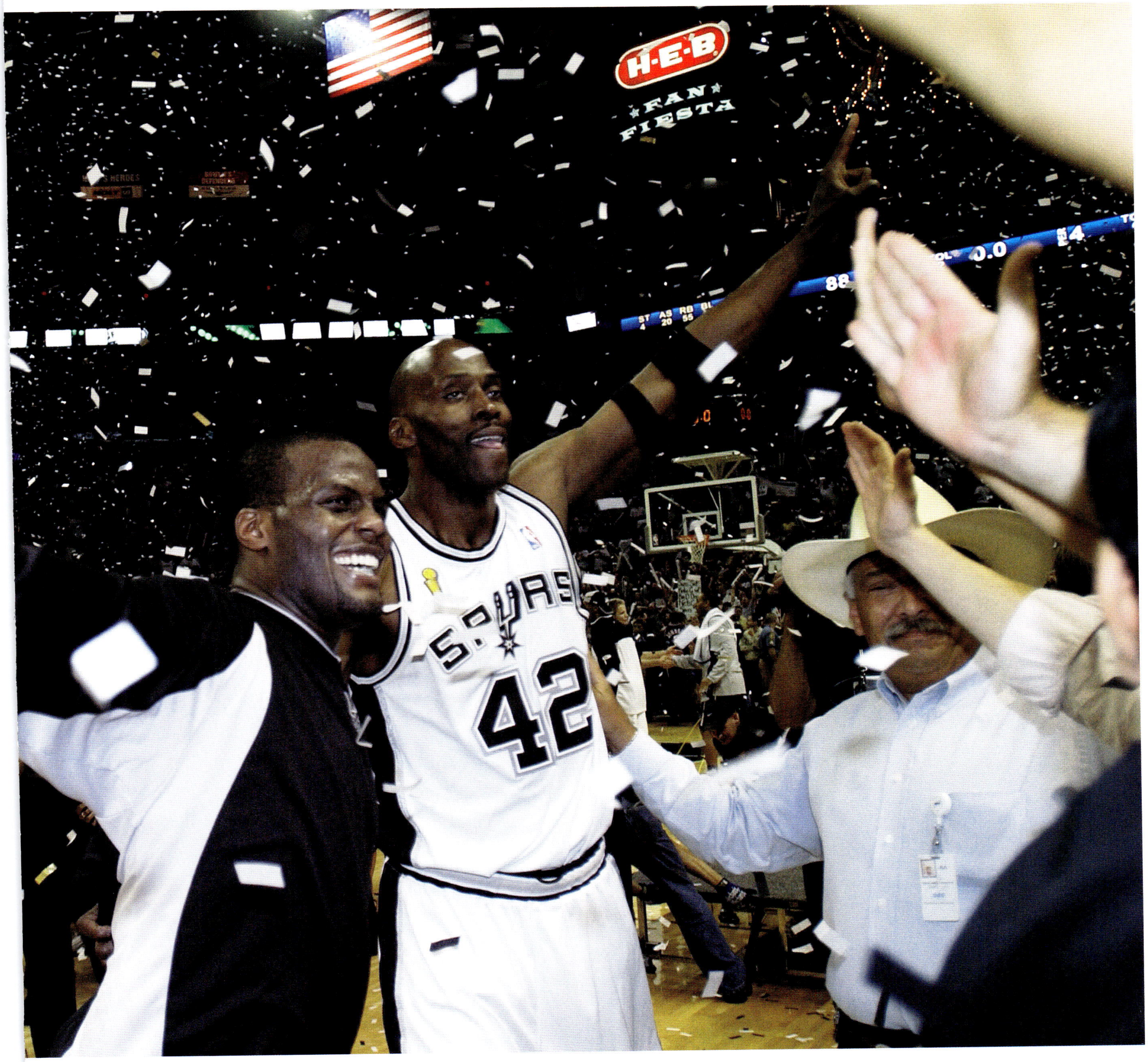

Ezra Shaw

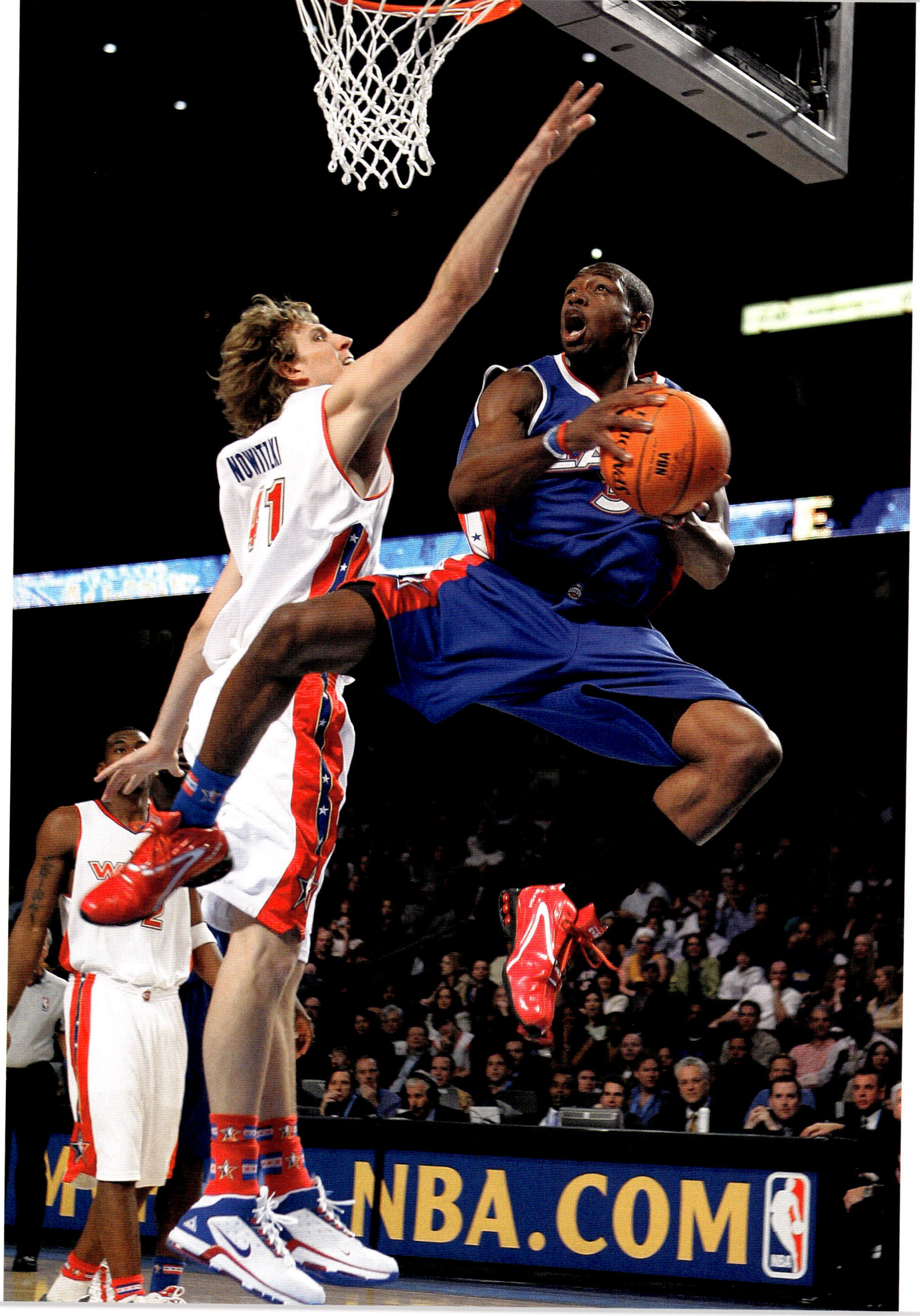
NOWITZKI
41
NBA.COM

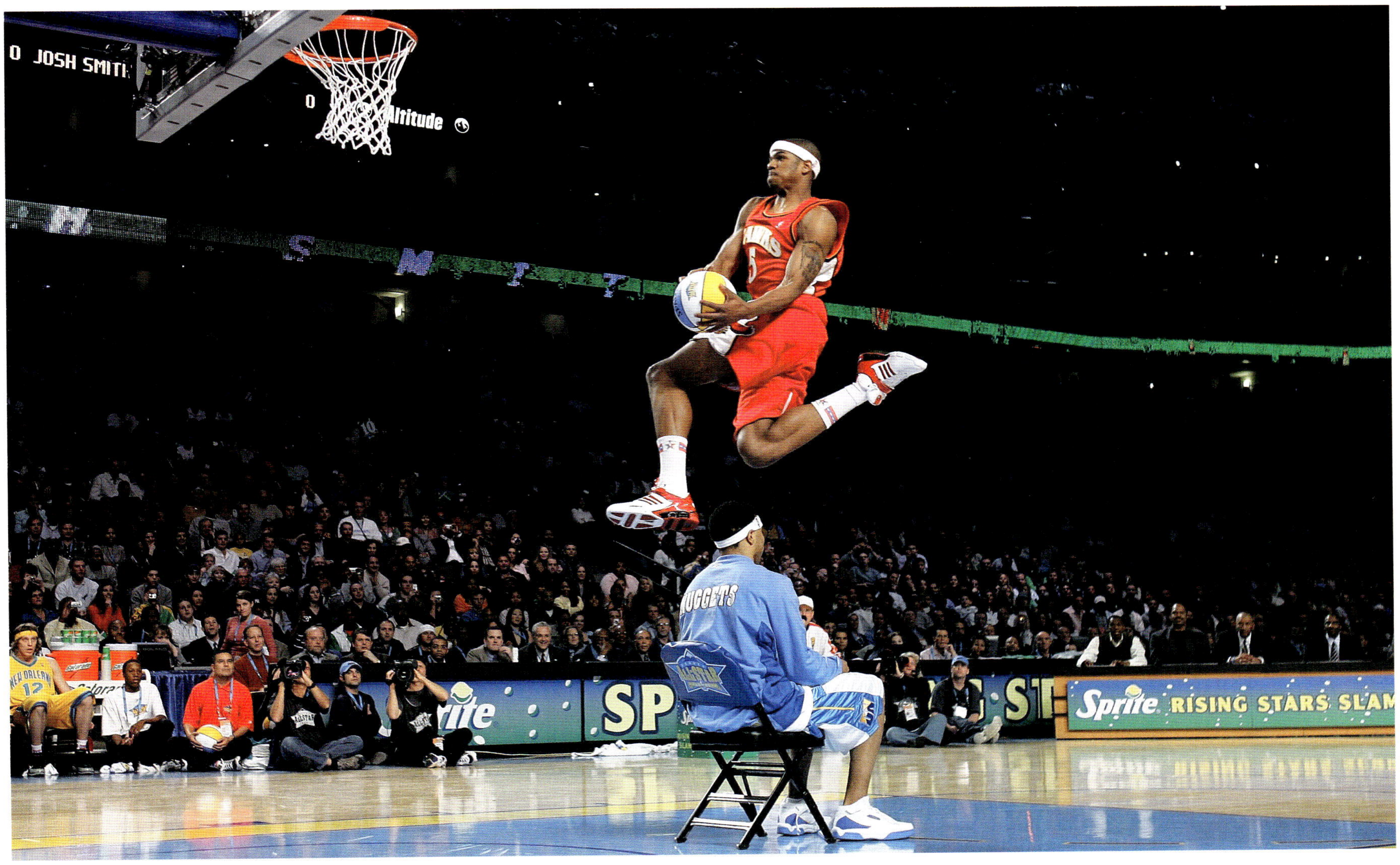

Links: **All-Star-Spiel der NBA, Dwyane Wade gegen Dirk Nowitzki, Pepsi Center**
„Es gibt zurzeit keinen Spieler, der wie Dwyane Wade durch die Luft fliegen kann. Hier wird er bedrängt von Dirk Nowitzki während des All-Star-Spiels der NBA in 2005. Obwohl es scheint, dass die Position unmöglich zum Punkten ist, konnte er dennoch den Korb machen."

KAMERA: Canon EOS 1D MKII
OBJEKTIV: 24–70 mm
ISO: 1000
BLENDE: f/2.8
VERSCHLUSSZEIT: 1/500 s
LICHT: Kunstlicht

Oben: **Josh Smith, Slam Dunk Contest der NBA, Pepsi Center**
„Ich erinnere mich an Michael Jordan, wie er von der Freiwurflinie aus fliegend 1988 den Slam Dunk Contest gewann. Als ich sah, wie sich Kenyon Martin für einen Dunk von Josh Smith hinsetzte, wusste ich, dass etwas Besonderes passieren würde. Mein Foto sollte nicht nur die Schwierigkeit des Dunks zeigen, sondern auch, wie weit und hoch er springen musste, um zu gewinnen."

KAMERA: Canon EOS 1D MKII
OBJEKTIV: 16–35 mm
ISO: 1000
BLENDE: f/3.2
VERSCHLUSSZEIT: 1/500 s
LICHT: Kunstlicht

New Jersey Nets gegen LA Lakers, NBA-Finale, Continental Airlines Arena
Shaquille O'Neal und die übrigen LA Lakers feiern, nachdem sie in den NBA-Finalspielen 2002 die New Jersey Nets besiegt und den dritten Titel in Folge für die Lakers geholt haben. „Manchmal habe ich nach dem Gewinn eines Meisterschaftsspiels genau so viel Spaß in der Kabine wie die Spieler. Nur wenige Fotografen dürfen hier zu Beginn der Feier hineinkommen und es ist immer etwas Besonderes, zu den Glücklichen zu gehören. Als Fotograf versuche ich, die Freude und Begeisterung der Spieler einzufangen, achte aber auch gleichzeitig darauf, meine Kamera vor dem vielen Champagner zu schützen!"

KAMERA: Nikon D1H
OBJEKTIV: 17–35 mm
ISO: 1000
BLENDE: f/8
VERSCHLUSSZEIT: 1/60 s
LICHT: Blitz auf den zweiten Verschlussvorhang

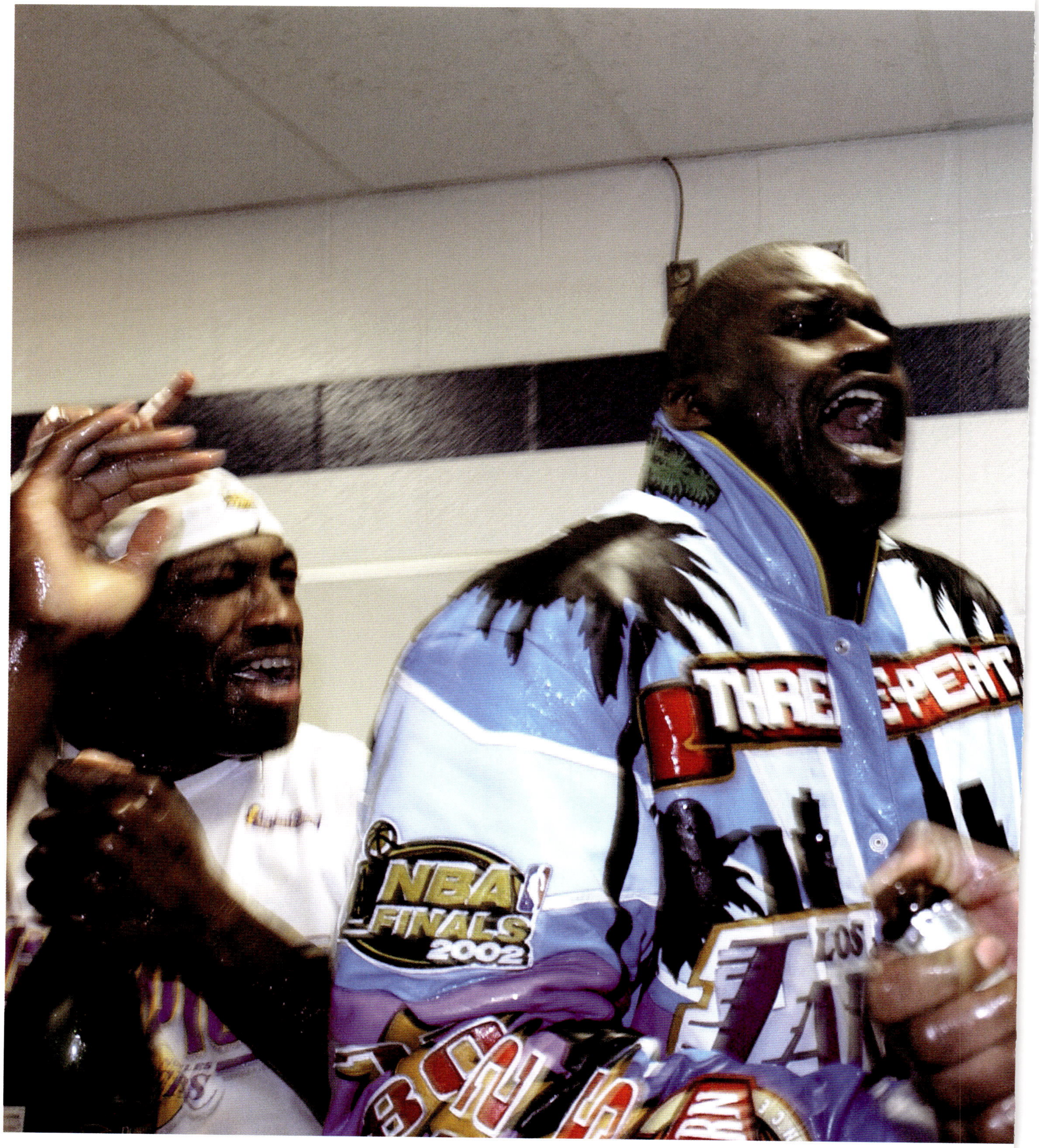

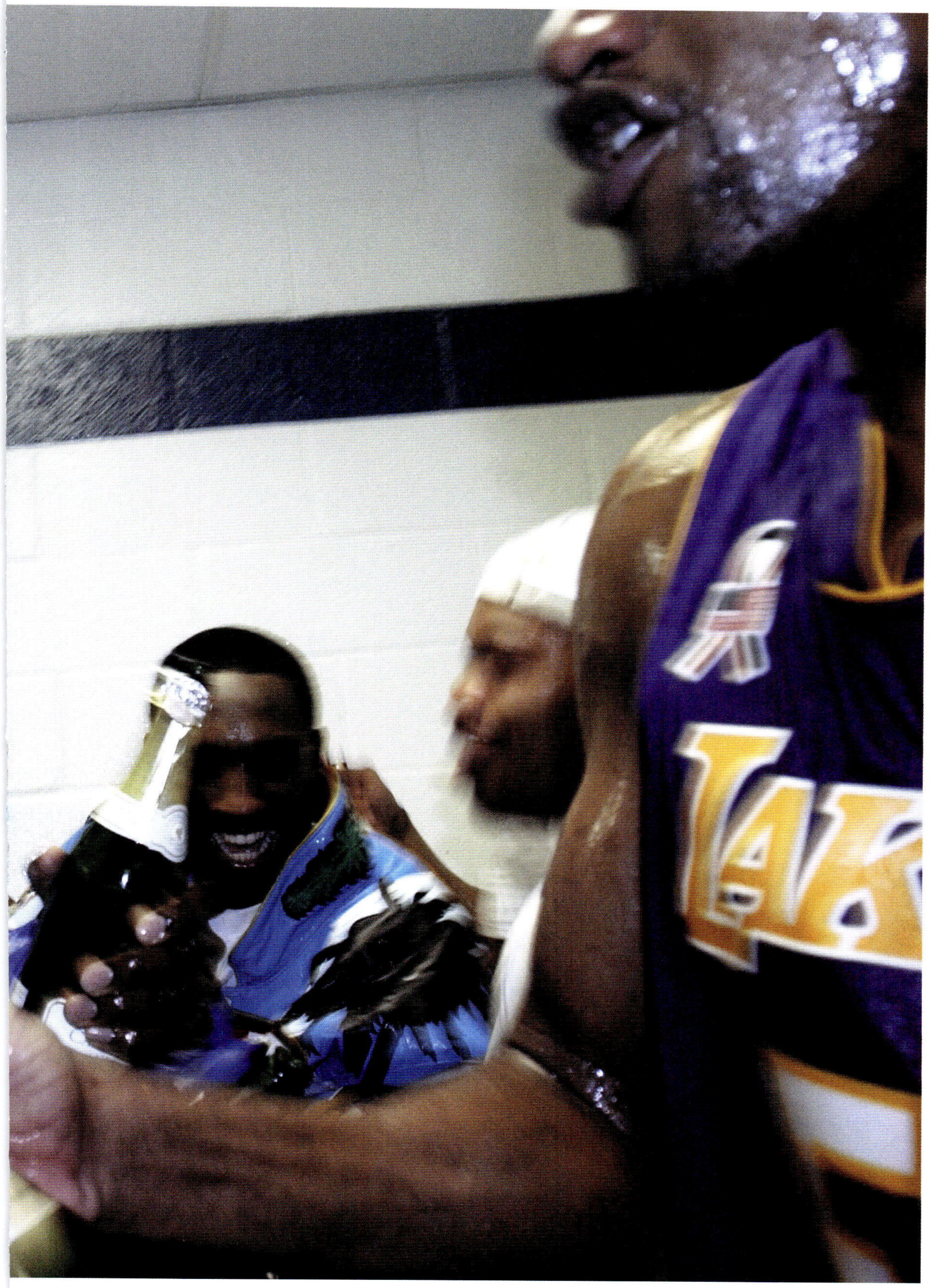

AS: Erzählen Sie etwas über Ihre Ausrüstung. Mit welchem Kamerasystem arbeiten Sie und warum?

ES: Ich arbeite aus zwei Gründen mit Canon-Kameras: die Canon-Ausrüstung ist zum großen Teil sehr zuverlässig und weil Getty seine Fotografen mit Canon-Geräten ausstattet.

AS: Mit welchen Objektiven/Brennweiten arbeiten Sie besonders häufig?

ES: Ich benutze am häufigsten mein 400 mm-Objektiv, aber habe auch immer mein 16–35 mm-Zoom bei mir, falls etwas Interessantes direkt vor mir passiert.

AS: Welche Bilder sind besonders schwierig aufzunehmen?

ES: Porträts. Ich denke, weil ich in meiner Laufbahn einfach zu wenig Porträts fotografiert habe und es recht schwierig finde, neue und interessante Porträts zu liefern. Noch schwieriger für mich ist dabei die richtige Beleuchtung.

AS: Bevorzugen Sie Film oder Digital und warum?

ES: Beides hat Vorteile. Noch immer glaube ich nicht, dass Farbe digital so gut ist wie auf Film, doch für meine täglichen Jobs ist Digital perfekt. Bei Digital sehe ich sofort, was ich fotografiere, kann experimentieren und sogar während einer Veranstaltung verschiedene Techniken ausprobieren.

AS: In welchem Umfang werden Ihre Arbeiten von der digitalen Bildbearbeitung beeinflusst?

ES: Nur ganz gering. Getty Images hat strenge Vorschriften, wie und in welchem Maß ein Fotograf sein Bild bearbeiten darf.

AS: Wie entstehen die Ideen für Ihre Bilder?

ES: Ich sehe mir möglichst viele Zeitungen und Zeitschriften an, um Ideen für neue Stories und Objekte zu erhalten, die ich fotografieren möchte. Abgesehen davon versuche ich neue und überzeugende Bilder zu fotografieren.

AS: Was hält die Zukunft für Sie bereit?

ES: Man weiß nie, was die Zukunft für einen bringt, aber ich möchte verstärkt an längerfristigen Projekten arbeiten, bei denen ich mich intensiver auf das Thema einlassen kann, und weniger dem Tagesgeschäft nachgehen. Ich möchte zeigen, wie wichtig der Sport für bestimmte Gruppen ist, und auch, wie positiv er sich auf die Entwicklung unserer Kinder auswirken kann.

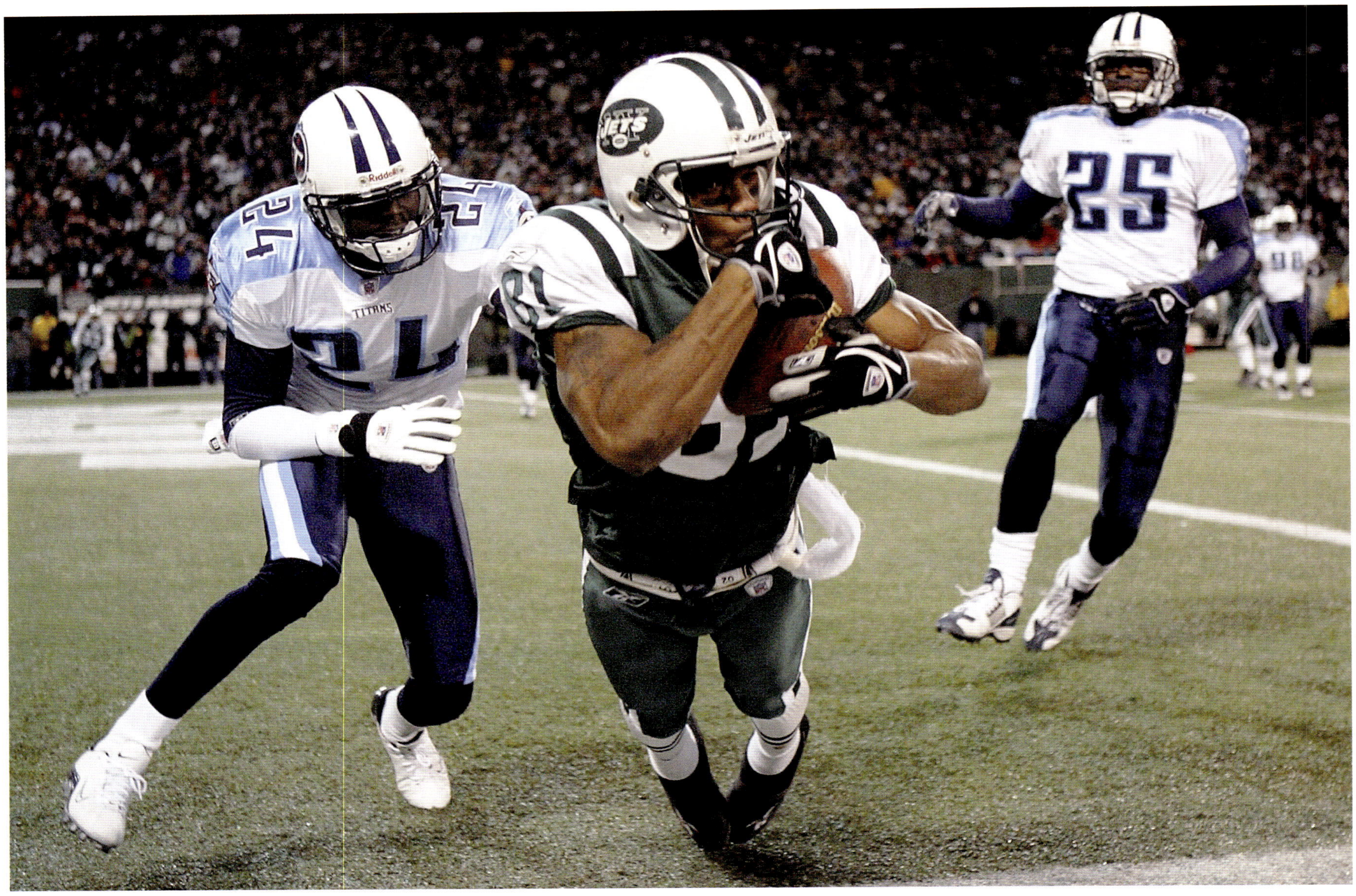

New York Jets gegen die Tennessee Titans, Giants Stadium
„Wenn ich American Football fotografiere, habe ich immer ein Weitwinkelobjektiv zur Hand, falls etwas direkt vor mir passiert. Dieses Bild von Curtis Conway bei einem Catch für einen Touchdown gegen die Tennessee Titans ist z.B. ein Grund, warum ich immer ein Weitwinkel bei mir habe – ohne könnte ich solche Situationen nicht fotografieren.“

KAMERA: Canon EOS 1D
OBJEKTIV: 24–70 mm
ISO: 1000
BLENDE: f/2.8
VERSCHLUSSZEIT: 1/500 s
LICHT: Kunstlicht

Erfolgstipps

1) Ziele überlegen
Bevor Sie ein Ereignis fotografieren, sollten Sie sich Gedanken über die Art Ihrer Aufnahmen machen. Es ist ein großer Unterschied, ob man zu einen Spiel geht, um nur allgemein Action zu fotografieren und eine Serie von Aufnahmen zu bekommen, die eine Geschichte erzählen, oder ob man ein spektakuläres Foto machen will, das Zeitungen und Zeitschriften als Doppelseite drucken.

2) Die Regeln kennen
Lernen Sie die Spielregeln und informieren Sie sich über die Stars in den Teams. Für mich war es anschließend viel einfacher, mit aussagestarken Bildern nach Hause zu kommen. Wenn beispielsweise beim Basketball die Uhr nur noch einige Sekunden Spielzeit anzeigt, muss ich die wertvollsten Spieler im Team kennen und wissen, wer am ehesten den letzten Wurf ausführt. Sonst konzentrieren Sie sich in dieser Situation auf die falschen Spieler und versäumen den wichtigsten Spielabschnitt.

3) Rechtzeitig im Stadion sein
Bei größeren Spielen wie den Endspielen der NBA oder den All-Star-Wettbewerben sind die Aufnahmepositionen vorher festgelegt. Bei den meisten anderen Spielen gilt jedoch, wer zuerst kommt, mahlt zuerst. Frühaufsteher haben den Vorteil, sich den besten Platz aussuchen zu können. Es macht also keinen Sinn, zu spät zum Spiel zu kommen, und sich mit schlechten Aufnahmepositionen abzufinden, die keiner haben will.

4) Hintergründe sind extrem wichtig
Achten Sie beim Einnehmen der Aufnahmeposition auf den Hintergrund – ein wichtiger Faktor im späteren Bild. Obwohl in Basketball-Arenen manchmal schwierig, sollten Sie hellrote oder gelbe Werbeflächen im Foto vermeiden. Am besten, Sie verringern für einen ruhigen, nicht mehr dominierenden Hintergrund die Schärfentiefe, so dass sich der Betrachter auf den scharfen Vordergrund konzentrieren kann.

5) Unterschiedliche Aufnahmewinkel
Wenn Sie in der Arena von den oberen Rängen fotografieren, blenden Sie zumindest einen Teil der Werbeflächen aus, die bei jeder Veranstaltung zu finden sind. Fotografieren Sie von verschiedenen Bereichen aus und vermeiden Sie, die Aufnahmewinkel anderer Fotografen zu wiederholen. Für mich ist es wichtig, Bilder zu produzieren, die sich von anderen durch Kreativität unterscheiden.

6) Kameras mit Funkfernauslösung einsetzen
Diese Option ist besonders wichtig, wenn man einen Sport wie Basketball fotografiert und die von Fotografen einnehmbaren Positionen vorbestimmt und begrenzt sind. Kameras mit Funkauslösung ermöglichen mir Aufnahmen aus einem Winkel, den man mir während eines Spiels nie erlaubt hätte. Beliebte Plätze sind auf dem Korbgestell und hinter dem Glas des Backboards.

7) Licht vorteilhaft einsetzen
Das Kunstlicht in einer Halle führt zu ganz anderen Ergebnissen als das natürliche Tageslicht draußen. Wenn ich draußen fotografiere, achte ich auf den Sonnenstand und wie ich ihn zu meinem Vorteil nutzen kann. Besonders achte ich auf die Bewegung von Licht und Schatten – liegt eine Seite des Stadions im Schatten, könnte das die perfekte Situation für Aufnahmen des Objekts im Gegenlicht sein. Fotografiert man in die Schatten, steht das Objekt frei vor dunklem Hintergrund. Achten Sie auch auf die Lichtverhältnisse, wenn Sie aus verschiedenen Aufnahmewinkeln fotografieren. Ich versuche stets, meine Bilder von den oberen Rängen am Spätnachmittag aufzunehmen und arbeite mit den langen Schatten auf dem Spielfeld.

8) Vorbereitet sein
Meist ist es so, dass während eines Spiel nichts Bemerkenswertes passiert. Deshalb bin ich auf den entscheidenden Augenblick vorbereitet, um ihn im Bruchteil einer Sekunde mit der Kamera einzufangen.

9) Experimentieren
Versuchen Sie, einen eigenen Stil zu entwickeln. Andererseits kann jeder Fotograf von Kollegen dazulernen. Stellen Sie Fragen, geben Sie aber anderen Fotografen auch Ratschläge. Ihre Fotografie wird in dem Maße besser, wie Sie von anderen lernen.

10) Übung
Sie werden nur ein besserer Fotograf, indem Sie rausgehen und Bilder aufnehmen. Wenn Sie keine Zulassung beim Super Bowl, den NBA-Endspielen oder einem anderen großen Sportereignis erhalten, fotografieren Sie in dem Bereich, der sich Ihnen bietet, um in Übung zu bleiben und Ihre fotografischen Fähigkeiten zu verbessern.

Workshop

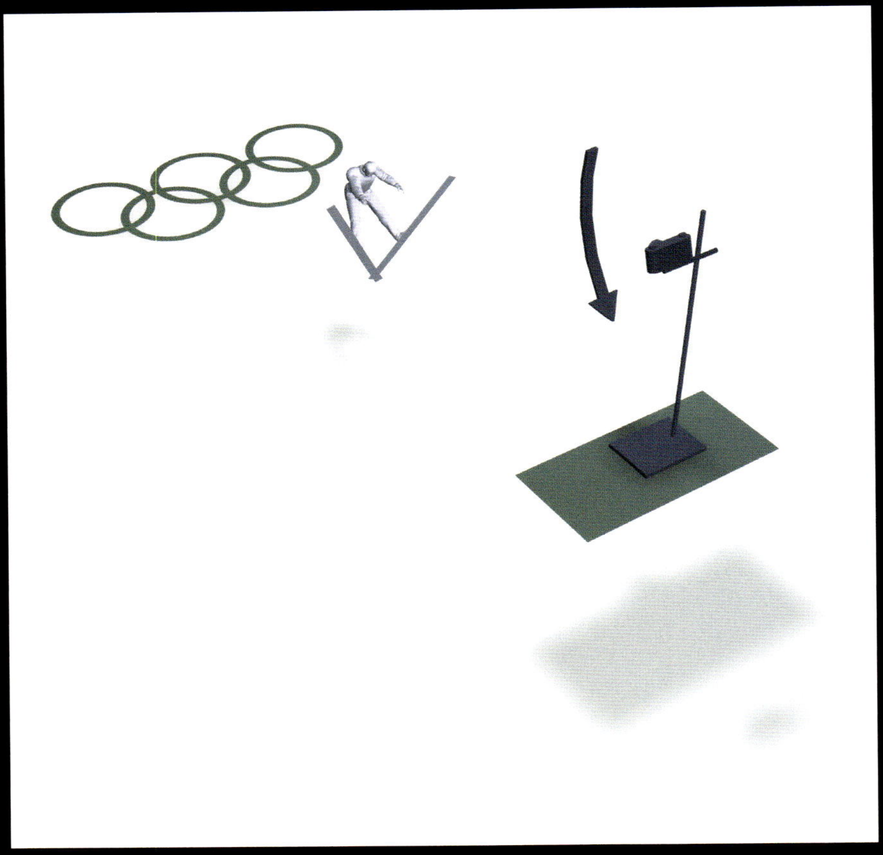

Ivan Karaulov, Finale im Skispringen, Olympische Winterspiele, Turin
Das herrliche Actionfoto von Ivan Karaulov entstand beim Finale im Skispringen am zweiten Tag der Olympischen Spiele in Turin, Italien. Shaw erklärt: „Ich habe fast die ganze Nacht mit dem Versuch verbracht, den Skispringer auf den Olympischen Ringen zu zentrieren.Die lange Verschlusszeit soll Geschwindigkeit, Bewegung und Dramatik vermitteln.“

Technische Daten

KAMERA: Canon EOS 1D MKII

OBJEKTIV: 500 mm

ISO: 50

BLENDE: f/4

VERSCHLUSSZET: 1/30 s

WETTER: Helle Sonne

Ausrüstung

- Drei Canon EOS 1D MKII- Kameras
- 16–35 mm f/2.8 Objektiv
- 24–70 mm f/2.8 Objektiv
- 70–200 mm f/2.8 Objektiv
- 300 mm f/2.8 Objektiv
- 1.4 x Telekonverter
- Einbeinstativ
- Sonnenblenden für alle Objektive (in einigen Arenen aus Sicherheitsgründen in Gummi)
- Blitzgerät
- Reserveakkus
- CF-Speicherkarten
- Clamp und Magic Arm (Manfrotto) zur Befestigung der entfernten Kamera
- Sicherungskabel für entfernte Kamera
- Zwei PocketWizard-Transceiver und diverse Kabel für die Funkauslösung der Kamera
- Gaffer-Tape
- Taschenmesser
- Laptop für die Bildübertragung
- Klappstuhl

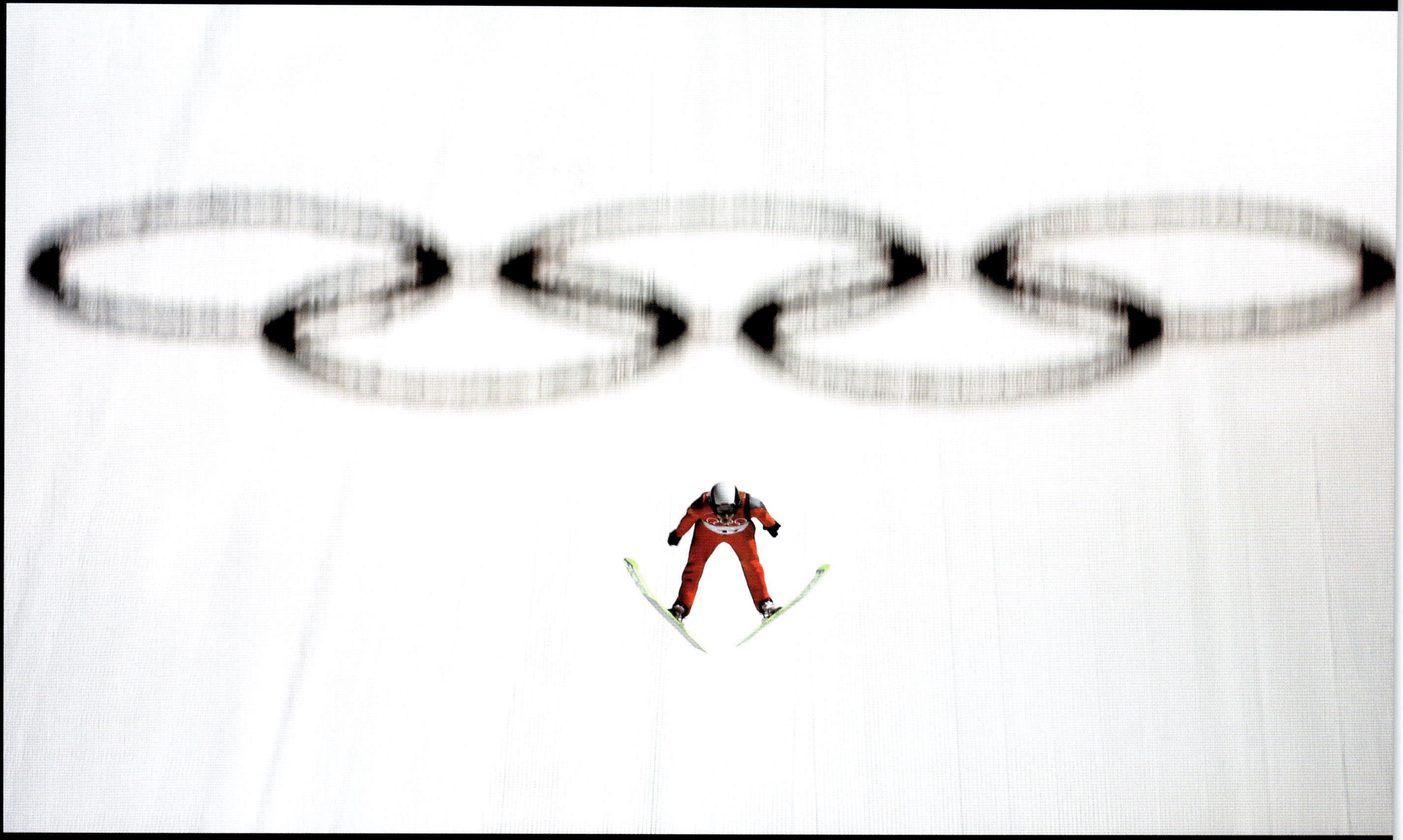

Ezra Shaw

Dave Willis

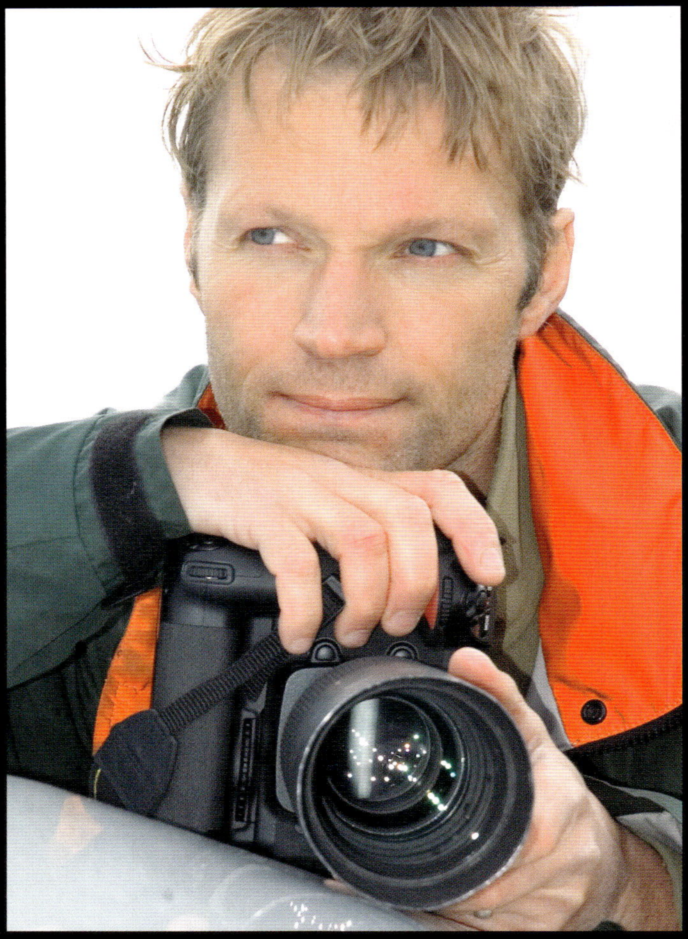

Abenteuersport

Wandern, Klettern, Bergsteigen, Kajakfahren, Mountainbike-Fahren und Windsurfen sind alles Sportarten, die Dave Willis mag und für die er seinen Markt für Actionfotos gefunden hat. Das führt zu der Frage, was zuerst kommt: der Sport oder die Fotografie? Willis hat die Fotografie nicht auf einem College studiert, stattdessen perfektionierte er seine Fähigkeiten auf einem schmalen Grat zwischen Leben und Tod bei spektakulären Aktivitäten, die als Abenteuersport bezeichnet werden.

Als überaus produktiver Abenteuerfotograf liefert er die Bilder für Werbung und Broschüren mehrerer Hersteller von Outdoor-Kleidung und übernimmt die PR-Arbeit und Stock-Fotografie für Organisationen wie den National Trust und führende Fremdenverkehrsbüros. Dave Willis arbeitet ebenfalls für viele Outdoor-Magazine und liefert Stock-Fotos über verschiedene spezialisierte Bildagenturen. Viele seiner Bilder präsentiert Willis auf seiner Website *www.mountainsportphoto.com* und er nutzt jede Gelegenheit, um seine fotografischen Möglichkeiten zu erweitern.

AS: Was war Ihre erste Kamera überhaupt?

DW: Meine erste Spiegelreflexkamera, eine Nikon EM, bekam ich mit 17 Jahren. Später folgte dann die Nikon FM. Ich stellte schnell fest, dass ich mehr aus der Nähe fotografierte und kaufte anfangs ein 50 mm-Objektiv und später dann die Brennweiten 28 mm und 105 mm.

AS: Kann man also wie bei vielen erfolgreichen Fotografen sagen, dass es zu einem bestimmten Zeitpunkt einen „glücklichen Umstand" gab?

DW: Als ich startete, wusste ich genau, was ich tun wollte, wusste aber nicht, wie. Ich wollte Bergsteiger fotografieren, hatte aber weder Ahnung von den Bergen noch von der Fotografie. Doch ich war erst 17 und konnte mir so etwas wie einen Fehlschlag nicht vorstellen – Unkenntnis ist manchmal auch ein Segen.

AS: Warum haben Sie sich nicht mit anderen Fotothemen beschäftigt, wie beispielsweise Mode oder Studio?

DW: Ich bin ein geborener Abenteurer. Ich fand schnell heraus, dass alle erfolgreichen Outdoor-Fotografen in erster Linie Outdoor-Leute sind und erst dann Fotografen. Man kann nur in der potenziell lebensfeindlichen Bergwelt arbeiten, wenn man sich dort einigermaßen wohlfühlt. Ich habe über die Jahre meine Outdoor-Fähigkeiten soweit verbessert, dass ich mich als Outdoor-Trainer qualifizieren konnte. Auf diese Weise kann ich die Fotos aufzunehmen, die ich benötige – egal unter welchen Lichtverhältnissen.

AS: Fotografieren Sie das, was Sie möchten, oder reden Dritte bei Ihren Fotos mit?

DW: Ein wenig von beidem, doch meist bestimme ich. Wenn ich etwas sehe, das mich anzieht, überlege ich, ob für entsprechende Aufnahmen ein Markt vorhanden ist. Ich habe mich beispielsweise nicht mit Höhlenfotografie beschäftigt, weil ich es nicht mag, unter der Erde eingesperrt zu sein.

AS: Wo sind Sie zuhause? Wo arbeiten Sie am liebsten?

DW: Im Lake District in Großbritannien. Ein Grund dafür ist, dass die ganze Gegend ein fantastisches Outdoor-Studio ist – direkt vor meiner Haustür. Ich arbeite darüber hinaus in vielen Bergregionen der ganzen Welt, besonders in den Schweizer, französischen und italienischen Alpen. Ich habe auch Ende 1980 die erste Hallenweltmeisterschaft im Klettern in Lyon, Frankreich fotografiert, woran ich mich noch immer gern erinnere.

AS: Wohin reisen Sie besonders gern?

DW: Überall dorthin, wo ich noch nicht war. Ich liebe Reisen und habe viel Zeit in Südamerika, den USA und Kanada verbracht. Ich bin im Grand Canyon gewandert, ein ästhetisch absolut atemberaubender Ort, und gehe mit meiner Kamera auch gern in die Rocky Mountains in British Columbia.

AS: Was mögen Sie am liebsten an Ihrem Job?

DW: Die Freiheit, das zu tun, was ich möchte. Ich liebe meinen Beruf, weil ich arbeite, um zu leben und nicht umgekehrt.

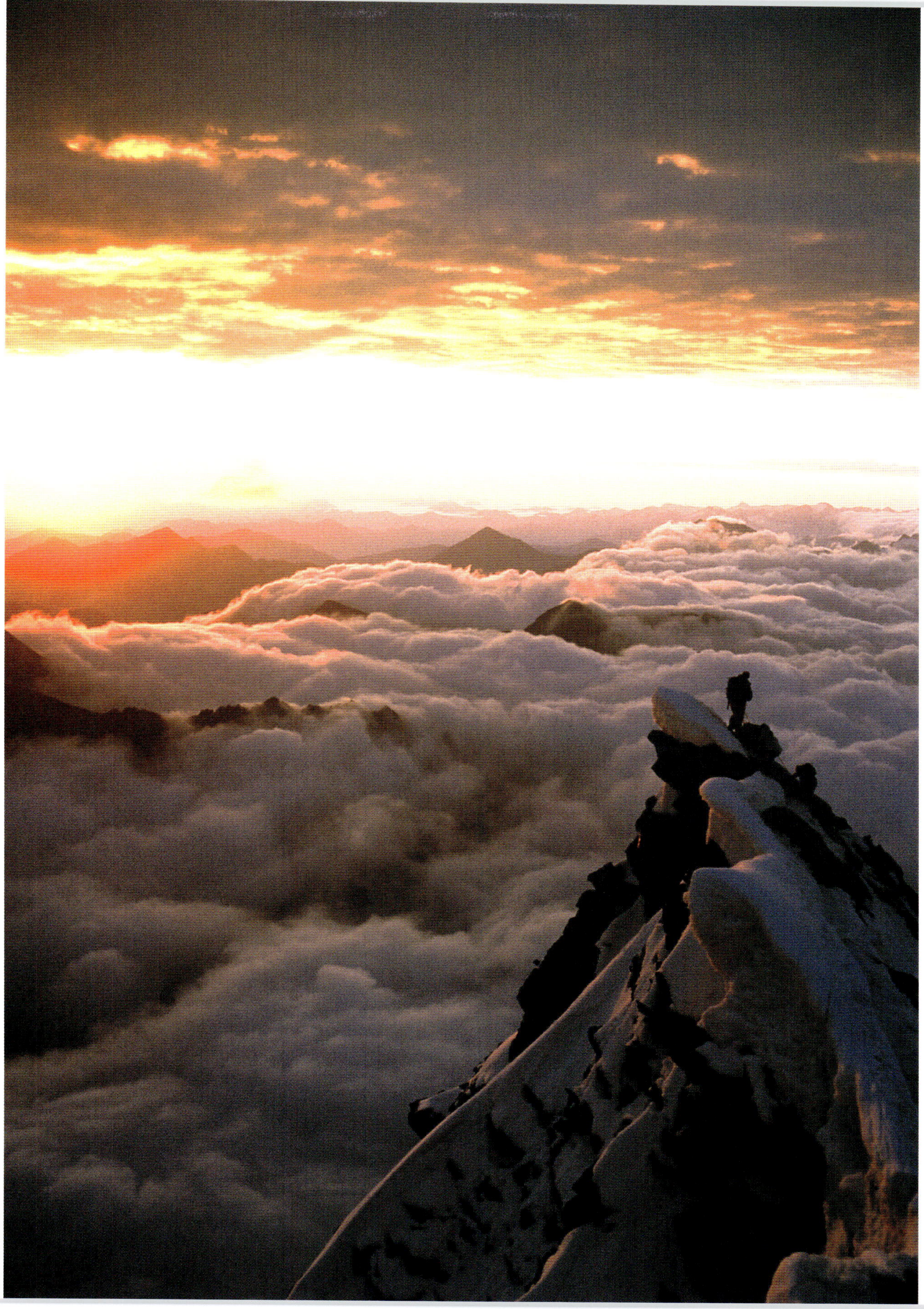

Alpine Morgendämmerung auf dem Großglockner
„Situationen mit Alpenglühen wie hier sind nicht so ungewöhnlich, wie man meint, und alle Alpinisten sind nur zu vertraut mit dem gefürchteten Aufbruch um 3 Uhr früh von der Hütte – wichtig, um in einem Tag den Gipfel zu erreichen und wieder sicher abzusteigen. Die Bergsteiger-Silhouette im Bild zeigt die Größenverhältnisse, die Menschlichkeit und eine Dramatik, die sonst fehlen würden."

KAMERA: Nikon FM
OBJEKTIV: 25–35 mm
ISO: Fuji Provia 100
BLENDE: f/8
VERSCHLUSSZEIT: 1/125 s
LICHT: Heller Himmel, tiefe Schatten

AS: Was ist aus technischer Sicht bei Ihrer Art von Fotografie am schwierigsten?

DW: Das Wetter! Für mich ist es ein permanenter Kampf, mich selbst in dynamische Kamerapositionen zu bringen. Manchmal werde ich ein „menschliches Stativ" an einem Felsen, um so eine stabile Position einzunehmen. Das Seil, in dem ich hänge, ist der erste Punkt des Stativs, zusätzlich stemme ich beide Füße gegen die Felswand. Die heutige Kameratechnik erlaubt mir, mit hoher ISO-Empfindlichkeit auch bei wenig Licht noch zu guten Belichtungsergebnissen zu gelangen.

AS: Wann im Jahr sind Sie am meisten beschäftigt?

DW: In den Herbstmonaten, da die Farben draußen eine unglaublich schöne Stimmung erzeugen. Im Frühling ist ebenfalls viel los, wenn Schnee und Eis ihre ganz besondere Ausstrahlung haben. Regen mag ich am wenigsten beim Fotografieren.

AS: Wie würden Sie Ihren persönlichen Fotostil bzw. Ihre Fototechnik beschreiben?

DW: Ich produziere einfache und grafische Bilder mit Atmosphäre. Obwohl die Fotos technisch in Ordnung sein müssen, will ich die Atmosphäre des Ortes, das Wetter oder den Sport zeigen. Ich halte meine Fotos bewusst möglichst einfach, damit sie leichter zu verstehen sind und stärker auf den Betrachter wirken.

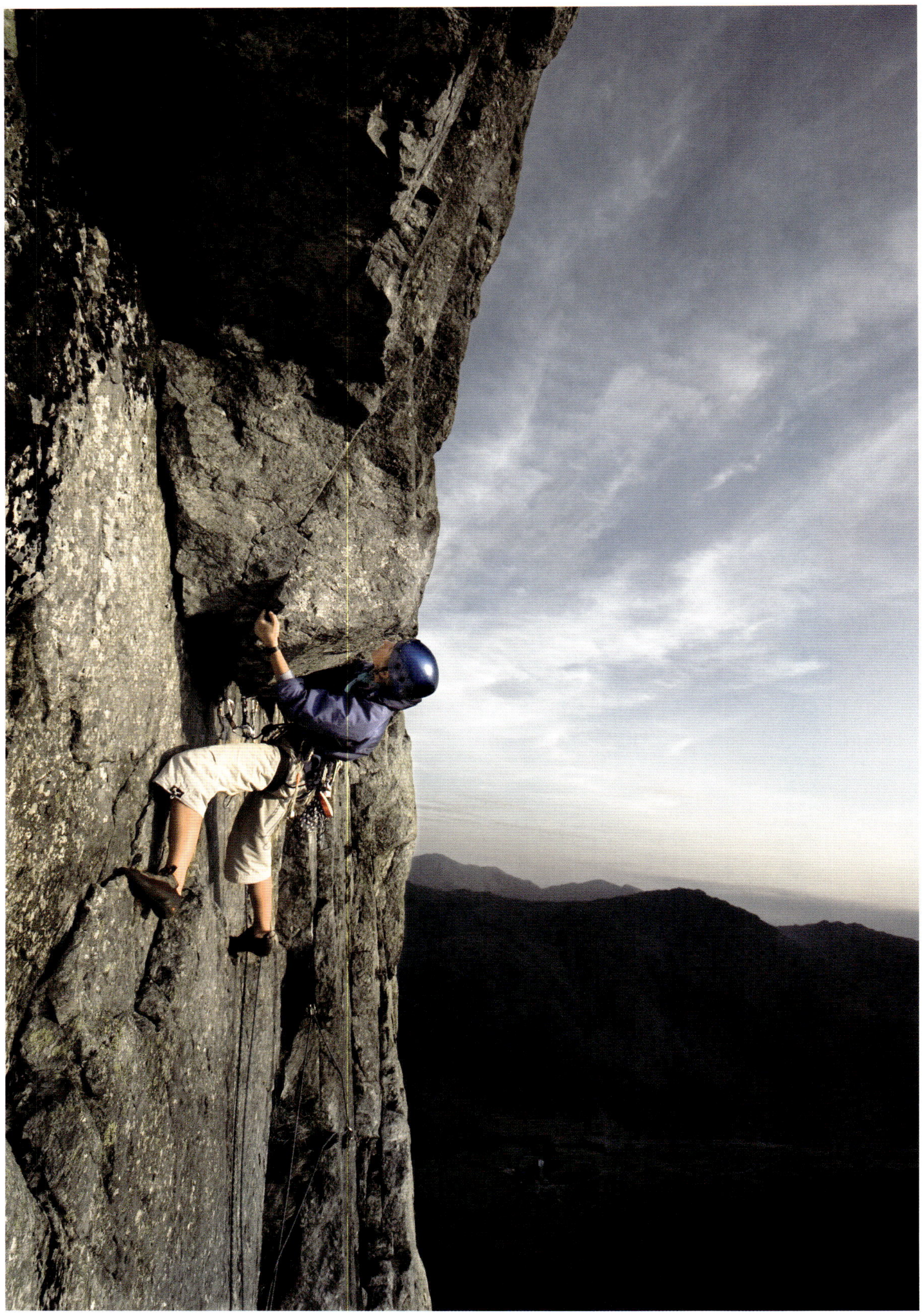

Kipling Groove, Gimmer Crag, Great Langdale
„Ich kletterte die Route vor dem Kletterer und sicherte mit Ankern und Seilen einen Stand, von dem aus ich mein Model in kurzer Entfernung beim Vorklettern fotografieren konnte. Die Wolken am Himmel lenkten das Auge in Richtung Kletterer, was ich sofort zu meinem Vorteil nutzte. Mit dem Weitwinkel konnte ich nah an die kletternde Person heran, verfügte aber immer noch über ausreichend Hintergrund – das Bild hat also Tiefe bzw. Raum. Den Rest besorgte die Bildbearbeitung, mit der ich geringfügig die Farbsättigung des Felsens reduzierte."

KAMERA: Nikon D70
OBJEKTIV: 10–20 mm
ISO: 200
BLENDE: f/11
VERSCHLUSSZEIT: 1/200 s
LICHT: Sonnenuntergang

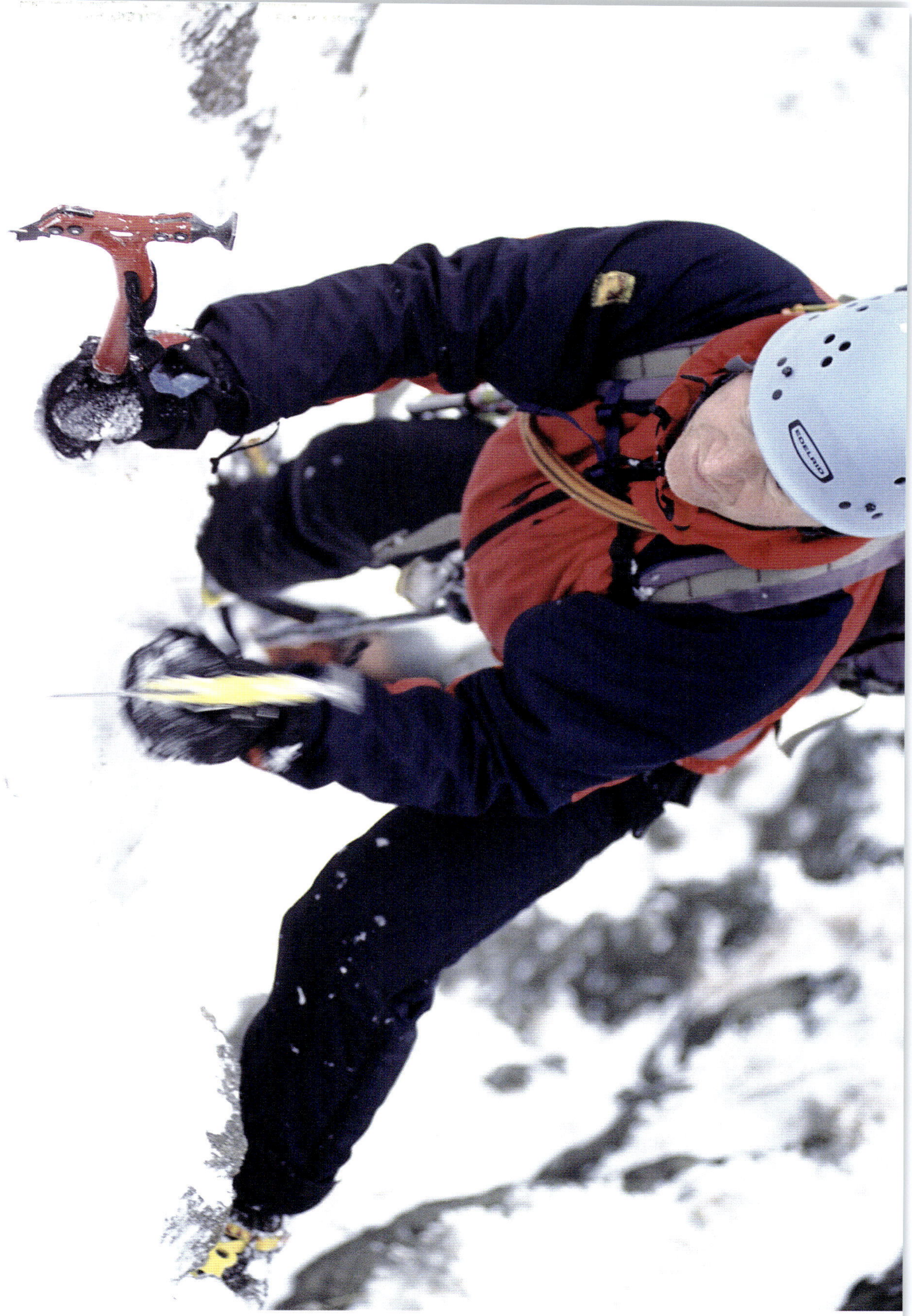

Klettern in Nethermost Gully, Lake District
„Klettern im Winter bringt für den Fotografen und die Kameraausrüstung ganz besondere Probleme mit sich. Bei diesem Foto arbeitete ich mit einem lichtstarken Telezoom, um den Ausschnitt zu füllen, mit Autofokus, um Zeit zu sparen, einer kurzen Verschlusszeit und einer weit geöffneten Blende, um durch geringe Schärfentiefe störende Hintergrunddetails auszublenden. Der Blick von oben auf das Objekt ist eine wichtige Technik, um Höhe, Risiko und Verantwortung zu betonen. Die etwas längere Belichtungzeit bringt Bewegungsunschärfe und verstärkt so den Schwung des Eispickels. Auch die Farbe ist hier ein wichtiges Element und springt ins Auge, weil die Landschaft monoton weißgrau ist."

KAMERA: Nikon F4
OBJEKTIV: 80–200 mm
FILM: Fuji Provia 100
BLENDE: f/2.8
VERSCHLUSSZEIT: 1/125 s
LICHT: Bedeckt, reflektierende Schneefläche

Dave Willis

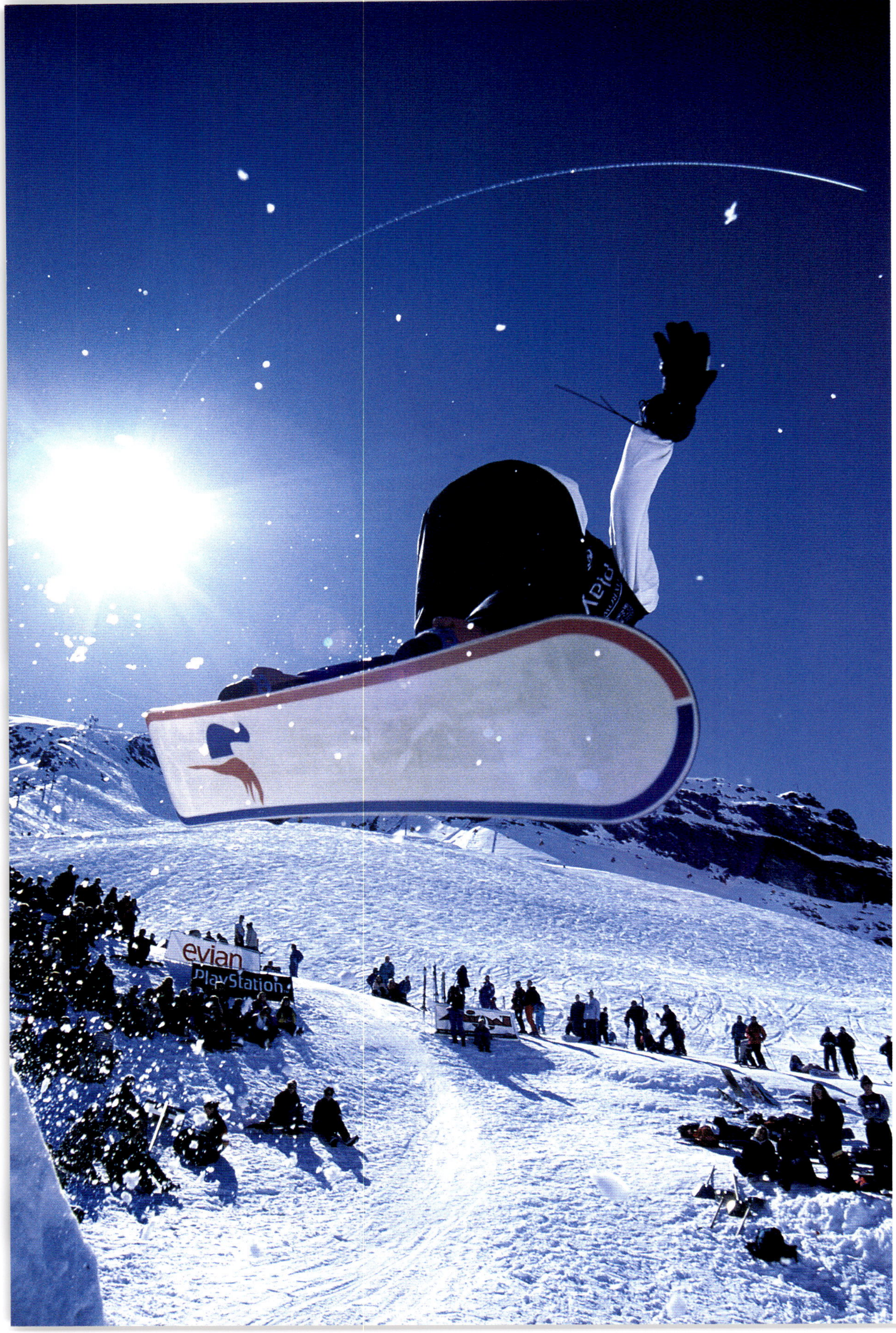

Snoboarder in der Halfpipe bei den Britischen Meisterschaften, Meribel
„Die Halfpipe ist ein toller Platz für Snowboarding-Action und relativ einfach aufzunehmen. Fotografen können leicht die Kante erreichen und mit extremen Weitwinkelobjektiven großartige Effekte erzielen. Hier steigen die Fahrer von einer steilen Rampe aus in die Höhe, führen in der Luft einige akrobatische Übungen aus und hoffen dann auf eine sichere Landung. Am Scheitelpunkt des Sprungs, bevor der Snowboarder sinkt, hat das Board an Schwung verloren, so dass auch mit einer längeren Verschlusszeit noch scharfe Bilder entstehen. Da die Gegenlichtaufnahme zu einem Silhouetteneffekt führt, wird der Snowboarder mit dem Blitz aufgehellt, und zwar mit einer Verschlusszeit von nur 1/250 s – der Synchronisationszeit der Kamera."

KAMERA: Nikon F4
OBJEKTIV: 20–35 mm
FILM: Fuji Provia 100
BLENDE: f/11
VERSCHLUSSZEIT: 1/250 s
LICHT: Sonne und blauer Himmel

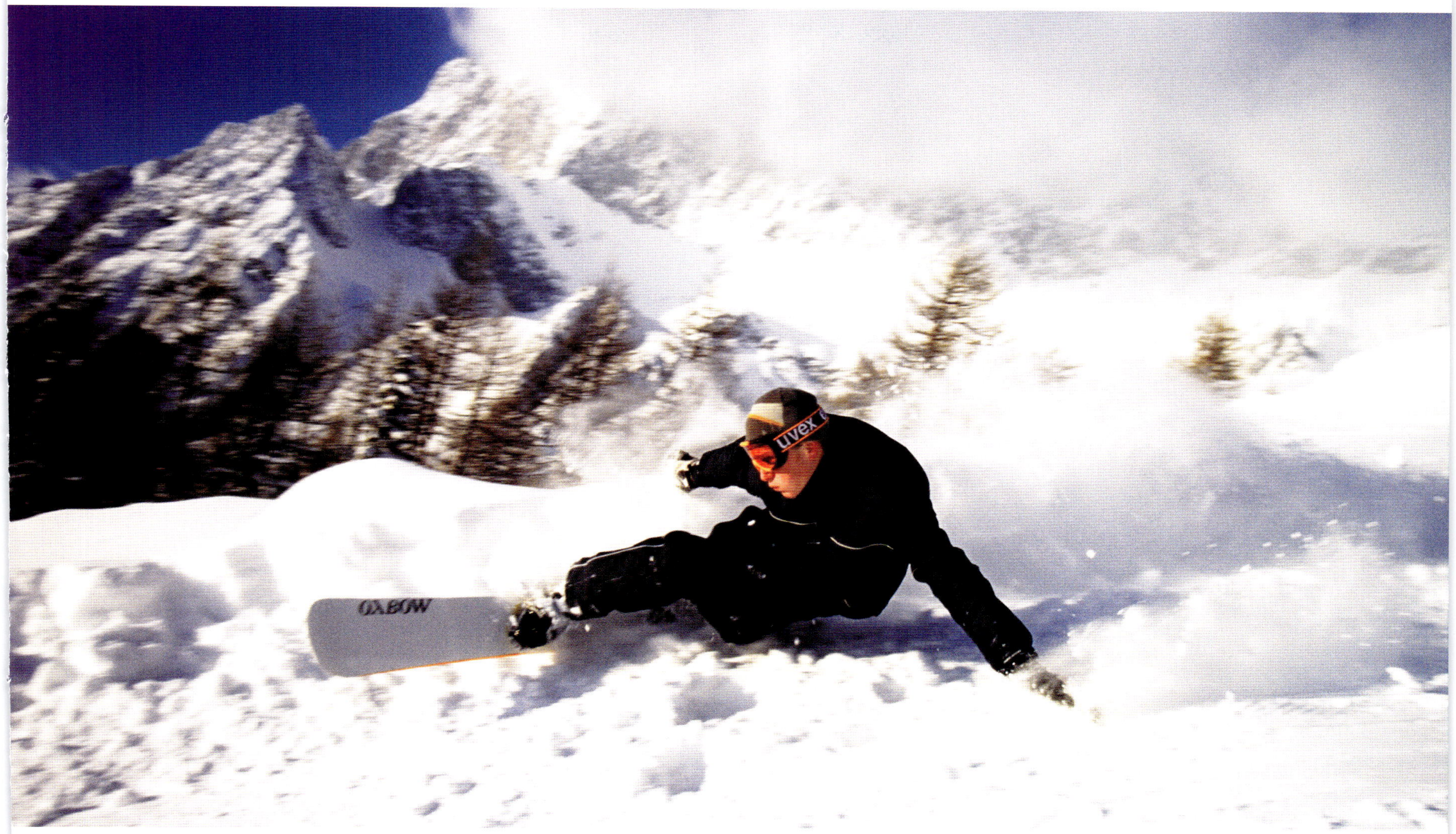

Border-X-Snowboarding, Österreich
„Ich hatte mit diesem professionellen Snowboarder bereits den ganzen Tag gearbeitet und viele gute und scharfe Foto mit einem perfekten blauen Himmel aufgenommen. Das Wetter wurde schlechter und an den Hängen zogen sich bereits Wolken zusammen. Ich erkannte die stärkere Dramatik und Atmosphäre dieses Lichts und setzte alles daran, ein Super-Actionfoto zu bekommen. Der Eindruck von Geschwindigkeit wurde durch die relativ lange Verschlusszeit und ein Mitziehen der Kamera mit dem Objekt erzielt – man sieht noch die Schneefahne hinter den Händen des Fahrers. Wird die Kamera an der Innenseite einer Kurve platziert, kann sich der Fahrer in Richtung Kamera lehnen, was den Eindruck von Geschwindigkeit weiter verstärkt. Die Brennweite von 20 mm und damit die Nähe zur Action und die perspektivischen Verzerrungen steigern die Dramatik."

KAMERA: Nikon F4
OBJEKTIV: 20–35 mm
ISO: Fuji Provia 100
BLENDE: f/8
VERSCHLUSSZEIT: 1/125 s
LICHT: Tiefe Wolken an den Berghängen

Dave Willis

AS: Erzählen Sie etwas über Ihre Ausrüstung. Mit welchem Kamerasystem arbeiten Sie und warum?

DW: Die Nikon D200 ist mein Arbeitspferd, während eine Nikon D70 meine Reservekamera ist. Beide Kameras liefern den Standard, den Bildredakteure und ich benötigen. Bei den von mir fotografierten Aktivitäten überrascht es wohl, dass ich Teleobjektive nur sporadisch nutze – obwohl ich über Telezooms mit 80–200 mm und 100–300 mm Brennweite verfüge. Ich bin oft etwas weiter vom Geschehen entfernt, als ich ursprünglich dachte, so dass diese Zooms ideal für mich sind. Ein wichtiger Aspekt ist das Gewicht, das ich mitschleppen muss: die Fotoausrüstung, wetterfeste Kleidung, Kletterausrüstung, Seil, Erste-Hilfe-Kit, Nahrung und Getränke sowie Navigationsgerät.

AS: Mit welchen Objektiven/Brennweiten arbeiten Sie besonders häufig?

DW: Ich fotografiere gerne aus der Nähe, deshalb sind meine wichtigsten Objektive das Sigma 10–20 mm f/4-5.6 EX, gefolgt vom Nikon 18–70 mm f/3.5-4.5G und einem Nikon 35–70 mm f/2.8.

AS: Welche Bilder sind besonders schwierig aufzunehmen?

DW: Segeln und Windsurfen sind am schwierigsten, weil ich oft vom Strand aus fotografieren muss – und das geht formatfüllend nur mit Teleobjektiv. Wenig Licht ist ebenfalls problematisch und ich fotografiere dann im manuellen Modus mit Stativ. Ich bevorzuge Fotos von einem Boot aus, komme dann auch mit kleinen Brennweiten nah ans Motiv, da ich selten technische Probleme habe. Das größte Problem ist und bleibt dabei, den Bildausschnitt auszufüllen.

AS: Bevorzugen Sie Film oder Digital und warum?

DW: Digital ist für Fotografen wie mich leichter zugänglich, aber – und das ist ein großes Aber – hält die digitale Ausrüstung auch der freien Natur stand? Die extremen Bedingungen, denen ich oft ausgesetzt bin, können die empfindliche Elektronik und die Akkus mausetot machen. Ich bevorzuge deshalb zum Schutz eine wasserdichtes Thermosystem! Digital gibt mir eine sofortige Rückmeldung, was ich schätze. Außerdem ist eine digitale Ausrüstung erheblich wirtschaftlicher, da man keine Filme kaufen und entwickeln muss. Meine Nikon D200 liefert eine mindestens ebenso gute, wenn nicht bessere Qualität als Film. Die meisten Bildredakteure bevorzugen außerdem digitale Daten gegenüber Film.

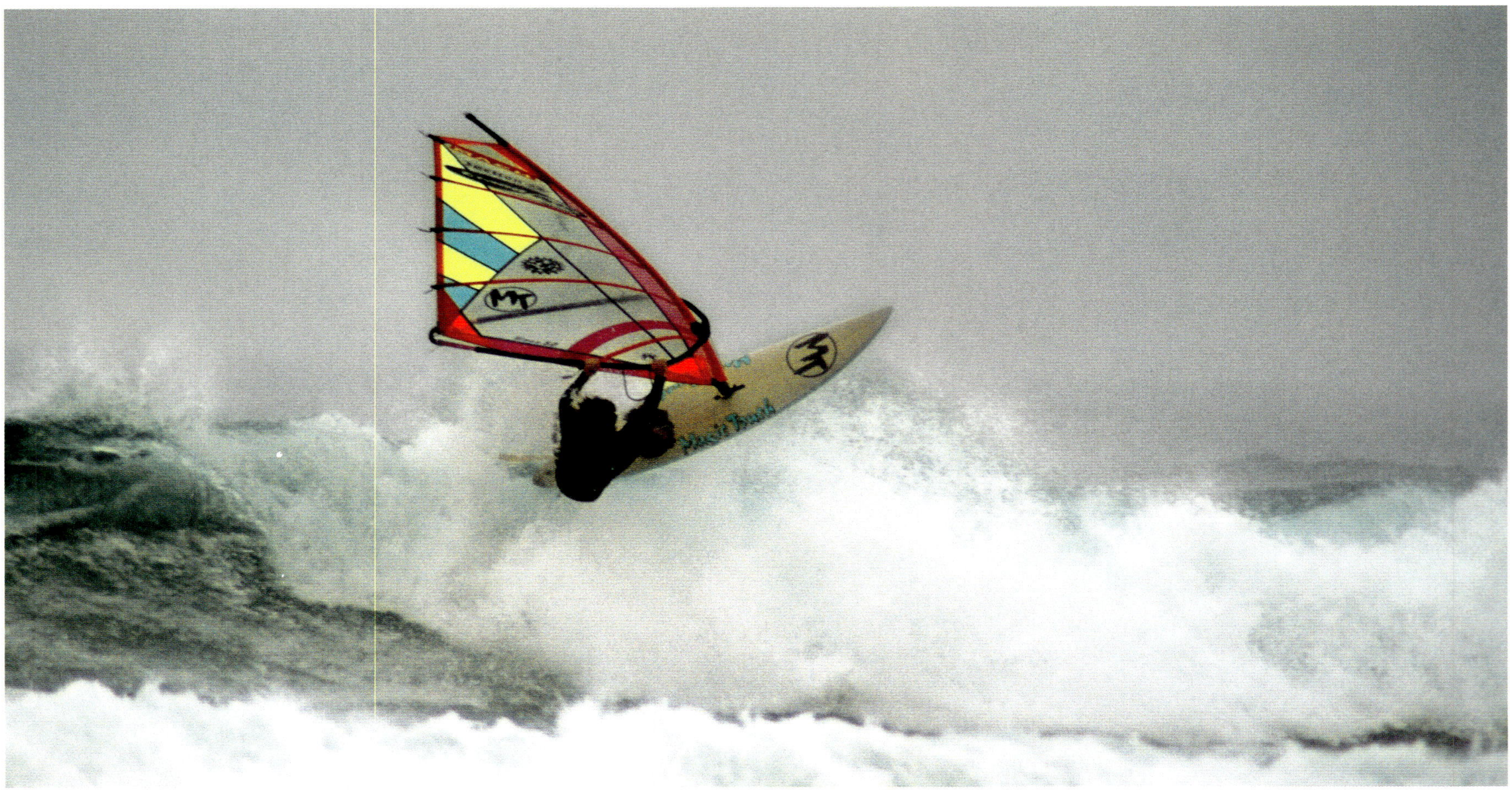

Windsurfer bei Gwithian Sands, Cornwall
„Die vom Wind gepeitschte Küste Cornwalls bietet eine einzigartige Atmosphäre zum Segeln und Fotografieren. Wichtig ist, das Einbeinstativ festzuhalten, da sonst die Kamera wackelt und die Aufnahme dahin ist, besonders wenn ein starker Seitenwind auf einen einhämmert. Die Verschlusszeiten müssen möglichst kurz sein, was bei schlechten Lichtverhältnissen nur 1/250 s sein kann. Deshalb fotografiere ich häufig mit ISO 200 oder 400, um wenigstens mit 1/500 s fotografieren zu können. Das Fokussieren auf ein Ziel in dieser Umgebung braucht schon seine Zeit. Manchmal funktioniert der Autofokus, manchmal auch nicht. Dann müssen Sie mit der Kamera dem Surfer folgen können und die Schärfe manuell nachführen."

KAMERA: Nikon F4
OBJEKTIV: 300 mm mit 2 x Telekonverter
FILM: Fuji Provia 100, belichtet mit ISO 400
BLENDE: f/5.6
VERSCHLUSSZEIT: 1/500 s
LICHT: Bedeckt mit Regen

Kajakfahren auf dem Caldew
„Das Porträt eines Sportlers in Action. Es geht nicht um den Fluss, oder wie das Wasser ist, sondern das Bild zeigt die Konzentration und den Einsatzwillen einer Person! Die Gischt ist in der Bewegung eingefroren und betont die Naturgewalt des Flusses. Der Paddler befindet sich in der Mitte des Bildausschnitts, um alle vom Porträt ablenkenden Elemente auszuschließen, und aus gleichem Grund ist der Hintergrund dunkel. Dennoch ist der Ausschnitt nicht zu eng gewählt, da ich noch einen Hinweis auf Maßstab und Ort geben wollte."

KAMERA: Nikon F4
OBJEKTIV: 80–200 mm
ISO: Fuji Provia 100
BLENDE: f/5.6
VERSCHLUSSZEIT: 1/500 s
LICHT: Hell und bedeckt

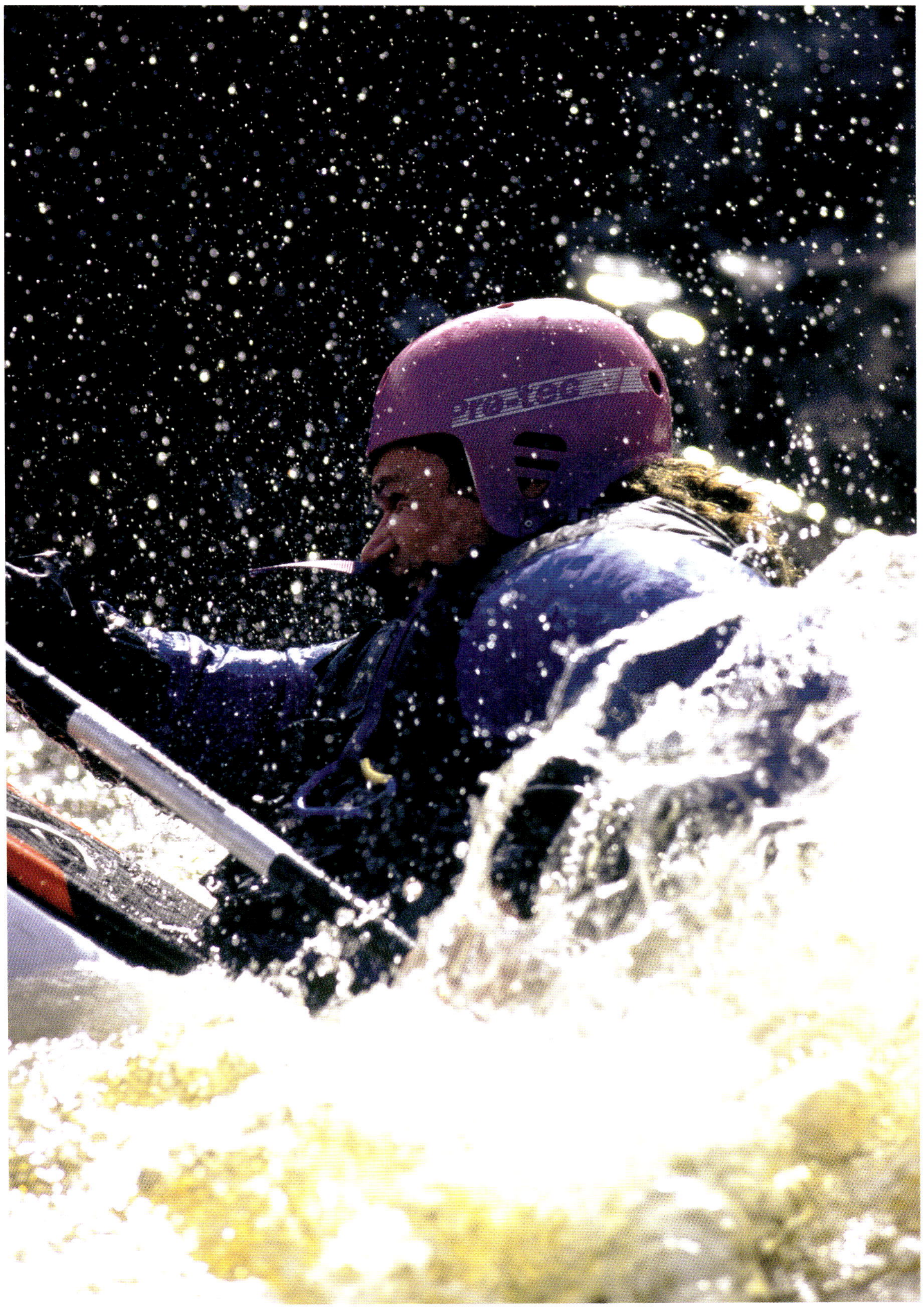

Dave Willis

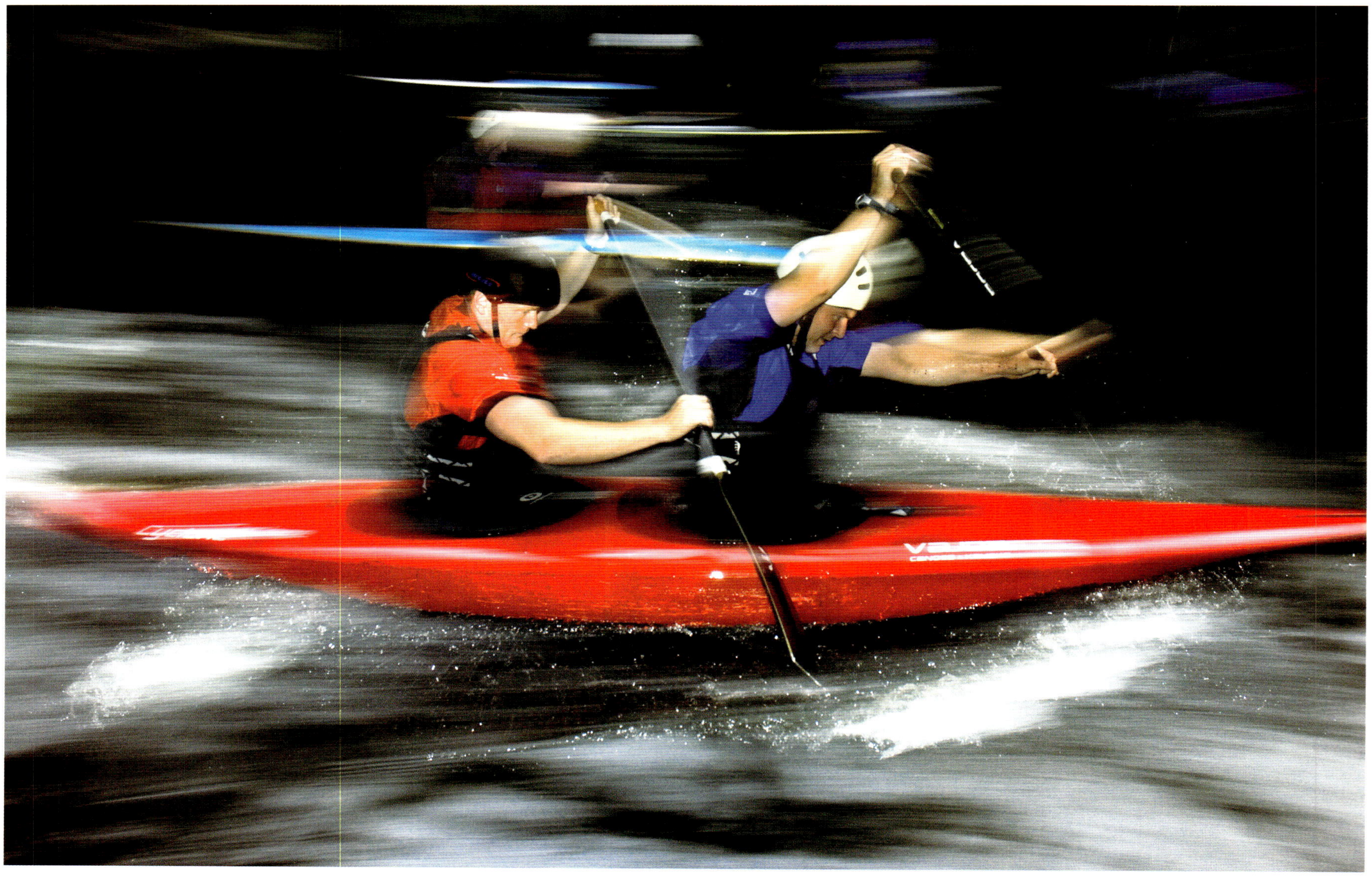

C2-Slalom, Marple
„Um bei den Kanuten in diesem Bild die Impression von Geschwindigkeit und Kraft zu erzeugen, arbeitete ich mit einem Aufhellblitz und einer langen Verschlusszeit. Der Effekt ist häufig schwierig vorhersehbar, doch die digitale Arbeitsweise ermöglicht mir die jederzeitige Kontrolle auf dem Kameramonitor. Wichtig ist hier das Mitziehen der Kamera, um das Objekt im Bildausschnitt zu behalten und alle wichtigen Elemente mit einzuschließen. Die Situation besticht durch schnelle Bewegungen, die eine gute Bildkomposition nur zu schnell zerstören können."

KAMERA: Nikon D70
OBJEKTIV: 18–70 mm
ISO: 400
BLENDE: f/3.5 mit Aufhellblitz
VERSCHLUSSZEIT: 1/15 s
LICHT: Abend, bedeckt

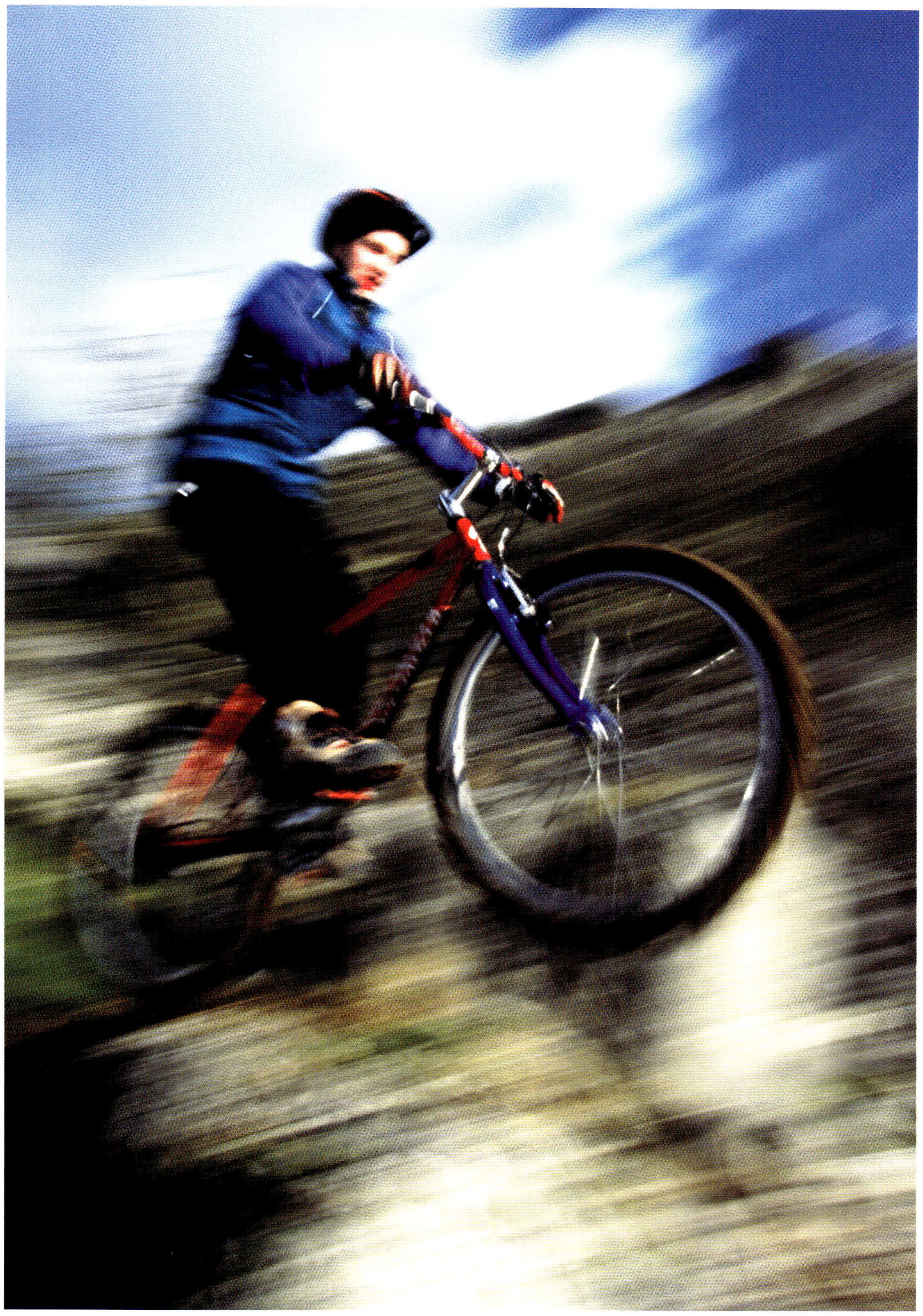

AS: In welchem Umfang werden Ihre Arbeiten von der digitalen Bildbearbeitung beeinflusst?

DW: Jedes Bild, das ich für eine Veröffentlichung anbiete, wird in Photoshop bearbeitet, doch nur mit kleinen Korrekturen bei Tonwert, Gradation und Farbbalance. Ich manipuliere jedoch möglichst wenig und mag nicht mehr in die Bilder hineininterpretieren, als tatsächlich bei der Aufnahme vorhanden war. Mich ziehen Bilder mit geringfügig reduzierter Farbsättigung an und entsprechend kalibriere ich meinen Monitor.

AS: Wie entstehen die Ideen für Ihre Bilder?

DW: Ich hole mir oft Anregungen von anderen Fotografen. John Cleare hat mit seinem begeisternden Portfolio des Mount Everest mein Interesse für die Bergsteiger-Fotografie geweckt – während Tony Duffy von Allsport mich für die Sportfotografie motivierte – er fängt Situationen auf eine direkte, grafische Art ein. Außerdem wäre da noch Philipe Plisson, dessen Aufnahmen man sofort wiedererkennt. Er ist ein Meister darin, ablenkende Bildelemente auszuschließen.

AS: Was hält die Zukunft für Sie bereit?

DW: Obwohl ich Bilder auch nur für mich aufnehme, muss sich meine Arbeit daran orientieren, was die Allgemeinheit wünscht. Viele Leute – weltweit – lieben das Abenteuer und gehen Risiken ein, wie keine Generation zuvor. Ich bin für alles offen – den Himalaya, die Antarktis und die Wüste. Die Welt hat noch viele urwüchsige Ecken, die mich reizen.

Mountainbike-Rennen
„Bewegungsunschärfe, Mitziehen mit einem Weitwinkel und Aufhellblitz sind Techniken, die ich bei diesem Bild des bergab in Schieflage fahrenden Mountainbikers anwandte. Ich arbeite mit dem Aufhellblitz bei vielen schnellen Actionfotos, um die Bewegungsunschärfe effektvoll als Gestaltungsmittel einzusetzen. Die Bild ist aus einem niedrigen Aufnahmewinkel fotografiert, damit sich das Mountainbike zur Steigerung der Dramatik hoch im Ausschnitt befindet. Das Objektiv ist sehr weitwinklig und nah am Geschehen – so dicht, dass ich mein Auge nicht an den Sucher bekam! Die Verschlusszeit von 1/15 s reichte aus, um starke Unschärfen zu erzeugen. Der um einen Belichtungswert reduzierte Blitz (-1 EV) brachte das scharfe „Geisterbild" über den Unschärfen und zeigte so ein Detail der Action.

KAMERA: Nikon F4
OBJEKTIV: 20–35 mm
ISO: Fuji Provia 100
BLENDE: f/16
VERSCHLUSSZEIT: 1/15 s
LICHT: Hochstehende Mittagssonne

Radfahrer auf dem Hardknott-Pass, Lake District
„Der Fred Whitton-Wettbewerb ist ein Traditions-Rennen, das die Fahrer im Lake District immer wieder herausfordert. Die Serpentinen hinter dem Fahrer beeindruckten mich und ich komponierte den Bildausschnitt unter Einbeziehung des dynamischen Flusses des Asphalts. Das Weitwinkel zeigt zusätzlich ausreichend Landschaft und die niedrig stehende Sonne erzeugt einen Schatten des Fahrers, der dem Bild eine weitere Dimension verleiht. Die Aufnahme des Fahrers beim Verlassen der Haarnadelkurve erzeugt im Bild ein zusätzliches Element der Spannung und Erwartung.“

KAMERA: Nikon F4
OBJEKTIV: 20–35 mm
FILM: Fuji Provia 100
BLENDE: f/8
VERSCHLUSSZEIT: 1/250 s
LICHT: Tiefstehende Abendsonne

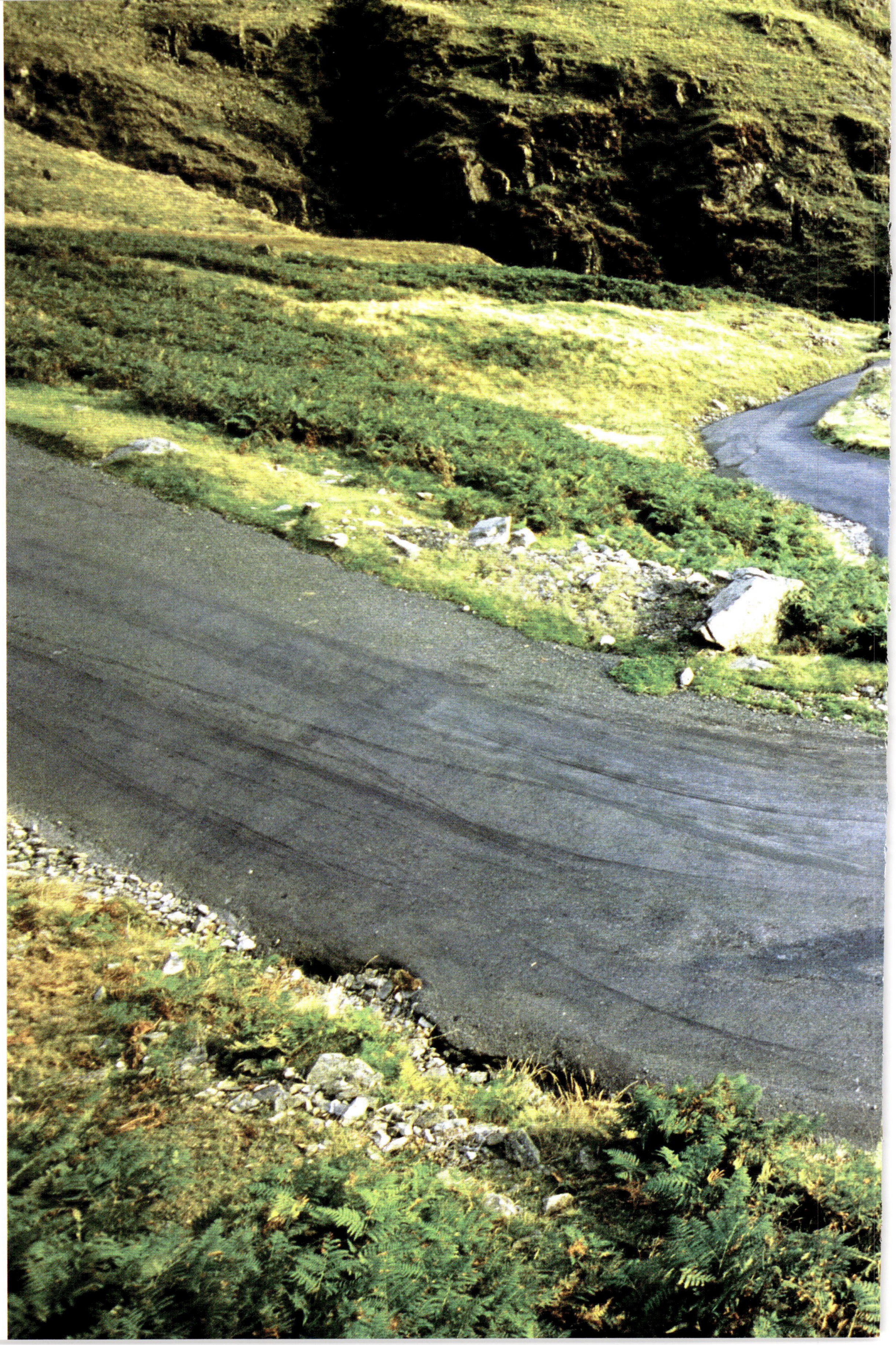

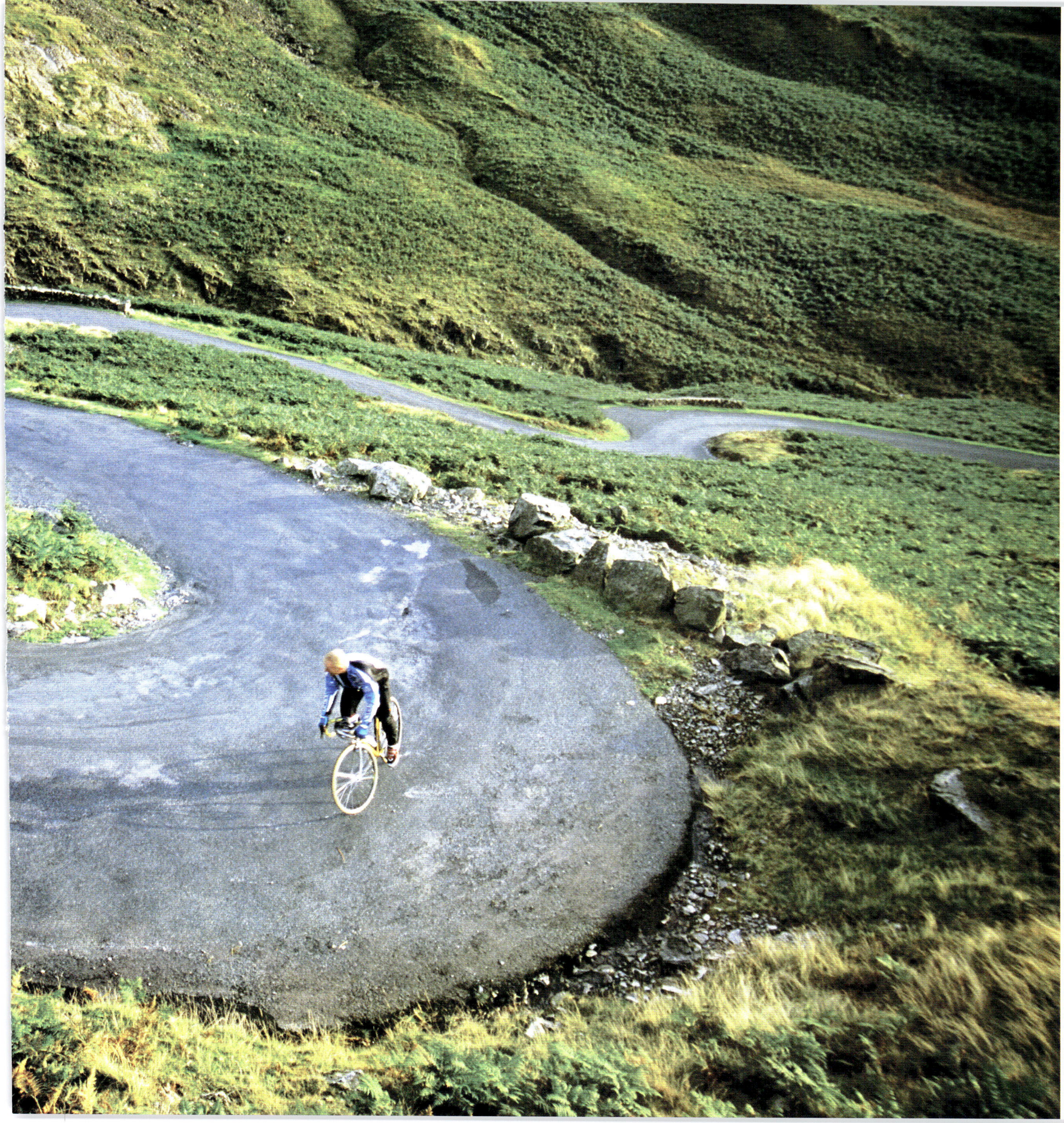

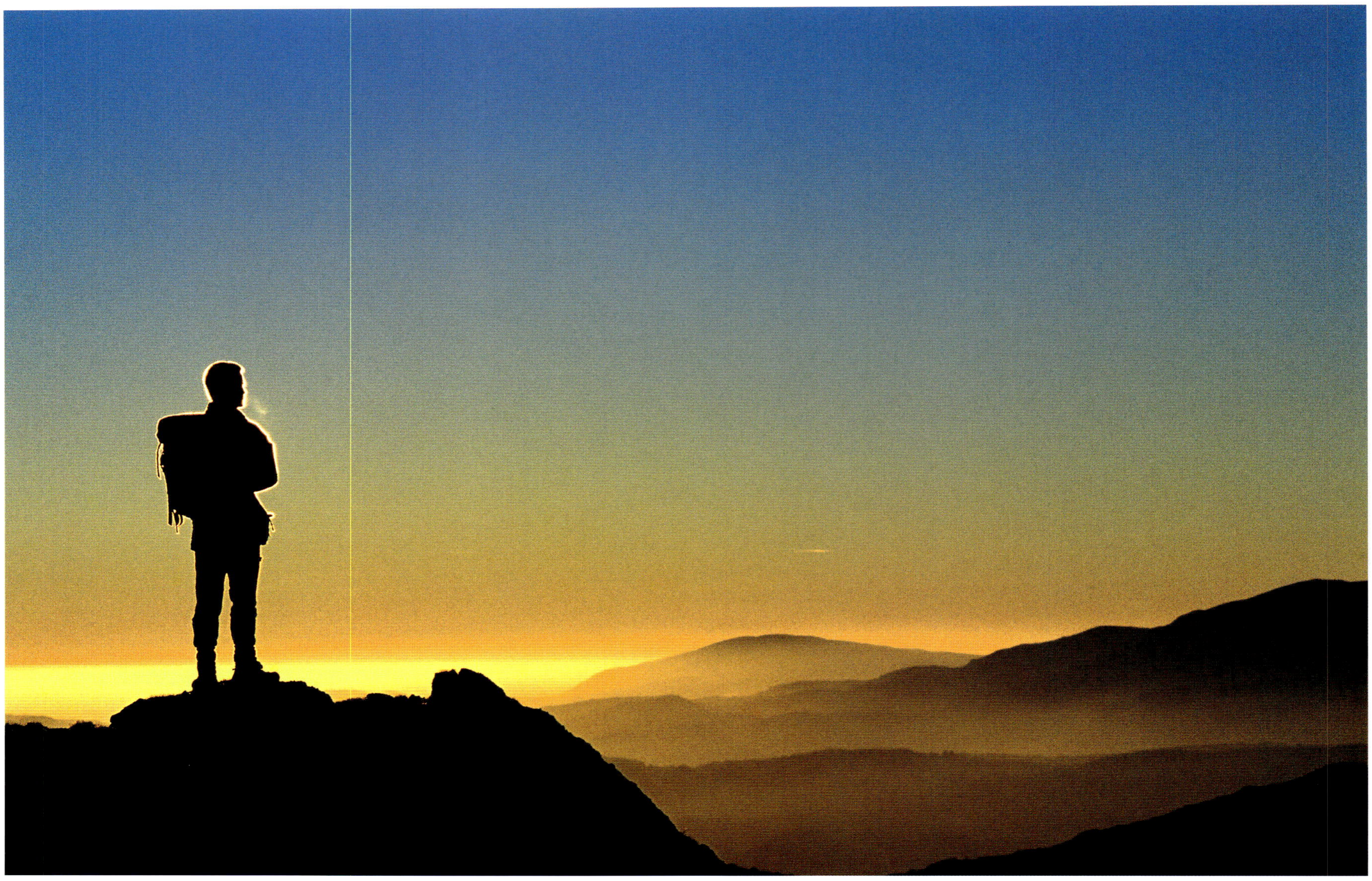

Kentmere Horseshoe, Lake District
„Ich bat meinen Begleiter, auf einen nahe gelegenen Felsen zu springen und eine entspannte Haltung einzunehmen – der Körper hob sich deutlich und konturiert vom Himmel ab. Die Sonne stand direkt hinter der Person und erzeugte ein Kantenlicht wie bei einem Studioporträt. Es zeigt auch den gefrorenen Atem und betont so die Kälte der Luft. Ich belichtete auf den Himmel, was zu der schwarzen Silhouette führte. Der Bildaufbau folgt der klassischen Drittelregel und macht das Bild ausgewogen und rhythmisch zugleich."

KAMERA: Nikon F4
OBJEKTIV: 35–70 mm mit Teleeinstellung
FILM: Fuji Provia 100
BLENDE: f/8
VERSCHLUSSZEIT: 1/125 s
LICHT: Sonnenuntergang, klar

Erfolgstipps

1) Mit leichtem Gepäck reisen
Sie müssen alles, was Sie benutzen, auf Ihrem Rücken tragen. Wenn Sie durch das Schleppen von zuviel Gepäck erschöpft Ihr Ziel erreichen, sind Sie kaum mehr in der Lage, kreative Bilder zu produzieren. Denken Sie daran, dass Sie nicht nur die Fotoausrüstung schleppen müssen, sondern auch die Kletterausrüstung, Regenzeug, Kleidung zum Wechseln, Nahrung, Getränke, Notfall-Kit und eventuell noch Camping-Ausrüstung.

2) Kamera stets griffbereit halten
Die Situationen für Fotos vom Bergwandern- oder Klettern kommen und gehen sehr schnell. Wenn Sie in solchen Situationen die Kamera nicht sofort schussbereit in der Hand haben, werden Sie viele Bilder verpassen. Versuchen Sie es mit einer Gürteltasche und einer Kamera mit mittlerem Zoom vor dem Bauch. So haben Sie die Kamera stets griffbereit und die Liste der von nun an möglichen Fotos ist endlos.

3) Große Taschen für die Ausrüstung
Viele Profis für Abenteuersport benutzen keine Fototaschen. Sie wollen alles schnell griffbereit haben und packen die Fotoausrüstung in eine Fotoweste oder in große Jackentaschen. Ein Kriterium bei einer Outdoor-Jacke ist für mich die Frage, ob ich ein Objektiv und das Blitzgerät in die Taschen stecken und das Zusätzliche dennoch bequem tragen kann. Heute arbeite ich meist mit einer größeren Fototasche vor meinem Bauch, zusammen mit ein oder zwei Objektiven sowie Zubehör in meine Jackentaschen gestopft.

4) Mit der Fotoausrüstung vertraut sein
Fragen Sie sich selbst: Können Sie im Dunkeln ein Objektiv wechseln, die Kamera einschalten, Blende f/8 und 1/250 s Verschlusszeit einstellen und manuell fokussieren? Mit modernen elektronischen Kameras ist das relativ einfach, zumal die Displays meist beleuchtet sind. Wenn Sie jedoch nicht genau wissen, welche Taste Sie drücken und welche Einstellung Sie wählen müssen, wird der Frust durch die vielen entgangenen Bilder ziemlich groß.

5) Fotoausrüstung vor Nässe schützen
Das Wetter ist in der freien Natur sowohl Freund als auch Feind – besonders Regen ist eine große Gefahr, da er überall hinkommt. Kunstofffolien und -taschen schützen Kamera und Objektiv vor Nässe. Besorgen Sie sich Fensterleder – die einzig sichere Methode, um nasse Objektivgläser wieder trocken zu bekommen.

6) Für warme Akkus sorgen
Die Wintersaison mit Ski, Snowboarding, Eisklettern und dem alpinem Bergsteigen findet bei Minustemperaturen statt! Dann halten Akkus nicht mal eine Stunde durch, es sei denn, Sie halten sie unter der Jacke warm. Niedrige Temperaturen machen den Digitalkameras selbst nichts aus, aber ihre Stromversorgung bricht zusammen. Kümmern Sie sich daher um Reserveakkus und halten Sie diese dann ebenfalls warm.

7) Informieren Sie sich über die Sportart
Ich werde manchmal gefragt, ob ich eher Fotograf oder Kletterer bin. Ich bin zuerst Kletterer, da ich ohne diese Fähigkeiten nicht zu meinen Bildern kommen könnte. Man muss wissen, was und warum als Nächstes passiert, um die Chancen für ein gutes Bild zu erkennen. Versuchen Sie es mit Skifotos, ohne das Skifahren zu beherrschen – es würde einfach nicht gehen.

8) Mit Aufhellblitz arbeiten
Der Nutzen eines Blitzgerätes wird meist unterschätzt. Viele nutzen den Blitz überhaupt nicht im Freien, nur weil sie die Vorteile nicht kennen. Wird der Blitz jedoch subtil eingesetzt, kann er die Farben im Bild intensivieren und mit dramatischen Gegen- und Seitenlichteffekten zu außergewöhnlichen Bildern führen. Bilder mit Bewegungsunschärfe profitieren ebenfalls vom Einsatz eines Blitzgerätes. Die Vorgehensweise ist wirklich einfach: Reduzieren Sie beim Blitz den Belichtungswert (EV) auf –1, abhängig vom gewünschten Effekt und der Stärke des vorhandenen Lichts. Wählen Sie dann eine lange Verschlusszeit für Bewegungsunschärfe. Der gleichzeitig ausgelöste Blitz sorgt für ein scharfes „Geisterbild" auf den unscharfen Elementen.

9) Den Ausschnitt füllen
Suchen Sie die Nähe zum Objekt oder arbeiten Sie zumindest mit einem Teleobjektiv. Outdoor-Abenteuersport findet in faszinierenden Landschaften und dramatischen Szenerien statt, die ebenfalls ins Bild gehören.

10) Weniger ist meist mehr
Einfachheit ist der Schlüssel für großartige Fotos, in denen nur die wirklich benötigten Elemente für die Story enthalten sind – ohne Ablenkungen, unnötigen Raum und Dinge, die im Bild nichts zu suchen haben. Wenn Sie beim Betrachten eines Bilds meinen, stärker beschneiden und z.B. einen störenden Baum entfernen zu können, haben Sie das Bild vorher nicht ausreichend verdichtet. Lösen Sie also erst dann aus, wenn Sie ehrlich sagen können, dass im Sucher keine überflüssigen Elemente vorhanden sind.

Dave Willis

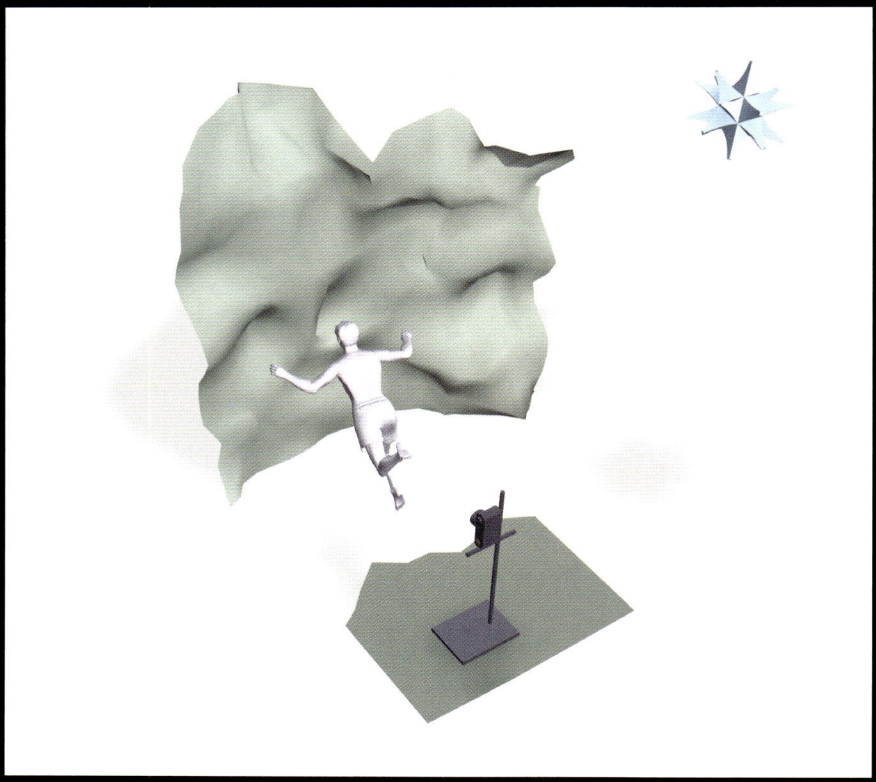

Weiter Sprung in den Beaver Canyon, Grand Canyon

„Ich war ein wenig schockiert, als unser Guide mir anbot, vor meiner Kamera in den Beaver Canyon zu springen – immerhin ein Fall über 23 Meter. Doch er versicherte mir, dass er das schon viele Male vorher getan hätte. Das Licht im Canyon war in der Mittagszeit extrem hart und kontrastreich, doch es half mir, das Geschehen vor dem klaren und reduzierten Hintergrund zu isolieren. Der im Sonnenlicht liegende Bereich mit Wasser ist wichtig, um Maßstab und Ort zu zeigen. Ich fokussierte auf den Punkt, an dem ich den Springer nach dem Absprung vermutete. Das Bild überzeugt wegen der Vorahnung dessen, was passieren könnte, und der Gewissheit, dass es keinen Weg zurück gibt."

Technische Daten

KAMERA: Nikon F4

OBJEKTIV: 20–35 mm

FILM: Fuji Provia 100

BLENDE: f/8

VERSCHLUSSZEIT: 1/500 s

WETTER: Helles Tageslicht und blauer Himmel

Ausrüstung

- Nikon D200-Kamera
- Nikon D70-Kamera
- 10–20 mm-Weitwinkel-Zoom
- 18–70 mm-Zoom
- 100–30 mm-Telezoom
- Blitzgerät Nikon SB-800
- Reserveakkus
- CF-Speicherkarten
- Mobiler Datenspeicher mit 30 GB

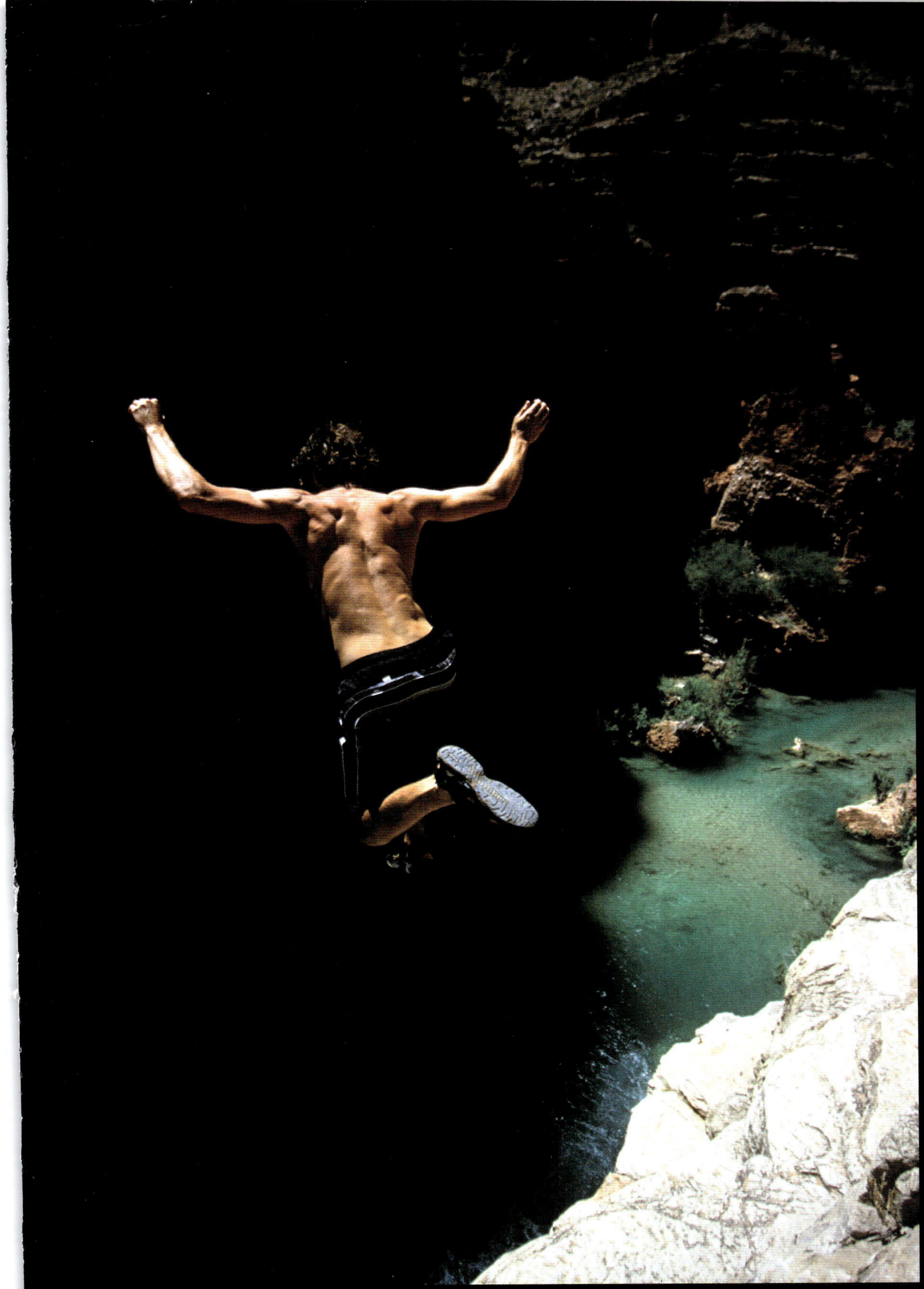

Dave Willis

Bildquellen

Charles Coates

© LAT Photographic
www.latphoto.com
© Sutton Motorsport Images (Seite 17)

Jed Jacobsohn

© Jed Jacobsohn/Getty Images
www.jedjacobsohn.com

Bob Martin

© Bob Martin
www.bobmartin.com

John Gichigi

© John Gichigi/Getty Images
www.gettyimages.com

Tom Jenkins

©Tom Jenkins
tom.jenkins@guardian.co.uk

Dave Rogers

© Dave Rogers/Getty Images
www.gettyimages.com

Seb Rogers

www.sebrogers.co.uk

Ezra Shaw

www.gettyimages.com

Andy Rouse

www.andyrouse.co.uk

Dave Willis

www.mountainsportphoto.com

Index

Danksagungen

Ich war schon immer verrückt nach Sport. Ob Boxen, Rugby oder Motorsport, immer ist der Fernseher an – meist spät in der Nacht.

Schon deshalb war es ein absolutes Privileg für mich, dieses Buch verfasst zu haben – mit meiner Liebe für den Sport und für die Actionfotografie.

Ich danke Alison Crombie von Getty Images, die immer half, sobald ich fragte – ich bin Dir noch etwas schuldig.

Mein besonderer Dank gilt Jane Roe für ihre einfühlsame Interpretation meiner Worte , den Grafikern von RotoVision und JC Lanaway Design für die Aufbereitung der herrlichen Fotos und das attraktive Buchlayout.

Besonders danke ich auch Tom Jenkins, der trotz Lungenentzündung viel Geduld zeigte, so dass wir unsere Abgabetermine einhalten konnten.

Und schließlich ein großes Dankeschön an meine Familie und Freunde, die mir stets den Rücken freigehalten und mich unterstützt haben.

Andy Steel